PROFESSORES PARA QUÊ?

Georges Gusdorf

PROFESSORES PARA QUÊ?
Para uma pedagogia da pedagogia

wmf martinsfontes

Título original: *POURQUOI DES PROFESSEURS?*
Copyright © 1963, Payot, Paris.
Copyright © 1987, Livraria Martins Fontes Editora Ltda.,
São Paulo, para a presente edição.

1ª edição *1987*
4ª edição *2022*

Tradução
M.F.

Revisão da tradução e texto final
Cristina Sarteschi
Revisões
Maria Regina Ribeiro Machado
Andréa Stahel M. da Silva
Produção gráfica
Geraldo Alves
Paginação
Studio 3 Desenvolvimento Editorial
Capa
Marcos Lisboa

Dados Internacionais de Catalogação na Publicação (CIP)
(Câmara Brasileira do Livro, SP, Brasil)

Gusdorf, Georges, 1912-
Professores para quê? : para uma pedagogia da pedagogia / Georges Gusdorf ; tradução M.F. – 4ª ed. – São Paulo : Editora EMF Martins Fontes, 2022. – (Textos de psicologia)

Título original: Pourquoi des professeurs? : pour une pédagogie de la pédagogie
Bibliografia.
ISBN 978-85-469-0371-9

1. Educação – Filosofia 2. Ensino 3. Professores e estudantes I. Título. II. Série.

02-5700   CDD-371.1023

Índices para catálogo sistemático:
1. Alunos e professores : Relações : Educação   371.1023
2. Professores e alunos : Relações : Educação   371.1023

Todos os direitos desta edição reservados à
Editora WMF Martins Fontes Ltda.
Rua Prof. Laerte Ramos de Carvalho, 133 01325.030 São Paulo SP Brasil
Tel. (11) 3293.8150 e-mail: info@wmfmartinsfontes.com.br
http://www.wmfmartinsfontes.com.br

Índice

Introdução 1

1. O ensino, o saber e o reconhecimento 5
2. A função docente 33
3. O encontro com o mestre ou a autodescoberta 73
4. A ação do mestre e as relações de dependência 91
5. A marca do mestre ou o desejo do impossível 103
6. Patologia da mestria 119
7. A condição de discípulo 145
8. A verdade em diálogo 163
9. O verdadeiro mestre e o verdadeiro discípulo 189
10. Pequena sociologia da mestria 215

Conclusão. Para uma pedagogia da pedagogia 249

Introdução

Dentre as recordações privilegiadas que todo homem conserva de sua própria vida – recordações de família, de amor, de guerra, de caça –, as recordações escolares constituem uma categoria particularmente importante. Cada um de nós preserva imagens inesquecíveis do início da vida escolar e da lenta odisséia pedagógica a que se deve o desenvolvimento do nosso pensamento e, em grande parte, a formação de nossa personalidade. Mesmo que o conteúdo do ensino tenha se perdido, ou seja, que o homem tenha desaprendido o que a criança aprendeu, o clima de sua vida escolar continua presente nele: a aula e o recreio, os exercícios e os jogos, os colegas. Quase sempre as recordações dos exames são particularmente precisas: os ritos de passagem da civilização "escolar e universitária" têm um valor emotivo elevado, pois consagram os primeiros confrontos da criança e do adolescente com o mundo adulto das obrigações e das sanções. Também sobrevivem em nós, aureoladas pela gratidão de uma memória reconhecida, as feições de mestres e professores, algumas vezes há muito tempo desaparecidos do mundo dos vivos. Esses rostos encontram um último refúgio na hospitalidade que a lembrança de seus antigos alunos lhes concede. A memória, aliás, parece, muitas vezes, servir de asilo de maneira indiscriminada: tanto conserva afirmações importantes e exemplos decisivos como atitudes ou fórmulas sem nenhuma importância aparente ou até pequenos ridículos. Um sorriso, uma palavra de censura ou de conselho, um elogio surgem, na intimidade da memória, como profecias do que mais tarde viria a suceder, coisas de que a vida depois nos traria a confirmação ou que, pelo contrário, viria a desmentir totalmente...

Aos olhos da criança, os pais são como deuses tutelares, onipotentes e oniscientes, cuja benevolência é preciso saber captar por meios apropriados. Mas há um momento em que essa veneração cega dá lugar a uma atitude na qual a crítica e a perspicácia intervêm pouco a pouco, desacreditando os ídolos de outrora. Descobre-se que os pais não são infalíveis, que às vezes mentem ou não são leais em suas relações com os filhos. A criança cresce com essa diminuição capital que, aos poucos, também afeta todos os adultos; porém, ao mesmo tempo, sente-se desprotegida pela perda de prestígio de todos aqueles em quem depositava confiança e que eram os protetores naturais de seu espaço vital. Aprende assim o que é a solidão e a insegurança, e começa a descobrir que elas são características inalienáveis da condição humana. Antes, contudo, de se resignar a aceitar seu destino, a criança procurará outros fiadores de sua tranqüilidade. Se os pais não são infalíveis, se a autoridade deles só pode ser aceita sob reservas, deve haver, no mundo, seres excepcionais, dignos de uma confiança total. É assim que, freqüentemente, o professor primário intervém, no início da vida, substituindo o pai e a mãe na função principal de testemunho e indicador da Verdade, do Bem e do Belo. Cabe-lhe servir de refúgio a todas as esperanças traídas: sobre ele repousam a ordem do mundo e a ordem no homem. Digno ou indigno, queira ele ou não, o professor primário, no mais modesto escalão do ensino, desfruta de uma autoridade espiritual que nenhum dos que lhe sucederão no cumprimento da função educativa junto da criança ou do adolescente irá possuir. Todos os professores futuros, por maior que seja seu valor, não conseguirão ter o mesmo prestígio de que naturalmente se acha revestido o anjo da guarda do espaço escolar perante a criança que, pela primeira vez, transpõe com respeito, temor e tremor o limiar da escola.

O professor é, pois, o herdeiro do pai. Surge como pai segundo o espírito, no momento em que o pai segundo a carne se revela para sempre incapaz de assumir as responsabilidades que a imaginação infantil lhe atribui. E, certamente, também o professor será incapaz de corresponder plenamente à expectativa de que é objeto, mas se beneficia da atmosfera de respeito de que o próprio desejo do aluno o rodeia. A devoção pelo professor exprime uma afirmação quase religiosa, dirige-se a um saber que é simultaneamente sabedoria e posse dos segredos da vida. Pelo fato de o ensino ter sido, durante muito tempo, associado ao sacerdócio, mesmo laicizado, conserva certas características de sacerdócio. O professor, servidor da vida do espírito, sabe-se e quer-se diferente de todos aqueles que, na cidade, visam somente a interesses financeiros ou vantagens pessoais. Seus concidadãos, aliás, atribuem-lhe voluntariamente as obrigações e as prerrogativas de uma espécie de clericato.

Por isso, ao longo de toda a vida, o homem conservará fielmente a lembrança de seus primeiros professores. Mesmo que sua existência tenha se desenvolvido fora de qualquer preocupação de saber, não pode deixar de evocar, num reconhecimento retrospectivo, o rosto daqueles que foram para ele os primeiros sustentáculos da verdade, os guardiões da esperança humana. Essa função, que é, no nível mais simples, a do professor primário, continua idêntica nos diversos graus do ensino. Mas, aos poucos, a exigência do aluno torna-se mais crítica; menos facilmente satisfeita, detecta fraquezas, discrimina personalidades. O estudante tem cada vez mais professores nos quais aprecia diversamente a competência técnica. Mas o surgimento, em meio aos professores, de um mestre digno desse nome é raro. Essa palavra consagra, agora, uma qualificação especial, uma força superior de validade, de cuja presença e irradiação irão se beneficiar todos os que com ela contactam.

Entendida desse modo, a palavra mestre é prerrogativa independente da atividade pedagógica propriamente dita. Muitos homens ensinam – uma disciplina intelectual ou manual, uma técnica, um ofício –, poucos desfrutam desse acréscimo de autoridade que lhes advém, não de seu saber ou capacidade, mas de seu valor como homem. Nesse sentido, um artista, um artífice, um homem de Estado, um chefe militar, um sacerdote podem ser tão bons ou melhores mestres para aqueles que os cercam do que certos professores. A vida de tais homens impõe-se, a todos ou a alguns, como uma lição de humanidade.

A relação mestre–discípulo surge-nos, pois, como uma dimensão fundamental do mundo humano. Cada existência forma-se e afirma-se em contato com as existências que a cercam; ela constitui como que um nó no conjunto das relações humanas. Em meio a essas relações, algumas são privilegiadas: a dos filhos com os pais e irmãos, a relação de amizade ou de amor e, singularmente, a relação do discípulo com o mestre que lhe revelou o sentido da vida e o orientou, se não na sua atividade profissional, ao menos na descoberta das certezas fundamentais. Para além da reflexão sobre as vias e os meios do ensino especializado, abre-se-nos a possibilidade de uma outra meditação que, como uma pedagogia da pedagogia, se exerce sobre a investigação dos processos secretos através dos quais, fora de todo conteúdo particular, se cumpre a edificação de uma personalidade e se processa um destino. O papel do mestre é, aqui, como o do intercessor; é ele que dá a forma humana aos valores. A criança e o adolescente, todo aquele que está a procura de si mesmo, acham-se, assim, confrontados com uma encarnação das vontades que talvez estejam adormecidas neles. E esse reencontro com o melhor, esse confronto com a mais alta exigência, desmascarando uma identidade que a si mesma se ignorava, permite à personalidade passar ao ato e escolher-se a si mesma tal como sempre se desejou.

1. O ensino, o saber e o reconhecimento

O Sócrates platônico do *Mênon* resume desse modo o paradoxo de todo o ensino: "É impossível ao homem procurar tanto o que sabe quanto o que não sabe. Por um lado, o que sabe não procurará porque já o sabe, e, nesse caso, nenhuma necessidade tem de o procurar; por outro lado, também não procurará o que não sabe, pois que igualmente não sabe o que deve procurar." Ninguém pode aprender ou ensinar nada a ninguém, é o que nos diz o patriarca da pedagogia no Ocidente, e a civilização escolar, em toda a sua amplidão, surge-nos como uma gigantesca mistificação.

Sócrates, mestre da ironia, não fica por aqui. Para confirmar sua tese, propõe um célebre exercício de alta escola educativa, dando uma lição de geometria a um jovem escravo sem formação matemática. Este, perante algumas figuras traçadas na areia e metodicamente interrogado, define um certo número de verdades muito próximas ao teorema de Pitágoras. A habilidade do examinador é tal que, de pergunta em resposta, o jovem escravo parece tirar de seu íntimo tudo o que Sócrates lhe faz dizer. A conclusão impõe-se: nada veio de fora enriquecer aquela inteligência, que descobriu por si mesma as relações constitutivas do mundo matemático. Elas já estavam nele. Só aguardavam, para virem à consciência, a invocação do encantador.

É preciso ser um pedagogo excepcional para negar desse modo toda a pedagogia. E, sem dúvida, há aí uma primeira lição: o melhor mestre não é aquele que se impõe, que se afirma como dominador do espaço mental, mas, ao contrário, o que se torna aluno de seu aluno, aquele que se esforça para acordar uma consciência ainda ignorante de si mesma e de guiar seu desenvolvimento no sentido que melhor lhe convém. Em vez de captar a boa vontade inocente, procura respeitar a espontaneidade natural do jovem espírito que tem como missão libertar. Sócrates, que se apaga diante de seu aluno, não é um mestre menor que aquele que se impõe e reina por prestígios fáceis.

No entanto, o paradoxo socrático aparece-nos também como um outro artifício. A experiência mais comum mostra que podemos procurar aprender o que não sabemos: não sei chinês, sou ignorante em botânica e posso, a partir de hoje, obrigar-me a preencher essa ou outra lacuna da minha cultura. Cada homem reúne em si um certo número de ignorâncias que, se quiser, pode remediar: é só recorrer aos bons serviços de um professor competente. A intenção de Sócrates é, portanto, absurda. Para nos convencermos disso, basta pensarmos na aventura do jovem escravo, objeto da experiência. Sócrates leva-o a formular – sozinho – diversas verdades que podem se resumir no teorema de Pitágoras: "Como vês, diz Sócrates, nada lhe ensinei..." Porém, sem o encontro com o mestre da ironia, jamais o jovem teria conhecido o teorema de Pitágoras, que, aliás, continua desconhecido pela maioria da humanidade.

Não vemos por que a demonstração socrática limita-se ao teorema de Pitágoras. Deveria estender-se a todas as verdades da geometria, cujas longas cadeias de razões se determinam umas às outras. Afinal, nada impedia Sócrates, se fosse um bom jogador, de obter de seu aluno ocasional uma confissão mais completa e de lhe fazer dizer a geometria de Euclides na sua totalidade. Entretanto, há uma razão maior que impede essa suposição: Euclides ainda não tinha nascido e seus *Elementos de Geometria* só surgiram um século depois da cena relatada pelo *Mênon*.

Se Sócrates tivesse razão, a história do saber e a lentidão de seus progressos, suas tentativas e seus erros, seriam incompreensíveis. Por que a geometria de Euclides esperou por

Euclides? E por que o teorema de Pitágoras carrega o nome de Pitágoras, se pertence à dotação intelectual inicial de todo ser humano? Por que a humanidade ocidental, após ter vivido vinte séculos segundo os esquemas de Euclides, denunciou o caráter arbitrário desses esquemas e formulou geometrias não euclidianas que só seriam codificadas em 1899, na *Grundlagen der Geometrie* de Hilbert? A história pedagógica do *Mênon* teria sido muito mais conclusiva se, em vez de extrair de seu aluno verdades já catalogadas pelo saber da época, Sócrates lhe tivesse feito anunciar verdades futuras, não a verdade de Pitágoras, mas as de Lobatschevski ou de Riemann. Sócrates não engana ninguém ao tentar tornar-se invisível, negando sua presença no diálogo com seu aluno. Se ele não estivesse lá, se não conduzisse as operações intelectuais, jamais seu interlocutor teria descoberto por si mesmo o que o diretor de consciência conseguiu extrair dele. Se o aluno só tivesse de desvendar uma verdade preestabelecida nele, qual seria a necessidade de um intercessor? Por que nenhuma cultura jamais conseguiu prescindir da função docente? O próprio Sócrates dizia-se "parteiro" de espíritos. Por mais modesta que essa função possa parecer, em primeira análise, não parece menos indispensável à sobrevivência da espécie humana. E, no campo da cultura, nunca houve autodidatas, porque ninguém aprende nada sozinho; mesmo o mais isolado beneficia-se das investigações e conquistas anteriores da cultura humana. Como dizia Giraudoux, toda a literatura é imitação, salvo a primeira, que, infelizmente, desapareceu.

O mito pedagógico do *Mênon* tem sua contraprova numa famosa história, relativa a um outro aprendiz de feiticeiro da geometria, o jovem Blaise. Segundo sua irmã, a criança genial teria tido desempenho superior ao do pequeno escravo, pois teria conseguido, clandestinamente e sem a interposição de Sócrates, inventar sozinho uma parte dos *Elementos* de Euclides. Seu pai teria lhe dado uma definição da geometria, proibindo-o de dar-lhe atenção demais, "mas esse espírito, que não podia ficar só na superfície, (...) pôs-se a pensar nisso". Tentando desenhar figuras e raciocinar sobre suas propriedades, "criou axiomas e, por fim, fez demonstrações perfeitas.

Como nessa área uma coisa leva a outra, ele se adiantou tanto nas pesquisas que chegou à trigésima segunda proposição do primeiro livro de Euclides...".

Infelizmente, essa página célebre integra-se na mitologia do jansenismo. Pertence à mesma literatura polêmica e edificante de que são acompanhadas as lutas religiosas do século. A sra. Périer defende seus próprios interesses, os interesses do clã e da família, Pascal não pôde desmentir, pois morreu em 1662, antes que sua irmã escrevesse sua biografia. Ora, desde 1657, Tallemant des Réaux havia dado, em suas *Historietas*, uma outra versão desse episódio epistemológico: "Essa criança, desde os 12 ou 13 anos, lia Euclides às escondidas e já se colocava proposições[1]..." Esse relato, muito pormenorizado, parece mais digno de crédito do que a devoção da irmã inconsolável. O pequeno Pascal, por mais prodigioso que tenha sido, seguia um manual... Tal como o escravo do *Mênon*, não descobriu a geometria sozinho.

Sabemos que o Sócrates platônico buscava demonstrar a inutilidade do mestre apenas para confirmar a doutrina da reminiscência. O ensino não introduz nada de novo no espírito; somente desperta conhecimentos que aí já se achavam depositados desde os tempos imemoriais dos começos míticos, quando a alma, antes de vir ao mundo, contemplou as Idéias nas quais se resumem todas as verdades essenciais. A ignorância é apenas aparência ou, antes, esquecimento e infidelidade. A maioria dos homens deixa-se desviar de si mesmos por uma inércia que se opõe à vigilância e à presença de espírito. A conversão filosófica, desviando o pensamento do campo das aparências enganosas para o do patrimônio das certezas, apenas ocultas mas nunca perdidas, restitui-as às suas origens. Por isso o jovem escravo, submetido ao exame, por Sócrates, pôde se relembrar: recuperou um saber preexistente que jazia no fundo de si mesmo, porque, de alguma maneira, estava ligado à sua vocação de homem.

....

1. Texto citado por Brunschvicg, em nota, a propósito do texto da *Vie de Pascal* de Mme. Périer; em Pascal, *Pensées et opuscules*, ed. Minor, Hachette, p. 6.

Assim, a lição de geometria no *Mênon* é, na realidade, uma lição de metafísica e de teologia. Propõe-se demonstrar a predestinação do homem ao conhecimento, o qual deve ser entendido num sentido que ultrapasse em muito o domínio das matemáticas, pelo menos tal como as conhecemos hoje em dia. O simples nome de Pitágoras, fundador de uma das mais constantes tradições da sabedoria antiga e que, ao que parece, teria dado à filosofia o nome que ela sempre conservou, deve nos pôr alertas. A iniciação a alguns modestos teoremas propõe-se como uma parábola da iniciação às mais elevadas verdades espirituais.

Em outras palavras, o ensino é sempre mais do que o ensino. O ato pedagógico, em cada situação particular, ultrapassa os limites dessa situação para pôr em causa a existência pessoal no seu conjunto. Por exemplo, aqueles que pretendiam introduzir o ensino primário obrigatório num país não se propunham somente a munir cada criança de uma modesta bagagem de leitura, escrita ou cálculo. O mínimo vital do certificado de estudos era o meio e o símbolo de uma espécie de libertação intelectual que correspondia a uma promoção geral da humanidade no homem. Tal era a fé que animava os que zelavam pelo ensino universal nos séculos XVIII e XIX. Ainda hoje, a insuficiência das instalações escolares continua sendo um dos sinais mais evidentes do subdesenvolvimento nas regiões menos favorecidas do mundo. É verdade que, no mundo de hoje, não se é um privilegiado da cultura por se saber ler e escrever; mas o analfabeto sofre dessa inferioridade radical que faz dele uma espécie de surdo-mudo do conhecimento, uma espécie de hilota em meio aos homens livres.

A lição de geometria surge-nos, assim, como uma lição de humanidade. Portanto, Sócrates tem razão em afirmar que a humanidade, no homem, não é um produto importado do exterior. A intervenção do mestre só pode ser o desvendamento do ser humano, tal como a humanidade o transforma em si mesmo. A visitação socrática não age como uma graça suprema, que suscita do nada algo que não existe. O apelo de Sócrates é uma invocação, mas essa voz vinda do exterior deve unir-se, deve libertar a voz interior de uma vocação que a esperava. A razão do jovem escravo desperta ao chamado de Sócrates, como a Bela Adormecida desperta ao apelo do Príncipe charmoso. E, certamente, não podemos dizer que nada se passou como afirma Sócrates, com falsa modéstia. Algo que consagra um dos mais altos momentos da existência humana aconteceu: um encontro fundamental para aqueles que assim se defrontaram, como também para a cultura do Ocidente que, desde então, não cessa de comemorar a cena, real ou fictícia, cujo diálogo platônico nos conservou o inesquecível testemunho. A palavra do mestre é uma palavra mágica: um espírito desperta ao apelo de um outro espírito; pela graça do encontro, uma vida foi mudada. Não que essa vida deva daqui para a frente devotar-se a imitar a alta existência que, num dado momento, cruzou e iluminou a sua. Uma vida mudou, não à imagem da outra vida que a visitou, mas à sua própria e singular semelhança. Jazia na ignorância e passou a conhecer-se e pertencer-se, a depender unicamente de si mesma, a sentir-se responsável por sua própria realização.

Todo nascimento é um mistério. O mistério pedagógico coroa o nascimento de um espírito, a vinda de um espírito ao mundo e a si mesmo. Mas o mistério, na ordem da lógica, projeta-se em forma de contradição, a mesma contradição que a parábola do *Mênon* sublinha. Se cada vida pertence a si própria, como transferir algo de uma existência para outra? Uma idéia não é um objeto material e anônimo, um pedaço de madeira ou uma moeda que passa de mão em mão sem nada perder de sua realidade. Uma idéia carrega a marca de quem a pensou; seu sentido se estabelece pela sua inserção no contexto mental, indissoluvelmente ligado à totalidade de uma vida.

Por isso, o saber permanece sempre o segredo daquele que sabe. Uma palavra oculta seu autor tanto quanto o exprime. Pelo menos seu sentido jamais é dado. É preciso procurá-lo, de equívoco em equívoco, sem se estar certo de se conseguir adivinhá-lo. Houve um tempo em que o mestre guardava para si idéias mais importantes, tal qual o alquimista medieval que somente em seu leito de morte confiava seus processos de fabricação ao seu mais fiel discípulo. Na sabedoria antiga, a doutrina verdadeira do filósofo revestia-se do aspecto confidencial dos segredos de oficina, das receitas ciumentamente guardadas. Nas escolas antigas, o sábio não ensinava não importa o que a não importa quem. O próprio platonismo distinguia do ensino aberto a todos um ensino mais raro, que levasse às últimas instâncias, jamais formuladas por escrito e comunicadas somente aos poucos iniciados que pareciam dignos de uma tal revelação, após longos e difíceis estudos, pontilhados de provas cada vez mais difíceis.

De Platão, de quem nos chegaram tantas obras, só conhecemos as doutrinas da penúltima fase; as afirmações capitais continuam desconhecidas. Aqueles que receberam a preciosa confidência levaram-na consigo para seus túmulos.

A escola filosófica conservou, assim, algumas características das seitas religiosas, selecionando os eleitos aos quais será reservada a confidência das tradições. A verdade filosófica, hoje, parece se caracterizar, ao contrário, pela universalidade e publicidade. Escrita de forma clara, acredita-se que ela deva se impor, sem esforço, a todos os homens, desde que tenham um mínimo de boa vontade. A experiência ensina, no entanto, que a sabedoria não pode ser adquirida sem custo. A verdade não se reduz a uma lição que decoramos, mas supõe uma aplicação de toda a personalidade, uma orientação obtida por uma lenta preparação que consagre a recompensa suprema, a revelação das mais altas certezas.

A lição de Sócrates confirma essa visão. Sócrates, filósofo das ruas e dos bosques, dirige-se familiarmente a uns e outros, no estilo mais simples e sem o mínimo hermetismo. No entanto, ainda nos perguntamos o que esse homem, que pretendia ser instrutor universal dos atenienses, desejava de fato ensinar. Não faltam documentos, ao contrário, são abundantes e alguns deles apresentam uma precisão quase estenográfica. Contudo, a literatura socrática esconde o pensamento de Sócrates muito mais do que o expõe. Mestre da ironia, Sócrates questiona, refuta, argumenta, faz o interlocutor cair em contradições, mas não fornece à perturbação que provoca uma solução préfabricada. Desvenda enigmas, jamais dá a palavra do enigma. Nada permite esclarecer melhor o mistério do ensino. Sócrates não defende a sua própria causa, pela simples razão de que a verdade nunca pode ser um presente dado por um homem a outro homem. Ela é o fruto de uma investigação e de uma conquista de cada um. Aliás, esse é o sentido do mandamento délfico que Sócrates alegava: "Conhece-te a ti mesmo..." O caminho da verdade não conduz a uma imitação desse ou daquele personagem exterior, mas leva ao exame de consciência em que cada pessoa deve reconhecer as suas próprias razões de ser.

A conversão socrática resume-se, pois, no apelo a uma pedagogia que seja nossa e que a nós se dirija. Para Sócrates, o ensinamento de qualquer doutrina é o convite a um novo sono dogmático. Do mesmo modo, uma certeza válida só pode se fundar na certeza de uma exigência interior. Novalis, o poeta romântico, afirmou-o claramente: "Como um homem poderia compreender uma coisa sem em si ter dela o germe? O que posso compreender deve crescer em mim segundo leis orgânicas; e aquilo que pareço aprender não é para o meu organismo mais que alimento e incitamento."[2]

Segundo a sabedoria romântica, o movimento do ensino, aparentemente de fora para dentro, só pode ter continuidade se encontrar o movimento inverso, de dentro para fora, e unir-se com ele.

Essa teoria romântica do saber, aliás, não diz respeito somente às vias e aos meios do conhecimento. Põe em causa a própria realidade e a situação do homem no universo. Se o saber referente ao mundo se aprofunda numa autoconsciência, é porque o homem e o mundo não são estranhos um ao outro, mas acham-se ligados por um parentesco essencial. O homem não está na natureza como um império dentro de um império, mas, antes, uma harmonia preestabelecida o liga a tudo que o cerca. Só o semelhante, ensinava a mais antiga sabedoria grega, pode conhecer o semelhante. O conhecimento, que não é o simples reflexo das coisas no espírito, consagra o desvendamento de uma semelhança de estruturas entre o que é conhecido e o que conhece. "Não nascemos sozinhos,

....

2. Novalis, *Diário e fragmentos*.

dizia Claudel. Nascer, numa palavra, é conhecer. Todo nascimento é um conhecimento."[3]

A intuição da solidariedade fundamental e da unidade de vocação entre a realidade humana e a ordem das coisas encontra-se na base das doutrinas de correspondência entre o microcosmo e o macrocosmo, que, sob uma forma ou outra, são freqüentemente reafirmadas na história do pensamento humano, seja pelos que cultivam as tradições ocultas, seja pelos metafísicos no sentido exato do termo. O hermetismo em suas diversas formas, a astronomia, a alquimia fundamentam-se, em grande parte, nessa correspondência analógica entre o homem e o universo, de onde são extraídas as várias doutrinas e técnicas. A maioria das práticas ocultas baseia-se na unidade de estrutura e de ritmo que supostamente existe tanto no indivíduo como na totalidade cósmica.

Mas o bom senso nos faz hesitar em tomar esses caminhos perigosos. O racionalismo moderno fundamenta-se na generalização dos métodos da física e das matemáticas. A verdade, segundo ele, deve enquadrar-se no seu código, que é o das ciências exatas, as quais, por sua vez, não podem abranger concepções da ordem das que acabamos de evocar. Os hábitos mentais que se impuseram no Ocidente, depois de Galileu e Descartes, fizeram-nos esquecer que a história da filosofia, desde as origens até o Renascimento, se desenvolve fora da fascinação exercida pelo positivismo científico, o qual, aliás, foi rejeitado pela sabedoria romântica.

A matemática e a física são disciplinas abstratas, cuja finalidade é ordenar certos setores especializados do conhecimento, mas os esquemas abstratos aos quais, no final das contas, elas chegam não têm valor fora de seu domínio restrito. Os defensores do intelectualismo cometem, pois, um abuso de confiança quando pretendem submeter a realidade humana no seu conjunto à ordem que reina na geometria, na álgebra ou na mecânica dos fluidos.

....

3. Paul Claudel, "Traité de la co-naissance au monde et de soi même", in *Art poétique*, Mercure de France, 1946, p. 62.

Por isso, não podemos, sem exame, rejeitar como absurdas as perspectivas ontológicas abertas pela meditação platônica sobre as vias e os limites do ensino. O colóquio do mestre e do aluno implica, como vimos, o problema das origens e dos fins últimos do ser humano, pois a doutrina da reminiscência baseia-se na teoria das Idéias, que pressupõe, por sua vez, a crença na metempsicose e a idéia da queda e da transmigração das almas. E o simples fato da compreensão, que deve ser também um reconhecimento, pressupõe a afinidade entre aquele que conhece e o que é conhecido, sobre a qual se apoiava a venerável analogia do microcosmo e do macrocosmo. Há uma escatologia da pedagogia. Sócrates pergunta geometria a um jovem tomado ao acaso, que não sabia a lição, e esse caso banal de pouca atualidade pedagógica basta para evocarmos toda espécie de mito escatológico que coloca novamente em questão a condição humana.

É absurdo rejeitar os mitos sem neles nos determos, mas também não é o caso de se aceitarem suas reivindicações contraditórias. A sabedoria nesse campo consiste em revelar uma indicação de valor de qualquer dimensão de afirmação mitológica. O florescimento dos mitos sublinha uma articulação da existência, um ponto nevrálgico da autoconsciência que, ao se chocar com obstáculos, dificuldades internas ou contradições, inventa, para resolver o enigma, justificações mais ou menos dominadas pela função imaginativa. A solução, apesar de não possuir nenhuma autoridade particular, atesta a existência do enigma do qual pretende fornecer a chave. Um reagrupamento e um confronto dos mitos que levassem a uma mitologia comparada permitiria revelar as grandes orientações do ser humano em seu confronto com o mundo.

Esse esclarecimento mítico da condição humana demonstraria, sem dúvida, as verdadeiras proporções do fato educativo. Do recém-nascido ao adulto, uma lenta maturação do organismo desenvolve, pouco a pouco, as funções biológicas que mal se esboçam nos primeiros tempos da vida. No desenvolvimento da consciência, desde a exploração do meio imediato até a aprendizagem da fala e, mais tarde, os sucessivos anos de escola, não constituem fatos muito distintos daqueles relativos ao corpo.

O crescimento mental está ligado ao crescimento fisiológico: a realidade humana forma um conjunto, cujos diversos aspectos se compõem uns aos outros, não segundo as regras simplistas de um mecanismo de dupla entrada, mas em virtude de uma ordem de implicação das significações. E, certamente, estamos longe de conhecer a última palavra dessa inteligibilidade compreensiva que liga as estruturas do corpo e as do pensamento. A única coisa que sabemos é que qualquer dissociação, qualquer tentativa de contabilidade de partidas dobradas está fadada ao insucesso porque mutila seu objeto em lugar de interpretá-lo.

Por essa razão, as interpretações míticas podem ser mais ricas em sugestões válidas do que muitas obras técnicas, cujo rigor científico aparente não consegue dissimular o vazio do pensamento. Os mitos aceitam o fenômeno humano em sua totalidade e tentam situar o seu destino na totalidade do mundo. As indicações míticas não se fundamentam na razão discursiva, e só se justificam por referência a uma espontaneidade intensiva, que é também seu ponto de referência, para lá das imagens que utilizam. A verdade mítica apodera-se imediatamente do pensamento, invocando, não o espírito crítico, mas as profundezas da vida pessoal, os obscuros subterrâneos da sensibilidade, nas regiões em que a alma se enlaça na aliança originária da consciência e do corpo.

Cada homem tem uma história, ou ainda, cada homem é uma história. Cada vida se apresenta como uma linha de vida. O ensino seria um aspecto do período ascendente dessa história: assinala o crescimento mental, intrinsecamente ligado ao crescimento orgânico. Sua função é permitir uma tomada de consciência pessoal no ajustamento do indivíduo com o mundo e com os outros. Vemos, aqui, que o sistema escolar não se basta; as lições do professor compõem-se com outras influências, impossíveis de enumerar, na mesma obra de aperfeiçoamento progressivo e aleatório. A formação de um homem, se for exatamente compreendida como a vinda ao mundo de uma personalidade, como o estabelecimento dessa personalidade no mundo e na humanidade, torna-se um fenômeno de uma amplitude cósmica.

Só os mitos fornecem interpretações na medida dessa amplidão. A maior parte dos pedagogos recuam, apavorados, diante do imenso percurso necessário, através da antropologia, da cosmologia, e da metafísica inteira, para quem queira situar o ensino na perspectiva dos destinos humanos que lhes cabe fundamentar em verdade e em valor. O pedagogo contenta-se em dissociar para reinar; coloca-se problemas definidos, que resolve por meios técnicos. Uma feliz divisão do trabalho permite, assim, subtrair as questões essenciais, fornecendo, ao mesmo tempo, os meios para constituir essa grande indústria da formação do homem pelo homem que são os diversos sistemas escolares. Mas, se essa pedagogia mal planejada permite constituir e reformar indefinidamente essa ocupação, exige o arsenal de seus meios, sem possuir nenhuma consciência real de seus fins. Ou melhor, acaba por se considerar um fim em si: a pedagogia serve para justificar os pedagogos. É uma máquina que gira no vazio, e muito bem, pela excelente razão de jamais encontrar dificuldades reais.

Há economias prejudiciais, como, em particular, a que pretende, em qualquer campo que seja, dispensar o técnico de uma reflexão prévia, isto é, de uma metafísica. Como um arquiteto que, para diminuir o custo da construção, a edifica sem os alicerces. Mais exatamente, no campo humano, é impossível dispensar uma metafísica prévia. E a pior metafísica é aquela que não se reconhece como tal. Aquele que pretende refletir baseado no bom senso e na evidência imediata torna-se presa das incoerências do senso comum.

Uma metafísica da pedagogia é, pois, o alargamento do horizonte intelectual que permite situar o puro e simples ensino no conjunto do destino humano ao qual o ensino se acha aplicado de fora. A história de um homem firma-se no tempo como a lenta formação e reformação da personalidade, até sua deformação definitiva. Ora, a constituição de uma vida pessoal não poderia, evidentemente, coincidir com o certificado de 1.º ou 2.º grau, com o diploma de engenharia ou, ainda, com algum rito de passagem, por mais modesto ou elevado que seja, sob o controle do Ministério de Educação Nacional. A história de um homem resume-se, no final das contas, à experiência desse homem, ao que fez de sua vida, ao que nela está em jogo.

Assim, a questão é saber se o ensino é um fim ou um meio. Infelizmente, o pedagogo, entregue ao exercício de determinada função, é tentado a considerá-la algo absoluto. Os programas, os exames, os certificados e diplomas representam, para ele, valores incondicionais, fora dos quais não pode haver salvação. Mas, se abandonamos o ponto de vista de quem ensina, para adotar o de quem é ensinado, fica claro que a aquisição de um saber só tem sentido como preparação para a experiência futura. O saber é procurado porque é um meio de ação, equipamento indispensável àquele que quer enfrentar a vida, e, mais particularmente, esse ou aquele tipo de vida.

Sob essa luz, a mais desinteressada das culturas gerais não é senão uma preparação para a experiência. Ela confere o benefício de uma experiência de uma outra pessoa, ou seja, antes da experiência existe reciprocidade entre o saber e a experiência. O desenvolvimento da experiência prolonga a aquisição do saber e, aliás, completa o saber adquirido com um saber novo, correspondente, para cada indivíduo, a uma inscrição do passado, no depósito sedimentar das tentativas, dos erros e das conquistas da vida.

De resto, a própria aquisição do saber corresponde a uma forma essencial da experiência vivida. Na escola, no colégio, na universidade, em todas as instituições que têm por função ministrar o saber, a criança, o jovem passam por experiências que serão decisivas em suas vidas. Esses locais não são, para eles, simplesmente o cenário de certos jogos da inteligência e da memória. É a personalidade inteira que aí faz seu aprendizado; sensibilidade, caráter, vontade são aí postos à prova, e a aquisição de conhecimentos surge agregada à tomada de consciência dos valores. O espaço escolar define o lugar das primeiras relações humanas, fora do círculo familiar. É neste espaço que a criança é bem ou malsucedida na tentativa de autoafirmação na convivência.

Assim se justifica a importância do diálogo do aluno com o professor na odisséia de cada consciência, como também do diálogo entre os alunos, do professor com a classe ou do aluno com a classe. Dessa forma, é estabelecido um conjunto de relações humanas, no confronto das personalidades segundo os ritmos alternados e complementares do jogo e da luta, da amizade ou da hostilidade. O saber propriamente dito, os programas e os exercícios são freqüentemente apenas temas impostos, pretextos para a realização e para o desdobramento da auto-afirmação de uns e de outros.

Existe uma civilização escolar. O meio escolar é um lugar privilegiado de civilização. Essa verdade, de evidência imediata, parece, no entanto, jamais ter sido levada a sério na França. Os técnicos preocupam-se incessantemente em reformar os programas, sem desconfiarem de que os programas não são tudo e que não contêm o essencial. Se o objetivo de qualquer educação é realmente uma busca de humanidade, a luta pela vida pessoal, é claro que a preocupação pelo todo deveria ter absoluta primazia sobre os pormenores. Paradoxalmente, os regulamentos e as instituições de ensino na França, em todos os graus, apresentam-se como acumulações de detalhes em que pouco aparece a preocupação do conjunto. Têm-se, muitas vezes, feito acusações contra esse estado de coisas. Não é inútil retomá-las, sem, porém, ter a menor ilusão sobre sua eficácia.

Se a instituição escolar na sua totalidade tem por fim a aprendizagem da humanidade pelo homem, é evidente que o sistema pedagógico deveria ter um valor formativo. A pedagogia não se exerce somente na classe, pelo ministério do professor. Deveria exercer-se por toda parte, de tal maneira que as crianças a respirassem no ambiente de suas próprias vidas. Deveria ser introduzida pela persuasão de todos os sentidos conjugados. Tal como a vida religiosa tem por cenário o conjunto arquitetônico da catedral, assim a vida intelectual deveria beneficiar-se do espaço destinado ao ensino. Nada demonstra melhor a inconsciência francesa dos problemas essenciais ligados ao ensino do que a pobreza das construções escolares. Parece que, através dos séculos, os responsáveis pela política cultural só se preocuparam em mandar construir escolas-quartel, colégios-caserna ou universidades-formigueiro, como se o continente fosse perfeitamente indiferente ao conteúdo. O estabelecimento escolar é apenas uma oficina ou uma indústria para fabricar diplomados em qualquer coisa. Basta dar carta branca a arquitetos e engenheiros para criar, a custo baixo e segundo normas racionais, caixas onde se amontoam estudantes, para se alcançar um rendimento máximo.

É bastante sintomático constatarmos que a própria preocupação com a eficácia e produtividade obrigou os responsáveis pela vida econômica a tomar consciência de que existiam "problemas humanos do maquinismo industrial", para retomar o título de uma obra conhecida. Mas não parece que, até hoje, os problemas humanos do desenvolvimento intelectual tenham preocupado seriamente, mesmo àqueles que têm por função ocuparem-se deles. A legislação social, por exemplo, que há um século vem procurando melhorar a situação do mundo operário, reduziu a duração da jornada de trabalho nas repartições e fábricas. Mas ninguém pensou em aliviar os horários sobrecarregados do aluno de 1.º ou 2.º grau, cuja jornada de trabalho, propriamente ilimitada, evoca a condição desumana do proletariado operário e rural no tempo em que Marx denunciava a exploração do homem pelo homem. Aguardamos que um outro Marx se erga, com o mesmo vigor, para denunciar a alienação dos estudantes e a escravização intelectual a que estão submetidos, em prejuízo de sua saúde física e mental, os candidatos aos exames e concursos, como aqueles que tentam ingressar nas grandes escolas, glórias tradicionais do ensino superior francês.

Também é verdade que a França nunca tentou dar à civilização escolar um quadro de acordo com sua importância na vida nacional. Quem passeia por Cambridge fica deslumbrado com o alinhamento monumental dos colégios cujas fachadas nobres margeiam, em meio à grama, aos jardins e aos parques, o rio Cam. Século após século, uma longa fidelidade aos valores culturais afirmou-se ali, e o surpreendente sucesso arquitetural dos prédios, pátios e igrejas e a própria composição dos estilos sucessivos atestam a permanência de uma preocupação de saber e de verdade ciosamente transmitida de geração em geração. Estudantes ou mestres, ali viveram Francis Bacon, Isaac Newton, Charles Darwin e muitos outros que são a honra eterna de uma nação, e cujos trabalhos e sonhos tiveram por cenário esse maravilhoso conjunto de pedra, céu, verde, flores e água. O jovem que tem o privilégio de ocupar, num desses colégios, um lugar ilustrado por tantos grandes nomes, cuja presença continua viva e próxima, sente-se levado, pela irresistível persuasão da paisagem cultural, a tomar parte na herança de veneração e de perseverança que lhe cabe, dali para a frente, salvaguardar e promover. O recolhimento, a paz de espírito e a lenta maturação das certezas através do enriquecimento do saber não pedem, ali, um esforço contra a natureza. Basta deixar-se penetrar e persuadir pelo encanto desse lugar onde a natureza e a cultura firmaram uma aliança secular.

O encanto de Cambridge não é, aliás, o único na Europa. Na própria Inglaterra, Oxford sempre resistiu, por suas faculdades, por suas tradições e por seus mestres, à universidade rival, sua melhor amiga-inimiga. No continente, a colina de Coimbra, acrópole da cultura portuguesa, é encimada por palácios admiráveis cuja seqüência se inscreve com rigorosa nobreza na paisagem envolvente dos campos lusitanos. Salamanca oferece aos intelectuais espanhóis o refúgio harmonioso de seus claustros, de suas fachadas douradas pelo sol. Mesmo as pequenas cidades universitárias da Alemanha, onde os edifícios universitários não se distinguem pela sua antiguidade ou beleza arquitetônica, oferecem, contudo, ao espírito a incomparável vantagem de uma província pedagógica, zona de reflexão ou de recolhimento, ao abrigo das atividades febris e da agitação industrial. Pode-se andar à vontade: o campo e os pinheiros da floresta estão a dois passos. Mesmo as universidades do Novo Mundo, que surgiram mais tarde, tentaram preservar lugares privilegiados para a cultura e, se não há uma beleza monumental, ao menos se encontra o luxo dos grandes espaços, gramados verdes e arredores pacíficos.

Não existe, na França, um único prédio universitário que seja um monumento histórico digno desse nome. À exceção de um ou outro antigo palácio burguês ou senhorial, destinado a outros fins e um dia requisitado pelas necessidades do Estado, nunca monarca ou governo algum julgou útil consagrar ao ensino uma construção que materializasse a dignidade eminente dos valores culturais. Há uma única exceção: a admirável Escola Militar de Paris, da qual o patrimônio nacional pode se orgulhar. Mas essa exceção confirma ainda mais a regra. A França construiu catedrais e edifícios públicos, palácios para os reis, castelos para os grandes senhores e para os banqueiros; nunca lhe pareceu que palácios devessem ser construídos para a cultura. Quando a Terceira República decidiu realizar os investimentos necessários para alojar o ensino em edifícios próprios, o que fez foi erguer, no centro das cidades tentaculares, vastos edifícios curiosamente desprovidos tanto de valor estético como de utilidade funcional. A mesma observação poderia se aplicar, aliás, aos escalões menores do ensino: escolas primárias ou colégios de qualquer época, no nosso país, não passam de casas econômicas, como se os culturalmente fortes devessem ser tratados como economicamente fracos.

Nenhum fato poderia exprimir melhor essa miséria especificamente francesa de um ensino a preço reduzido, em que a qualidade dos professores não basta para compensar a impressão de penúria que se desprende do cenário no seu conjunto. A França, país de alto nível de civilização, jamais se deu uma civilização escolar, como fizeram outros países vizinhos. O sistema de internato dos colégios franceses foi e continua sendo o de um quartel, quando não o de uma prisão. Existem países onde o regime de internato é privilegiado, e as crianças que dele fazem parte são felizes. Do mesmo modo, na França, a universidade, sendo, nesse aspecto, um prolongamento dos outros graus do ensino, não passa de um lugar de trabalhos intelectuais forçados. Sob outros céus, as universidades são oásis da cultura, lugares onde a procura da plena realização humana é ligada a uma atmosfera de luxo. Mas esse luxo não é desperdício, como imaginam, sem dúvida, nossos financistas parcimoniosos. Esse luxo não é individual, mas comunitário. Isso significa que o ensino não é uma questão quantitativa mas qualitativa. A formação de personalidades dominantes e fortes deve apresentar, até nos recursos materiais, um mínimo de distinção. A moldura da vida também tem um valor pedagógico;

uma moldura medíocre contribui pelo peso da sua própria inércia para o empobrecimento geral dos espíritos. Uma arquitetura escolar vulgar sugere um ensino pobre.

Aparentemente, afastamo-nos muito do diálogo entre o mestre e o discípulo. E, no entanto, não fizemos outra coisa além de discorrer sobre algumas de suas implicações: a vida espiritual não é a vida "interior", voltada para si mesma, como a que imaginamos muitas vezes. A realidade humana, na sua totalidade, está implicada nela. O homem não oculta sua vida como um segredo. No seu íntimo, constantemente a trai, não somente por palavras, mas por gestos, por comportamentos e pelo próprio conjunto de suas atitudes. Hegel dizia, numa fórmula genial: "o interior é o exterior". Um grupo de significações se estabelece aos poucos entre a consciência pessoal e o meio ambiente. É por isso que a arquitetura e o urbanismo não trabalham somente com o cenário indiferente de uma vida que correria do mesmo modo não importa onde. O lugar e a encenação da pedagogia já são meios pedagógicos. São partes integrantes da dramaturgia que coloca frente a frente o professor e seu aluno ou, mais exatamente, o aluno consigo mesmo, se acreditarmos, com o Sócrates do *Mênon*, que esse é o meio para a procura do conhecimento pleno.

Parece claro que a aquisição do saber corresponde, para cada um, a uma busca do ser. Quando Sócrates declara que "é impossível a um homem procurar tanto o que sabe quanto o que não sabe", sua dialética comete o erro de pressupor uma lógica do sim e do não, uma lógica intelectualista que exclui qualquer terceira posição. É claro que a criança sabe ou não sabe sua lição, mas o princípio do terceiro excluído não se aplica à vida humana no seu conjunto, pois ela se processa no imenso intervalo que separa o saber do não-saber. Às palavras de Sócrates opõe-se curiosamente a célebre frase do Jesus pascaliano: "Se já não me tivesses encontrado, não me procurarias." A questão existencial não prossegue sem o pressentimento de uma resposta. Nesse sentido, também Marx pôde dizer: "A humanidade não se coloca questões para as quais não possa obter respostas."

Toda aprendizagem de um saber é uma evocação do ser. O aluno, aquele que não sabe, é, no entanto, o sujeito e o objeto de uma vocação para o saber, que é também um apelo do ser. O desenvolvimento intelectual é a contrapartida, talvez o reverso, talvez a expressão ou o símbolo de uma odisséia da consciência pessoal. Cada homem é, assim, o herói de seu próprio romance de formação, cujas peripécias situam-se entre afirmações-limite, idênticas para todos e que se impõem, sem discussão, ao consenso universal.

É um fato primário que ninguém sabe tudo. Há uma história do saber, um aparecimento sucessivo das verdades, no tempo pessoal e no tempo social. Pico della Mirandola, príncipe dos humanistas e poço de ciência, hoje seria reprovado no colegial, porque do século XV para cá os programas de estudo foram revistos e aumentados. Do mesmo modo, o candidato ao doutoramento possui geralmente mais conhecimentos do que o simples licenciado; este, por sua vez, deve saber mais que o aluno que ingressa no 2.º grau. À medida que os anos de estudos decorrem, o conteúdo do saber varia e se renova, de tal maneira que a onisciência representa uma espécie de limite teórico inacessível e rigorosamente inexistente.

Se é verdade que ninguém sabe tudo, não é menos verdade que ninguém pode aprender tudo. A promoção de todos os espíritos ao mesmo grau superior de conhecimento é um sonho. No entanto, sempre há um primeiro e um último aluno da classe, e qualquer que seja a competência do professor jamais o desempenho pedagógico conseguiu dar a mesma classificação a todos os alunos sem exceção. Sócrates saiu-se bem no *Mênon* porque encontrou um aluno inteligente e dotado. Poderia ter encontrado um imbecil ou uma criança teimosa, com gênio difícil e, então, apesar de todos os seus sortilégios, pouco teria conseguido. Sócrates histórico não obtém, no seu ensino real, os mesmos resultados com os discípulos Alcebíades, Xenofonte e Platão. Não podia, pois, atribuir-lhes menções idênticas; e, no entanto, esses alunos são os mais brilhantes, aqueles de quem a história conservou os nomes. Quanto aos outros alunos, que não foram os primeiros, podemos supor que obtiveram resultados escolares mais medíocres, segundo os meios de que a natureza os dotou.

Existem grandes e pequenos espíritos. Sem dúvida, a educação pode, de certo modo, alargar e desenvolver o espaço mental, apoiando-se nas possibilidades naturais. Mas deve levar em conta, de início, a envergadura própria de cada um, que consagra diferenças intrínsecas, como também limites impossíveis de serem transpostos. A experiência do professor, adquirida através da prática e da sagacidade, é, na verdade, esse dom de discernimento dos espíritos que, ao pressentir as possibilidades de cada um, propõe-lhes fins ao seu alcance, assim como os meios de alcançá-los, através da utilização das suas capacidades.

A educação concreta propõe-se encontrar, para cada caso particular, a melhor, ou a menos má, das soluções possíveis. A verdadeira pedagogia surge como algo individual, que se dá de pessoa para pessoa. Rousseau estava certo quando, no seu romance educativo, pôs frente a frente um único aluno e um único professor. O que pode parecer "robinsonismo" utópico, uma espécie de aristocratismo latente, não deixa de se apresentar como mito que alcança a própria essência da realidade. Mesmo num ensino de massa, e por mais confusas que sejam as relações que o constituem, a educação permanece algo pessoal, um colóquio singular e intermitente: no seio da massa coletiva se estabelece uma espécie de confrontação entre o aluno isolado e aquele ou aqueles dentre os professores nos quais reconheceu superioridade. Conscientemente ou não, realiza-se um contato, trocam-se sinais, atitudes e palavras. Os diálogos do espírito são tão furtivos e decisivos quanto os do amor. Por essa mesma razão os mal-entendidos podem ter uma importância fundamental. O que foi ouvido nem sempre é o que foi dito, e, no entanto, esses sinais ambíguos são os marcos indicativos no difícil itinerário, através dos vastos espaços do mundo escolar, que conduz cada indivíduo para si mesmo.

O erro de muitos filósofos foi, pois, tentar definir para a educação uma verdade generalizada, por não terem se dado conta de que em educação só pode haver verdades pessoais e singulares. Alguns admitem, com um certo platonismo, senão com o próprio Platão, pois em Platão não falta sutileza, que a verdade é inata ao homem. O professor intervém apenas como revelador desse dado prévio. Não entendemos, aliás, por que isso foi esquecido e por que é indispensável que o professor anuncie bem alto o que cada um deveria saber na intimidade de sua consciência. Se, como pretendia Descartes, o bom senso é a coisa mais bem distribuída no mundo, por que o gênero humano teve que esperar a revelação cartesiana para se dar conta dela? Descartes partiu do zero para definir a verdade universal. Infelizmente, de acordo com os próprios critérios de Descartes, uma verdade cartesiana é uma contradição. Uma verdade universal não pode ser cartesiana. O cartesianismo destrói a pretensão de Descartes de ter revelado a verdade.

Se o racionalismo fosse a verdade, o professor seria inútil. O espírito, despertando a si próprio, deveria perceber em si mesmo, sem esforço, a dotação original da verdade. Se a educação existe, é justamente porque a existência precede o conhecimento. A experiência prova que, a respeito da igual distribuição do bom senso, os resultados escolares estão bem longe de serem os mesmos para todos. Não só é necessária a intervenção do professor para libertar, em cada um, o pleno exercício da inteligência, como esta não obtém resultado idêntico em todos, como ainda, às vezes, esse resultado é nulo. O racionalismo não explica o mau aluno e menos ainda o mau professor. Como justificar a atividade contraproducente, a influência nefasta de tantos homens que, no entanto, reivindicam para si a razão? Em outras palavras, a própria existência de um sistema escolar testemunha em favor do empirismo. A educação é um amoldamento do homem pelo homem, uma contribuição de substância. Se abandonássemos uma criança a si própria, seu corpo poderia se desenvolver, com a condição de encontrar, no seu meio natural, do que se alimentar. Mas o crescimento orgânico não seria acompanhado por um crescimento mental. Por falta de alimentos recebidos do meio cultural, o menino-lobo e o selvagem do Aveyron padeceram de deficiências que, mais tarde, foi impossível remediar. Uma dotação de idéias inatas, de princípios, ou a referência ao bom senso natural, ao senso comum, não são suficientes para assegurar ao indivíduo uma existência plena. Essa é a razão da antiguidade venerável das instituições escolares das quais nenhuma civilização digna desse nome, desde a invenção da escrita, pôde prescindir.

A verdade estaria, nesse caso, do lado da tese empirista: o saber é, para cada um de nós, um produto de importação. O homem vem ao mundo, segundo as leis da natureza, mas a cultura é um segundo nascimento. O educador surge, pois, como mestre do saber e dos valores, e cabe-lhe talhar seu aluno e dar-lhe a vida que Pigmalião suscitava em sua estátua. Os filósofos empiristas, desde os seus primeiros ancestrais, os sofistas, examinam com curiosidade a realidade humana, salientando as diferenças entre os homens, a variedade ou até a oposição de gostos, de idéias e de ideais, através do espaço e do tempo. A verdade parece multiplicar-se indefinidamente de um século a outro e de uma sociedade a outra. A verdade do saber e da ação não é, portanto, congênita à humanidade. Ela é o produto de um aperfeiçoamento no seio de cada comunidade, que define para seu uso uma espécie de protótipo do indivíduo normal e prepara as crianças de acordo com esse modelo, através de um sistema educacional apropriado.

Se o empirismo tivesse razão, a educação seria onipotente. Reduzindo ao mínimo o papel das disposições inatas, o maior problema da cultura tanto quanto da política seria então a obtenção de técnicas educacionais capazes de estabelecer e desenvolver, em todos os homens, conhecimentos e aptidões conformes aos interesses da autoridade estabelecida. A filosofia empirista do século XVIII, extraída da crítica ao inatismo cartesiano, feita por Locke, veio rapidamente afirmar um artificialismo pedagógico em que essas teses surgem com toda nitidez. Se o espírito humano é uma tábula rasa, onde só figura o que a experiência inscreve, basta sistematizar as primeiras experiências da criança e dar ao meio educativo estruturas e normas rigorosas para, desse modo, moldar, em série, personalidades idênticas. Essa foi a esperança confessa de certos pensadores eminentes do século XVIII francês, que receberam, por intermédio de Hume e de Condillac, a inspiração de Locke.

D'Holbach, por exemplo, rejeita a predestinação dos valores implícita na idéia de Deus e nas morais ontológicas de estrita observância. Materialista e ateu, ressaltava o jogo dos determinismos naturais; mas, se a natureza humana é determinada como a natureza física, a pedagogia pode fazer intervir sua causalidade própria na formação de individualidades libertas das fraquezas e superstições de outrora. Graças a um sistema educacional racional e universal, a Filosofia das Luzes construiria um mundo e homens à sua imagem. "Se prestarmos atenção ao que foi dito nessa obra, escreveu d'Holbach, veremos que é sobretudo a educação que poderá fornecer os verdadeiros meios para remediar nossa falta de orientação. Ela e só ela deve fecundar nosso espírito, cultivar as sementes que nele depositou, valorizar as disposições e faculdades que dependem das diversas organizações; alimentar o fogo da imaginação, ateando-o para determinados objetos, abafando-o e apagando-o para outros. Só ela pode fazer com que as almas adquiram hábitos vantajosos para o indivíduo e para a sociedade."[4]

O campo escolar corresponde, pois, a essa zona onde a intervenção eficaz do homem pode retomar, para seu proveito, os determinismos naturais e utilizá-los e organizá-los segundo o ponto de vista do legislador. O mesmo tema é rigorosamente desenvolvido por Helvetius que se pergunta "se o espírito deve ser considerado dom da natureza ou conseqüência da educação". Responde dizendo: "que todos os homens, comumente bem organizados, têm em si a capacidade física de se elevarem às mais altas idéias e que as diferenças de espírito existentes entre eles dependem de diversas circunstâncias nas quais se encontram e da diferente educação que recebem. Essa conclusão demonstra toda a importância da educação"[5]. O determinismo psicopedagógico prevalece, portanto, sobre as influências biológicas, orgânicas ou climáticas. O educador pode alimentar todas as esperanças, pois "somente à diversa

---
....
4. D'Holbach, *Système de la nature ou Des lois du monde physique et du monde moral* (1770), livro 1, cap. XV, ed. Domère, 1822, t. II, p. 191.
5. Helvetius, *De l'esprit* (1758), Discurso III, ed. de Londres, 1776, t. I, p. 634.

constituição dos impérios e, conseqüentemente, às causas morais é que devemos atribuir todas as diferenças"⁶.

Assim sendo, parece que "a grande desigualdade que percebemos entre os homens depende unicamente da diferente educação que receberam e do encadeamento desconhecido e diverso das circunstâncias nas quais se encontram". A descoberta dos determinismos específicos da realidade humana autoriza todas as esperanças. A própria política torna-se pedagógica, pois a tarefa do legislador é criar instituições cuja causalidade irá se exercer no sentido desejado. Prepara-se, assim, uma idade de ouro em que a humanidade controlará seu destino. A obra de Helvetius termina com uma profissão de fé na total soberania da pedagogia: "Contentar-me-ei em lembrar ao cidadão zeloso, que pretende formar homens mais virtuosos e mais esclarecidos, que o problema de uma educação excelente reduz-se primeiramente em fixar, para cada um dos diferentes estados nos quais a sorte nos coloca, a espécie de objetos e idéias de que devemos incutir nos jovens; e, em segundo, determinar os meios mais seguros para acender neles a paixão da glória e da estima. Resolvidos esses dois grandes problemas, os grandes homens, que agora são a obra de um conjunto cego de circunstâncias, tornar-se-iam a obra do legislador; e que, deixando menos por conta do acaso, uma educação excelente poderia, nos grandes impérios, multiplicar infinitamente talentos e virtudes."⁷

Esse texto é muito interessante porque marca o limite que a pretensão empirista pode atingir em pedagogia. Aí já temos o programa para a fabricação em série, seja de homens de gênio, seja de especialistas mais modestos, que Aldous Huxley retomaria no seu célebre romance de ficção científica *O admirável mundo novo*. Mas não se trata somente de *ficção científica*. O pensamento de Helvetius teve uma influência histórica considerável. É ele que, através da equipe dos ideólogos, médicos, filósofos, políticos, acha-se na origem da imensa reforma edu-

----
6. Ibid., p. 598.
7. Ibid., Conclusão do Discurso IV, t. II, pp. 222-3.

cacional realizada pela Revolução Francesa[8]. Para além das disposições relativas ao sistema de ensino propriamente dito, a prodigiosa atividade legislativa das assembléias revolucionárias pretende a transformação do homem pela transformação do meio e das instituições. A esperança numa humanidade melhor resume-se, no final das contas, no postulado segundo o qual a melhoria dos elementos objetivos da condição humana teria necessariamente por conseqüência a melhoria do ser humano. Encontramos a mesma esperança nos teóricos da Revolução Russa. Eles também afirmam que o conjunto das estruturas sociais, renovadas em função da nova exigência doutrinal, determinaria o aparecimento de um tipo de homem superior e conforme às normas em vigor. A adoção da linguagem de Pavlov e a introdução da noção de reflexo condicionado não modificou em nada o fundo da doutrina que continuou sendo aquela de Helvetius, de d'Holbach e dos Ideólogos.

A atitude empirista chega, assim, à afirmação de um imperialismo pedagógico diametralmente oposto ao racionalismo, segundo o qual a influência exercida de fora para dentro sobre o espírito predestinado ao conhecimento não passaria de uma ilusão. Na verdade, as duas teses unem-se ao menos para atestar a soberania potencial do ser humano: os inatistas sustentam que o homem é, por natureza, onisciente; os empiristas, por sua vez, pretendem que todo homem pode tornar-se onisciente, se for convenientemente educado. A maior objeção que pode ser colocada tanto para uns quanto para outros é a raridade dos grandes homens. Se, naturalmente, cada homem é um super-homem, por que os super-homens são tão raros? Por que a exceção não é regra?

Isso prova, evidentemente, que as duas posturas são igualmente falsas. O racionalismo professa a utopia da Metempsicose: tal como o pequeno escravo do *Ménon*, o homem não tem nada a aprender, porque já sabe tudo. A educação não passa de uma mistificação ou de uma ilusão. O papel do mestre reduz-se

---

8. Sobre a obra dos Ideólogos, cf. G. Gusdorf, *Introduction aux sciences humaines*, Belles Lettres, 1960, pp. 271-331.

a uma espécie de figuração; no melhor dos casos, é um mediador entre o aluno e ele próprio. Tal como o príncipe do conto, desperta um saber preestabelecido, adormecido. Não se explica, contudo, nem como, nem por que esse saber pôde ser esquecido, e muito menos como pôde ser adquirido, numa existência anterior, esse capital inicial. O problema encontra-se, portanto, simplesmente transferido para o passado. Se a pedagogia atual é inútil, seria necessária uma espécie de arqueologia pedagógica ou de pedagogia arqueológica ainda mais irracional.

A utopia dos empiristas é a da Tábula Rasa. Tudo se aprende, tudo se tem que aprender, porque nada se sabe. O saber vem de fora. Tudo depende do professor, investido de uma soberania que faz dele uma espécie de divindade, pelo menos de feiticeiro, se não de aprendiz de feiticeiro. Está diante do aluno, como o escultor de La Fontaine diante do bloco de mármore. Somente aqui a utopia já encontra em si mesma seus próprios limites. Pois, se tudo depende do educador, é preciso que ele mesmo tenha recebido uma educação, e, de geração em geração, o empirismo remonta necessariamente ao primeiro homem, que nada sabia e que, portanto, teve de ser seu próprio professor. O mito da estátua que desperta para a vida, desenvolvido por Condillac, ou a evocação da vinda do primeiro homem ao mundo, por Buffon, esforçam-se precisamente em relatar essa tomada de posse do meio ambiente e de si mesmo, tal como ela se realizaria a partir de um conhecimento zero. Se atribuímos ao primeiro Adão a faculdade de representar ao mesmo tempo o papel de professor e de aluno, desmente-se o pressuposto da Tábula Rasa e da passividade absoluta. Existem na natureza humana possibilidades originais, uma espécie de dotação inicial de propriedades que orientam o ser humano para a experiência futura e para certa experiência que nada autoriza supor serem idênticas nuns e noutros.

Poderíamos, pois, destacar um erro fundamental, comum ao artificialismo empirista e à predestinação racionalista. Nos dois casos, afirma-se o postulado de uma espécie de modelo pré-fabricado de ser humano que serve de conteúdo a um programa de educação igual e universal, aplicável a todos os indivíduos de direito, se não de fato. A única diferença seria que o inatismo situa esse modelo pré-fabricado no início ou um pouco antes do início da educação, enquanto o empirismo o situa no final ou um pouco depois do final da educação. Esse sonho de uma educação total chega de fato a negar a especificidade da educação. Para o racionalista, a função do ensino é ilusória. Serve somente para recuperar o atraso do conhecimento, a inexplicável lentidão do espírito no caminho do conhecimento. Para o empirista, o papel do ensino é soberano; ele tem todos os poderes e não se compreende por que não obtém um perfeito e idêntico resultado em todos os casos.

É tão absurdo pretender que o ensino seja tudo como que não seja nada. A experiência constante dos séculos atesta que a eficácia do ensino afirma-se como uma variável entre tudo e nada. Enganam-se redondamente aqueles que pretendem reduzir a educação a um sistema e imaginam que é possível equacionar a ligação vital do encontro entre mestre e discípulo. E, como acontece nesse caso, os procedimentos especulativos acabam por dissimular completamente a realidade concreta que deveriam esclarecer. De nada adianta partir de problemas resolvidos, pela excelente razão de que o problema é insolúvel, ou melhor, não é um problema propriamente dito, mas um debate, uma questão vital, um questionamento da existência, cujas coordenadas escapam à análise. Seria preciso, cada vez mais, considerar a totalidade da história pessoal que, num momento, serviu de ponto de aplicação para a atividade pedagógica.

O colóquio singular entre o professor e o aluno, a confrontação de suas existências expostas uma à outra, e recusadas uma à outra, continuam sendo ponto de uma reflexão séria sobre o sentido da educação. Não que as doutrinas sejam inúteis, se as aceitarmos como indicações fragmentárias, temas e utensílios, que podem num caso ou noutro, e sem exclusivismos, facilitar a missão da análise. Mas a finalidade do debate educativo é essencialmente a de contribuir para a instrução, ou seja, para a edificação de um destino humano. O teórico considera a educação como um trabalho em larga escala; o professor sabe, por experiência, que essa perspectiva técnica e industrial não passa de uma longínqua aproximação do fenômeno. A realidade fundamental continua sendo esse diálogo aventuroso, durante o qual dois homens de maturidade desigual confrontam-se, mas em que cada um, a seu modo, dá testemunho perante outro das possibilidades humanas.

2. A função docente

Importa, pois, principiar pelo princípio, e o princípio, aqui, é o diálogo. Essa constatação, apesar de ser de bom senso, tem sido ignorada pela maior parte dos teóricos da pedagogia. Para eles, o ensino reduz-se a um monólogo que, na prática, se desdobra – o monólogo do professor tem seu eco no monólogo do aluno que recita sua lição. Assim, existem livros escolares que o editor judicioso publica em edição dupla: o livro do professor e o livro do aluno. O livro do professor é um pouco mais grosso, fornece algumas indicações complementares, juntamente com a solução dos problemas propostos, evitando, assim, ao corpo docente qualquer fadiga inútil. A fórmula é excelente. Permite a supressão pura e simples do professor. Basta que o aluno compre o livro do professor e retome o monólogo por sua conta.

Podemos, certamente, substituir o professor por um livro, uma estação de rádio ou um gravador, e não faltam tentativas nesse sentido. Todas as crianças de um país poderiam receber, em casa, o ensino de um único professor, indefinidamente repetido ano após ano, geração após geração. Um só homem pôde registrar em pouco tempo o monólogo perpétuo dos relógios falantes. Podemos verificar a imensa vantagem do sistema, do ponto de vista financeiro: acabavam-se as escolas, as salas de aula, os milhares de funcionários. O orçamento do Ministério da Educação seria reduzido ao pagamento de uma pequena equipe de instrutores cuja voz seria levada todos os dias até as fronteiras do país.

Tal regime deve opor-se a princípios verdadeiramente muito fortes, pois nenhum governo jamais tentou instaurá-lo a despeito das economias maciças que permitiria realizar. O bom senso elementar é suficiente para derrotar as miragens da planificação tecnocrática. Naturalmente, o bom aluno é aquele que repete, sem erros, todas as lições; examinadores nada mais pedem, a qualquer tipo de candidato, senão que recitem corretamente as diversas matérias do programa. No entanto, a despeito das aparências, sente-se que a verdadeira realidade do ensino não é essa. Sabemos que, se houvesse um método de aprendizado que permitisse a cada criança aprender sem esforço, por exemplo, durante o sono, o conteúdo de qualquer compêndio escolar, esse sistema não seria a perfeição da educação, mas talvez seu malogro e seu fim.

Em outras palavras, a criança, o adolescente, o aluno do 2.º grau, o universitário consagram os longos anos em que freqüentam as escolas à obtenção de diplomas diversos e hierarquizados, desde o certificado de conclusão do 1.º grau até o doutoramento. Esses títulos representam a finalidade e a justificativa do trabalho escolar: têm, na vida social, um valor eminente. E, no entanto, esses títulos não são o essencial, pois o essencial pertence a outra ordem. O essencial mantém-se oculto entre as alíneas do programa, como que subentendido. Porém uma mudança de perspectiva facilmente mostraria que o que importa não é aquilo de que se fala. Aquilo de que se fala é apenas um pretexto.

Seria preciso voltar ao momento inaugural da primeira aula. A criança que, pela primeira vez, transpõe o limiar da escola sabe muito bem que esse é um passo decisivo. A linha de demarcação situa-se no interior de sua própria vida, que irá, daqui para a frente, processar-se longe do meio familiar. Atrás da porta, começa uma existência nova num mundo novo, desconhecido e difícil. Nada é mais justificado do que a angústia infantil nesse instante solene em que, abolidas as antigas seguranças, tem início a misteriosa aventura do conhecimento. A criança que entrou no escola, na manhã do primeiro dia de aula, não sairá mais. Ao meio-dia, misturada com os seus novos semelhantes, no barulhento tropel da liberação, a criança que entra em casa é para sempre diferente daquela que havia saído algumas horas antes. E, no entanto, essa criança, em algumas horas, na algazarra inicial, pouco aprendeu. Na verdade, nada aprendeu, mas teve a experiência decisiva de um outro mundo e de uma outra vida, nos quais terá de descobrir, no sofrimento, na alegria e na angústia, uma nova consciência de si mesma e dos outros.

Parece que tudo se conjuga para dar a esse instante fugidio o caráter solene que tem. A criança, herói obscuro dessa iniciação, refugia-se nas lágrimas. A emoção mal a deixa perceber o que está vivendo, e não lhe é sequer possível ter a consciência exata disso. Os pais, na sua satisfação, nada percebem: "Agora o pequeno vai à escola. Graças a Deus, vamos ficar um pouco mais tranqüilos durante o dia..." Quanto ao professor, já passou por outras situações semelhantes; além disso, depara com o acontecimento em geral e não em particular, e está preocupado em celebrar as liturgias escolares do novo ano que começa, a fim de conseguir depressa fazer reinar a ordem em meio ao amedrontado rebanho dos "novos". Rapidamente, se estabelecem o hábito e a rotina das obrigações diárias. O limiar da escola logo deixa de representar uma fronteira sagrada e passa a ser transposto sem que a criança se dê conta disso.

A maioria das pessoas esquecem a sua primeira aula, o primeiro dia de escola. Só lhes restam vagas lembranças em que se misturam, mais ou menos dissociadas, todas as imagens do começo. Assim, perdem-se para sempre os testemunhos preciosos do primeiro olhar dirigido ao espaço escolar, ao pátio, à sala de aula e ao professor, e da primeira palavra pronunciada com autoridade e ouvida com respeito, a qual precede tantas outras, ao longo dos anos escolares. Nesse acontecimento, encontra-se resumido, sem dúvida, de uma maneira profética, o próprio sentido da educação. Tudo já está incluído no mistério ritual do primeiro momento, da primeira aula, embora a posse objetiva desse instante privilegiado seja quase nula.

É certo que o privilégio inaugural não se encontra somente na primeira manhã da escola primária. Apesar do hábito, cada novo ano escolar é um início. A classe vive uma outra hora da verdade, todos em conjunto e cada um por si, no confronto silencioso do primeiro contato com o professor que terá a tarefa de conduzi-la durante o período que se inicia. Todos os destinos aí reunidos estão novamente lançados na mesma aventura, para o melhor e para o pior abre-se uma esfera de possibilidades novas, e, numa angústia secreta, os interessados interrogam-se, um a um, sobre o que os espera e sobre o modo como tudo irá acabar. Ao mesmo tempo, há uma certa inquietação em relação ao próprio professor, pois a experiência já lhes ensinou que há professores melhores e outros piores. O professor da primeira aula na infância possuía uma espécie de direito divino. Mas esse prestígio exterior ligado à sua função não resiste por muito tempo ao cotidiano. Novos contatos se estabelecem, baseados num livre reconhecimento da autoridade magistral por aqueles que estão submetidos a ela. Essa validação tem graus: a autoridade conquistada pode ser maior ou menor ou pode até não existir.

Por isso, no início de cada ano, a classe espreita o novo professor. Cada aluno, de sua parte, espera por essa confrontação que decidirá o regime futuro da comunidade. É um diálogo sem palavras ou, ainda, um diálogo através do diálogo e para além dele. É estabelecida uma espécie de contrato, segundo as regras misteriosas que presidem à afirmação e ao exercício do poder. A cada professor, então, é concedido um *status*, desde o de professor desrespeitado, submisso, até aquele que se impõe incontestavelmente e que merece o respeito geral, passando por todas as nuances da submissão e da insubmissão, da tolerância e da intolerância. Cada aula, a partir desse ponto de vista, é o espaço de uma sociologia bastante particular que, embora pareça estranha ao ensino propriamente dito das matérias do programa, tem um papel decisivo na formação intelectual. O discurso educativo do professor situa-se no contexto global de suas relações com a classe, as quais influem tanto na palavra pronunciada, como na acolhida pelos alunos.

É surpreendente que não se dê a devida importância a esse aspecto decisivo da questão pedagógica. Interessamonos bastante pela pedagogia das matemáticas, do inglês ou do latim, mas não parece que seja admitido o fato evidente de que o método por si só oferece garantias ilusórias. Os resultados serão bem diferentes se se tratar de um professor respeitado ou de um outro que não o é. Os melhores métodos não salvam o professor que não saiba fazer reconhecer sua autoridade, enquanto os métodos mais arcaicos e grosseiros fazem maravilhas se aplicados por um professor aceito e estimado por seus alunos.

Podemos mesmo perguntar se a pedagogia metódica e objetiva não constitui uma espécie de miragem e um álibi para aqueles que se recusam a tomar consciência da situação real. O professor infeliz incrimina os programas e os métodos; aquele que triunfa, atribui o sucesso às técnicas e aos processos que utiliza. Ora, os sistemas pedagógicos são sistemas elaborados, sem dúvida, em função do pressuposto de um professor de qualidade mediana, trabalhando com uma classe de nível mediano. Infelizmente, essas entidades não correspondem a nada de real, tanto quanto o *homo oeconomicus* da economia clássica. Por isso, na prática, a pedagogia surge tão curiosamente impotente quanto a economia política. Fornece comentários e explicações infindáveis sobre um fato decorrido, mas não tem grande utilidade quando se trata de enfrentar o presente e de prever o futuro.

É preciso, pois, voltar a esse confronto da primeira aula, a esse encontro inaugural, instante solene, em que, no barulho ou no silêncio, se cruzam os primeiros olhares. O professor observa a classe, a classe observa o professor. De um lado e de outro, examina-se, espia-se, desafia-se, cruzam-se lanças. Para as duas partes, a prova é perigosa, e é bem compreensível que alguns professores não a suportem, vencidos desde esse momento pela coletividade perante a qual se sentem reduzidos a uma irremediável minoria. Não se trata de falar sozinho ou de confiar seu saber a um gravador de boa qualidade. É preciso afirmar sua presença e fazê-la prevalecer sobre um grupo de jovens naturalmente turbulentos, cuja boa vontade não se adquire de antemão. Nem todas as pessoas têm temperamento de domador.

Sempre vou me lembrar do momento em que, jovem oficial, pela primeira vez dirigi sozinho um pelotão e assumi o comando dando uma ordem. Era uma ordem banal da liturgia militar, mas, perante a massa de homens que me esmagavam por seu número, a partida pareceu-me desigual, se não desesperada. E se eles não me obedecessem? Se, tomando consciência de sua superioridade, simplesmente se recusassem a executar a ordem dada? É certo que eu tinha como apoio o poder invisível e formidável da hierarquia. Mas essa autoridade é teórica e posta à prova toda vez que uma ordem é dada no exército, embora normalmente seja confirmada pelos acontecimentos. Nada prova, contudo, que tenha que ser sempre assim. Dei a ordem com a voz mais seca e autoritária que pude, e um enorme espanto me invadiu quando vi organizar-se o caos humano que estava diante de mim. Tal como Orfeu, o poeta cujos encantos enfeitiçavam até mesmo os animais e as pedras, eu tinha criado a harmonia, à custa de uma vitória sobre mim mesmo e sobre os outros. E, como a primeira ordem e a primeira obediência estabelecem uma espécie de jurisprudência, podia ter doravante a certeza do futuro.

Uma certa pedagogia técnica e racional pode evidentemente negar que haja algo de extraordinário nesse fato. O subtenente X assumiu o comando, o professor Y assegurou a primeira aula de seu serviço anual. O acontecimento é insignificante, e, do ponto de vista dos programas oficiais, essa primeira sessão foi apenas um encaminhamento em que não se fez grande coisa. Mas os programas oficiais estão errados: ignoram que a pedagogia é, antes de tudo, um mistério. E esse mistério ritual foi celebrado nessa circunstância solene, no sentido próprio do termo, que, em latim, designa uma cerimônia renovada a cada ano.

Resta elucidar, tanto quanto possível, o significado desse momento tão pesado em que os olhares se cruzam e em que se estabelecem os primeiros contatos. É preciso repetir que, se o espaço escolar é o lugar de um confronto, o papel do professor não se reduz à afirmação impessoal. O professor não fala como um livro, é uma presença concreta, qualitativamente diferente da presença abstrata e ausente que as técnicas audiovisuais, tão em moda hoje em dia, procuram. O professor fala, mas sua palavra não é somente uma palavra *diante* da classe, é uma palavra *dentro* da, *com* e *para* a classe. Não se trata pois de executar mais ou menos brilhantemente um número de oratória, para um público mais ou menos aprovador. Na verdade, o público do orador ou do artista tem sua parte na criação da eloqüência ou do teatro. Porém a classe é mais que um público cuja cooperação se limita a um recolhimento receptivo e a uma aprovação intermitente e controlada.

A palavra do professor é uma palavra coletiva. Trinta crianças estão à espera: uma voz rompe o silêncio. Não se trata de divertir ou entusiasmar. O auditório está conquistado de antemão. Trata-se de instruir, ou seja, de edificar. Aquele que assiste a uma comédia ou a uma tragédia, a uma defesa, a uma exortação ou a um sermão, é um homem feito, a quem nos dirigimos de homem para homem. O pregador profissional utiliza os recursos próprios de seu ofício, as receitas técnicas, mas seus ouvintes silenciosos dispõem da arma defensiva do espírito crítico. Têm o direito de dizer não, de assobiar ou de irem embora. O professor diante da classe encontra-se na difícil situação daquele que tem sempre e necessariamente razão. Sua própria missão faz dele o revelador da verdade. À primeira vista, essa situação pode parecer privilegiada e confortável. É claro que, numa segunda análise, ela é terrivelmente difícil e, sem dúvida, insustentável, pois ter sempre razão é impossível.

Aos olhos da criança, os pais, os adultos, gozaram antes desse privilégio que fazia deles seres quase divinos. Mas veio o dia em que a perspicácia infantil os viu com clareza, e foram destituídos do pedestal que o professor, por sua vez, irá ocupar. Não importa se o deseje ou não, o professor não pode renunciar a esta superioridade de ciência e razão que faz dele um super-homem. Ele sabe bem quais são suas fraquezas e insuficiências; porém, na presença da classe, não pode reconhecê-las sem se rebaixar ou desonrar.

Tudo isso também está incluído no confronto silencioso da primeira aula. Não se trata de uma simples relação de força entre as crianças e a figura de autoridade. O professor deve atestar que não tem medo e que, mesmo sozinho contra todos, não se acha intimidado. Deve também, e sobretudo, justificar sua existência como representante da sabedoria, da cultura e de todos os valores humanos. Eis a secreta aventura do início: o professor entra, a classe levanta-se. Mesmo que o professor seja medíocre ou duvide de sua missão, mesmo que a classe reúna crianças pouco dotadas, o ritual da primeira aproximação implica essa homenagem prestada ao depositário da mais elevada exigência: porque é o *magister*, nele se afirma um acréscimo de humanidade. Cada olhar voltado para o professor manifesta essa expectativa, consciente ou não, e essa esperança.

Isso acontece ao longo de toda a hierarquia escolar, da escola maternal à universidade. A função docente na sua plena atualidade jamais é mais bem expressa do que nessa homenagem inicial, quando o professor entra, se faz o silêncio e os alunos ficam de pé por um instante. O trabalho vai começar, pois toda aula é uma primeira aula, um recomeço, e ninguém ignora que, mesmo que se vá tratar de gramática, zoologia ou matemática, o que está em questão ultrapassa em importância os limites desse ou daquele domínio técnico. Todo professor, seja qual for sua especialidade, é, antes de tudo, um mestre de humanidade, e, por mais medíocre que seja sua consciência profissional, ele é, queira ou não, a testemunha e a garantia, para os que o ouvem, da mais alta exigência. Por essa razão, a aula, no seu conjunto, apenas comenta o instante inaugural, sem poder igualar-se a ele em riqueza. O silêncio é cheio dessa expectativa humana que nem todos os ensinamentos, nem todas as experiências jamais conseguirão satisfazer totalmente.

Certa vez, aconteceu-me de permanecer algum tempo na porta de um anfiteatro lotado. Ouvindo a agitação da massa estudantil, o sussurro das conversas, e o ruído de mesas e cadeiras arrastando-se, pensei: vou entrar, será feito silêncio e os olhares irão convergir sobre mim. Certamente, isso nada representa, não é um acontecimento. Simplesmente um professor vai começar seu curso. Isso se dá cem vezes por dia no mesmo prédio. Essa reflexão, no entanto, pode não conseguir dissipar a inquietação e pode levar à angústia. "Que venho fazer aqui? E que eles vêm fazer aqui, eles todos e cada um por sua parte? Que espero deles? Que esperam de mim?"

A partir do momento em que essas questões se colocam, é claro que continuarão sem resposta. Evidentemente, há o quadro de serviço, o horário da faculdade e o programa dos exames que tiram desses encontros regulares toda a significação particular no meio da rotina geral. Contudo a inquietação permanece e a dúvida aumenta. Apesar de nossos esforços para descaracterizar o acontecimento, retirando-lhe o que poderia ter de insólito, de excepcional, portanto de ameaçador, não há, na vida, momentos neutros. Em todo encontro cada uma das duas partes presentes se acha exposta ao perigo que a outra oferece, segundo Hofmannsthal, pois "todo encontro nos desloca e nos recompõe". O encontro sempre é possível, é sempre esperado secretamente, mesmo que jamais se realize. A expectativa das pessoas pode transformar a menor troca de frases numa armadilha do destino.

A palavra do professor abre um campo de possibilidades indefinidas. O diálogo com o auditório aparece, então, como uma prova para aquele que fala e para os que se calam. Além das questões tratadas, cada um se coloca uma outra que põe em xeque aquele que colocou a questão, da qual vem a ser, portanto, sujeito e objeto. Ora, Heidegger afirma que essa questão é especificamente metafísica. Desse modo, justificam-se as lágrimas da criança que com angústia e tormento transpõe, pela primeira vez, o limiar da escola primária.

É preciso admitir que a verdadeira pedagogia não faz caso da pedagogia. A educação essencial passa pelo ensino, mas realiza-se apesar dela e sem ela. A realidade dos horários, dos programas e dos manuais cuidadosamente organizados pelos tecnocratas ministeriais não passa de mistificação. É verdade que os rituais do emprego de tempo chegam, muitas vezes, a iludir tanto os executantes quanto a massa a eles submetida. E, de qualquer modo, é preciso um regulamento, sem o que a sociedade escolar, incapaz de se legitimar a seus próprios olhos, sucumbiria rapidamente à decomposição material e moral. Mas o regulamento é apenas um pretexto. Sua verdadeira função é mitigar o encontro furtivo e aventuroso, o diálogo entre mestre e discípulo, ou seja, o confronto de cada um consigo mesmo. Os anos de estudos passam e são esquecidas a regra de três, as datas da história e a classificacão dos vertebrados. O que fica para sempre é a lenta e difícil tomada de consciência de uma personalidade.

Se procurarmos buscar em nossa memória o que ela, de fato, conservou das lembranças relativas à numerosa linhagem de professores que contribuíram para nossa educação, verificaremos que alguns se apagaram sem deixar nenhum rastro e, em meio àqueles cuja imagem subsiste, nem todos têm a mesma sorte. Lembro-me de um ou outro professor que me ensinou matemática ou inglês. Na verdade, não me lembro. Sobrou-me um pouco de inglês, um pouco de matemática e a imagem esbatida de um rosto, o perfil de um bom homem que exercia honestamente sua profissão. Outros deixaram uma lembrança mais viva: já esqueci quase todo o conteúdo das aulas de história, francês ou latim. Mas ainda vejo certos gestos, certas atitudes; ainda ouço tal palavra, relativa ou não à aula, mas que me fez refletir; ficou-me o peso de uma zanga ou de uma indignação memorável. Enfim, alguns ainda continuam vivos e presentes em mim: a personalidade deles marcou-me porque discutimos, nos enfrentamos, nos estimamos e, sem dúvida, secretamente, nos amamos. Vivos ou mortos, por mais longe que estejam, viverão em mim até minha morte.

Mas em qualquer desses casos, quando a fidelidade da memória está garantida, é preciso reconhecer que ela se liga a alguma coisa que se situava fora do saber propriamente dito e contava muito mais. O saber fornece a oportunidade ou o pretexto do encontro. Era uma espécie de jogo, o jogo escolar, cujas regras eram respeitadas, mas não enganavam ninguém. Uma espécie de conivência mais ou menos reconhecida ligava o professor e a classe. Cada nova lição dava lugar a um debate em que esperávamos sempre outra coisa melhor do que a que figurava na ordem do dia. Escutávamos o professor, mas, através dele, era o mestre que espreitávamos.

A inteligência não se lembra sozinha, pois sozinha a inteligência não existe. A escola não é o lugar onde se exerce a memória e se acumulam os materiais intelectuais das diversas categorias homologadas. Na escola, é o ser humano que aprende e é ele que, mais tarde, se lembra, segundo fidelidades diversas e, porém, coexistentes, perpetuando a criança, o adolescente, o jovem de ontem no adulto de hoje. Por essa recapitulação, minha memória armazena em mim a hierarquia cronológica dos meus educadores, para cada um dos quais mantém a atitude, renovadamente diferente, do momento do encontro.

Essa estratificação dos professores tem sua importância, pois demarca as diferentes idades mentais no desenvolvimento da personalidade. O professor primário, no início da vida, é o inesquecível mestre da infância ao qual nenhum outro irá se igualar em prestígio natural. Mestre absoluto de direito divino, o professor primário detém a autoridade plena e a onisciência. Nele se afirma o imperativo categórico do ensino, que reveste de um valor quase sagrado cada uma das suas palavras. No tempo em que a Igreja detinha de fato o monopólio do ensino, o padre que ensinava achava-se naturalmente revestido de todas as transcendências. A secularização da escola deu ao professor, por causa de suas funções, uma situação privilegiada, sendo que o ensino primário jamais deixou de ser, aos olhos da nação, uma espécie de clericato leigo. A maior parte dos cidadãos se sente sempre, diante de seu professor primário, como que de volta à infância, e qualquer verdade saída de sua boca tem mais ou menos valor de catecismo.

Na literatura encontram-se inúmeras evocações do professor, semideus de um mundo pueril, em que sua grande pessoa reina sem contestação possível[1]. Se é verdade, como já foi dito, que as impressões e experiências decisivas da vida remontam à infância, o primeiro professor fornece à existência inteira o protótipo de qualquer magistério. Péguy, que foi aluno da escola anexa da Escola Normal de Professores do Loiret, deixou um célebre retrato desses educadores aspirantes, sem dúvida mais intimidados eles próprios que os escolares sobre os quais tinham que afirmar uma autoridade ainda he-

----
1. Cf. Georges Duveau, *Les instituteurs*, Éditions du Seuil, 1957.

sitante: "Nossos jovens professores eram belos como os hussardos negros. Esbeltos, severos, cingidos. Muito sérios e um pouco trêmulos com sua precoce e súbita onipotência (...) Creio ter dito que eram muito velhos. Tinham pelo menos quinze anos..."[2]

Mas é preciso sair da infância e de seus prestígios. O ensino secundário marca a entrada num outro mundo que brevemente será o da adolescência. O professor primário dá lugar ao professor secundário, ao conjunto de professores, pois estes começam a se multiplicar e a se especializar. Essa divisão do trabalho intelectual consagra uma espécie de decadência do mestre absoluto, cujo arquétipo reinava sobre a escola primária. Embora o professor secundário seja mais qualificado que o professor primário, goza de um prestígio menor. Limitado à sua especialidade, não pode pretender a onisciência. Além disso, na opinião do aluno, é necessariamente confrontado com seus colegas: há os bons professores, os menos bons e os maus. E mesmo os bons, pela própria comparação, apresentam lacunas e falhas nesse ou naquele ponto particular. Pouco a pouco, o espírito crítico se insinua e o adolescente ganha uma certa distância. Exerce a autonomia de seu julgamento.

Daí para a frente, essa personalidade em formação compara-se com a personalidade do professor. No ensino secundário dá-se a primeira tomada de consciência da cultura. O aluno já não se detém apenas nos automatismos da atenção e da memória. Esforça-se para despertar a inteligência e apurar a sensibilidade. O que agora está em questão não é somente a matéria dos programas. O interesse leva-o mais adiante, pois já se esboça a curiosidade, a busca inquieta de si mesmo e da humanidade. O professor, por poucos sinais de vida que dê diante da classe, é testemunha desse processo, participa nesse debate. Muito lhe é pedido e, sem dúvida, mais do que pode dar, mas ele não pode recusar a cumplicidade de um diálogo particular, com insinuações, com palavras encobertas com esse ou aquele aluno. Não pode, se for consciente de sua respon-

---

2. Charles Péguy, *Cahiers de la quinzaine*, XIV, 6, 1913: *L'argent*, pp. 31-2.

sabilidade, se furtar a certas interrogações ou provocações que são, ao mesmo tempo, pedidos de ajuda. Um ensino universal, transmitido com imparcialidade, já não é suficiente. Guardando suas distâncias, o professor deve estar atento, pois sua tarefa será, freqüentemente, diante de inquietações e tormentos que muitas vezes pode ter suscitado sem o saber, a de justificar a existência humana.

A escola secundária, o colégio, o liceu, são lugares privilegiados onde sopra o espírito. Esse é um dos pontos nevrálgicos em que se é obrigado a constatar a cruel indigência da civilização pedagógica na França. Aqui temos a tensão com base religiosa dos colégios jesuítas com suas técnicas racionalizadas do espírito, ou outra tensão de ordem administrativa e militar, imposta por Napoleão aos liceus do Estado. O internato francês jamais deixou de ser, salvo raras exceções, um regime repressivo. Há países no Ocidente onde as escolas secundárias não são casernas, clericais ou leigas, mas lugares privilegiados onde, mediante um mínimo de disciplina livremente consentida, os adolescentes podem levar uma vida equilibrada e agradável. Na Suíça, nos Estados Unidos e, sobretudo, na Inglaterra, os jovens sentem-se à vontade em suas escolas, enquanto, na França, o liceu, o colégio, são lugares de trabalho e provas, onde a verdadeira vida está ausente.

Seria preciso levantar, aqui, toda a questão das relações humanas no meio escolar que, na França, se fundamentam numa disciplina hierárquica, da qual a camaradagem e a amizade foram necessariamente banidas e na qual o intelectualismo obstinado que preside nossas instituições não dá espaço à vida física e desportiva ou às atividades recreativas. Os grandes estabelecimentos aglomeraram-se nas cidades, quando deveriam se situar, livres de qualquer espírito de concentração, no campo. Podemos observar, finalmente, que o sistema de educação francês no seu conjunto é concebido por adultos e para os adultos, em função de normas correspondentes às preocupações de adultos um pouco endurecidos, sem contato com a realidade humana e com a idade mental dos usuários do ensino. Um só estágio de nossas instituições escolares é digno de elogios sem reservas, porque está realmente na medida das crianças que vêm alegremente encher as classes e os jardins: as escolas maternais. Sem dúvida, em nada interessam aos altos funcionários encarregados das planificações intelectuais; estão, portanto, abandonadas à solicitude feminina. Porém, a partir da idade de 6 anos, quando se inicia seriamente a aprendizagem da leitura e da escrita, a criança francesa torna-se a presa de um sistema cujo único ideal é empanturrar cérebros sem levar em conta o essencial desenvolvimento equilibrado da personalidade. Os únicos elementos importantes da vida escolar são os programas, as notas, os exercícios, as classificações e, coroando tudo isso, os exames. Tanto que todo o ensino francês parece se reduzir a um gigantesco empreendimento de alienação mental.

Parece inútil esperar uma revolução nas esferas dirigentes, ou reformas de estrutura suficientemente decisivas para permitirem o nascimento de um novo espírito pedagógico. Todas as tentativas de boa vontade acabaram por não dar certo diante da incompreensão dos serviços burocráticos, obstinados em julgar a realidade segundo normas de um rendimento estritamente intelectual e financeiro. A única coisa que importa é produzir, com o mínimo custo, o maior número possível de diplomas de todos os níveis. O ensino francês não passa de uma grande indústria preocupada em diminuir os preços de custo, nem que seja em detrimento da própria qualidade dos objetos fabricados.

Por essa razão, a educação na França é apenas um subproduto do ensino. A educação se realiza a despeito do ensino, quando isso é possível. Na maior parte dos casos, a criança e o adolescente são abandonados a si mesmos, e têm que encontrar o caminho que convém à sua personalidade, através da selva dos horários e exames, em que nada foi previsto para ajudá-los. Seria preciso uma verdadeira inversão de valores para que a educação, finalmente tomada a sério, fosse considerada como o fim, em que o ensino seria um meio entre outros. Enquanto tal revolução copernicana não acontece, o diálogo do mestre e do discípulo, esse jogo de esconde-esconde, em que as personalidades se procuram e se defrontam através do labirinto das instituições, continua sendo um dos únicos recursos para uma pedagogia autêntica, num sistema em que, a despeito de quaisquer pretensões técnicas, a pedagogia está ausente.

Essa é a tarefa educativa essencial do professor, a partir do ensino secundário. Cabe a ele atestar, por sua atitude global, que não é uma vítima passiva do sistema de que é prisioneiro. Evidentemente, é preciso cumprir programas, fazer argüições e exames, mas deve saber indicar, ao mesmo tempo, que o essencial está mais além. Pode se estabelecer uma cumplicidade na objeção à ordem estabelecida: "Estou aqui, é verdade, para ensinar-lhes matemática, alemão ou latim. E, naturalmente, é preciso aprender alemão e latim; mas, além da aprendizagem de latim e do alemão, há muito mais a fazer do que aprender alemão ou latim." Nas entrelinhas e entre as lições, uma outra partida, verdadeiramente decisiva, se trava, pois é ela que decide o destino dos homens. A pedagogia real situa-se para além dos limites e das intenções de qualquer disciplina. Ela é escatológica.

Reencontramos, aqui, o tema socrático, segundo o qual o principal do ensino é algo que não se ensina, mas que é oferecido juntamente com o que se ensina. Sócrates não era professor de nada, e não o era pela simples razão de que pretendia ensinar tudo, ao menos tudo o que interessa. Tanto o conseguiu, que os eruditos contemporâneos ainda se esforçam para descortinar a doutrina que professava. Sócrates parece ter embaralhado as pistas com arte consumada. Mas os historiadores enganam-se: podem procurar infindavelmente porque não existe nenhuma pista. Sócrates advertiu-nos que sempre se resguardou de professar o que quer que seja. Uma matéria de ensino era, para ele, um contra-senso. O mestre dispensa qualquer especialização e qualquer professorado. Sua influência é um apelo para ser, como uma interpelação, dirigido a cada um de nós. Desde o século IV a.C., muitas vezes os programas escolares foram alterados, muitas escolas foram construídas e destruídas em Atenas, mas Sócrates, o mestre, atravessa e vive os milênios decorridos, pois sua recordação não está ligada à 1.ª ou à 7.ª série, às aulas de filosofia, de alemão, de latim ou de matemática. Mestre sem programa, professor que não se enquadra em nenhuma categoria e sem salário, Sócrates limitava-se ao essencial: era mestre de humanidade.

Essa é a razão de, na França, a aula socrática de filosofia continuar, merecidamente, sendo o coroamento do ensino secundário. Existem programas, sem dúvida, e um exame, porém menos tirânicos que em outra disciplina. A liberdade do professor pode aí ser exercida, e cada um conduz, segundo o seu próprio estilo, a pesquisa sobre a condição humana, que serve de tema para o ano escolar. É justo sublinhar que isso é uma originalidade do ensino francês, considerada desnecessária pela maior parte dos outros países. Mesmo na França, muitos tecnocratas da pedagogia acreditam que o tempo "perdido" em busca da verdade poderia ser empregado de modo mais útil, numa maciça intoxicação matemática do cérebro, ótimo prelúdio para um embrutecimento posterior pelas vias e meios das ciências e das técnicas. A propaganda contra o ano de filosofia, honra de nosso sistema tão deficiente, representa uma das formas contemporâneas do obscurantismo triunfante. Entretanto, o professor de filosofia continua a ser, na tradição francesa, um dos tipos mais acabados de mestre, e vamos ter ocasião de voltar ao seu caso.

No ensino superior, a relação entre professor e aluno muda de sentido mais uma vez. A desproporção entre as partes é menor. O estudante já não é uma criança, já tem cultura suficiente e possibilidade de julgar. É verdade que o professor universitário se beneficia de outro prestígio e pode iludir por seus títulos e livros publicados, pois escrever livros cria uma espécie de sacralização que o aureola aos olhos dos profanos. Supõe-se que possua um saber extenso e pessoal e prossiga, sempre ensinando, a pesquisa começada. Mas o confronto entre professor e aluno estende-se por anos, e o iniciante tímido afirma, pouco a pouco, sua própria maturidade. Torna-se, então, capaz de julgar seu professor e, se necessário, de desafiá-lo. Na faculdade, os diversos professores podem ser comparados uns com os outros; pode-se escolher certos cursos e desprezar outros.

Essa crítica de autenticidade dá um novo caráter ao diálogo. O professor julga o aluno, mas sente-se julgado por ele. Trata-se de um confronto de igual para igual, apesar da persistente defasagem. O professor duvida de sua competência e sente necessidade de encontrar, na aprovação do aluno, o reconhecimento de seu valor e sua justificação. O estudante, por sua vez, no início de sua vida, espera do professor os julgamentos decisivos que o fixarão em suas possibilidades e orientarão sua carreira. O professor universitário é o último tutor, a última ligação segura antes da solidão da vida em que cada um tem que assumir suas próprias responsabilidades. Apesar das hesitações e das angústias, pode conferir aos alunos o imenso privilégio da confiança em si, a despeito das hesitações e angústias. E, se o professor descortinou no aluno os indícios da influência que exerce, fica satisfeito com essa filiação espiritual. Pode contar com alguém que irá continuar seu trabalho quando tiver que abandoná-lo.

Da infância à maturidade, a sucessão dos professores acompanha a promoção da consciência, o que revela bem que o diálogo só faz o outro intervir como um mediador na descoberta de nós próprios. Quem narra os seus anos de escola, narra a si mesmo; tanto é verdade que, ao longo dos anos, nossos professores foram os espelhos sempre pouco nítidos e indecisos em que, em meio a tantas imagens confusas, sempre procuramos a nós mesmos.

Disso resulta que o ensino é, antes de tudo, uma relação humana, cujo sentido varia com a idade e com a personalidade dos que estão envolvidos no processo. Essa relação tem um valor em si e por si mesma, e é educativa, independentemente da atividade especializada que lhe serve de pretexto e de matéria para a sua institucionalização. Os verdadeiros mestres de um homem nem sempre são seus professores, mas aqueles de quem recebeu, nos acasos da vida, o exemplo e a lição.

"Houve um tempo, escreveu Martin Buber, houve tempos em que a vocação específica do educador, do professor, não existia e não era necessário que existisse. Um mestre vivia – fosse filósofo ou ferreiro; seus companheiros e aprendizes viviam com ele, aprendiam o que lhes ensinava com o seu trabalho manual ou intelectual, mas também aprendiam sem se aperceberem, nem os aprendizes, nem o mestre, o mistério da vida na pessoa: o Espírito visitava-os."[3]

....
3. Martin Buber, *De la fonction éducatrice*, em *La vie en dialogue*, trad. fr. Loewenson-Lavi, Aubier, 1959, p. 228.

Contaram-me a história de um professor de matemática dos cursos preparatórios para a Escola Politécnica, famoso pelo grande número de alunos que conseguia fazer passar, a cada ano, no exame de admissão ao conhecido estabelecimento científico. Disseram-me que quando ele, passando pelas ruas, surpreendia um de seus alunos na fila de um cinema, mandava-o embora com autoridade e ordenava-lhe que voltasse a seus cálculos, pois não havia o direito de desperdiçar com outras ocupações o tempo que poderia ser consagrado ao estudo do programa. No domingo de manhã, reunia sua classe para exercícios complementares, e um de seus maiores desgostos na vida foi quando, num certo ano, a maioria dos alunos se recusou a passar também a manhã do domingo fazendo cálculos.

Esse professor é a honra do estabelecimento em que ensina, cujo prestígio deve muito à sua consciência profissional. Seria injusto atacá-lo e pretender que nada saiba de sua profissão. Centenas de homens devem-lhe a obtenção de um título de prestígio e de uma vida confortável. Tudo isso merece consideração. No mais baixo escalão da hierarquia docente, devem figurar os professores incapazes que nenhuma paixão anima: não sabem muito e fazem o menos possível, contentando-se em ganhar a vida com o mínimo esforço, pensando em outra coisa. Esses não iludem ninguém e devem ser rejeitados como incapazes e desonestos.

O bom professor pertence a uma ordem superior. Ama sua profissão, a qual não representa somente um ganha-pão, mas uma razão de ser. Esse é o caso do professor de matemática que acabamos de citar. Ele adquiriu um saber e desenvolveu uma técnica eficaz para a comunicação desse saber. Equipado com um programa de conhecimentos e de métodos apropriados, sabe de onde parte e aonde deve chegar: ensina. A classe, coletivamente, e os alunos, um a um, estão diante dele como uma argamassa que é preciso moldar até que se obtenha o resultado previsto. Em virtude de um ideal de justiça distributiva, a mesma exigência se aplica a todos. Um resultado análogo pode ser esperado de cada um, desde que trabalhem com a aplicação necessária. O ensino não se dirige, portanto, a esse ou aquele, em particular, pois a verdade não pode fazer distinção de ninguém. O único interlocutor válido é o aluno médio do qual cada uma das individualidades reunidas na sala representa uma aproximação por excesso ou falta.

O professor trabalha para o bem desse fantasma multiplicado do aluno médio, sendo a finalidade do ensino a produção em série do maior número possível de certificados de conclusão ou diplomas. O ideal, a satisfação suprema, a apoteose seria que, no fim do ano escolar, todos passassem no exame de admissão da Politécnica. Exames e concursos aparecem aqui como um fim em si: ser universitário é a salvação, o imperativo categórico. O professor domina a situação: é formado e sabe exatamente o que é preciso fazer para entrar na universidade. Detentor da verdade, distribui judiciosamente o saber que possui, até que a classe possa recitar com ele em coro: "Eu sei, tu sabes, ele sabe, nós sabemos todos a mesma quantidade de coisas."

Todos conhecemos esse tipo de professor honesto, que pode ser definido como o professor médio, válido interlocutor do aluno médio. Fala como um livro, e até melhor do que um livro, porque é capaz de parar e de recomeçar a explicação, quando se dá conta de que o aluno médio não o compreendeu. O professor de história ensina fatos e datas, o de matemática, teoremas, o de gramática, regras e exceções. Para cada um deles, não há dúvidas de que o que ensina é a verdade, como podem verificar nos tratados e manuais. E, se uma descoberta, uma teoria mais recente, se um novo capítulo ou uma eliminação modificam o programa oficial, o professor não hesita em modificar escrupulosamente seu curso, sempre procurando as vias e os meios mais simples e econômicos para colocar esses dados ao alcance dos alunos.

Na perspectiva dessa pedagogia respeitável, o aluno é convidado a *aprender* o que deve saber. É-lhe indispensável acumular certo capital de conhecimentos, definições, regras, datas e fatos de toda ordem. Exemplo disso é o que se passa com os candidatos à licenciatura em inglês, que fazem listas intermináveis de vocábulos marítimos, nomes de flores, plantas, pássaros, ou então as recebem feitas por solicitude de algum professor. Têm que saber de cor centenas ou milhares de palavras mais ou menos técnicas. Todos sabem que a literatura inglesa é rica em aventuras marítimas e em descrições hortícolas. A redação, a tradução, a explicação improvisada são impraticáveis sem um vocabulário apropriado. O candidato bem preparado conhece as palavras e expressões inglesas e os vocábulos franceses correspondentes. Pouco importa que tenha apenas uma vaga idéia da flor ou do pássaro em questão, o essencial é que seja capaz de substituir uma palavra por outra equivalente. Basta ter memória. É preciso ser capaz de recitar a lista corretamente: é assim porque é assim. Recitaríamos de outro modo ou inversamente, se isso se apresentasse de outro modo. Da mesma maneira, os estudantes de medicina decoram suas listas de anatomia e de quadros clínicos.

Essa memória de repetição pura e simples representa, sem dúvida, o mais baixo grau do saber. Representa, é verdade, ao longo dos estudos, um papel considerável, pois permite, muitas vezes, o sucesso nos exames. Contudo, o professor honesto não se contenta em exigir conteúdo dessa ordem. Seu ensino eleva-se até a manipulação correta dos dados da memória. O aluno deve ser treinado a compor, decompor e recompor os materiais de que dispõe, graças à mobilização das estruturas formais do pensamento. Tal treinamento faz com que a inteligência predomine sobre a memória pura e simples. O aluno demonstra, assim, não somente que aprendeu, mas que possui o que sabe. A partir disso, ser-lhe-á possível responder a questões e conseguir bons resultados nos exercícios de aplicação.

O bom aluno é aquele que se sai bem nessa ginástica intelectual, quando chega o período de controle de seu rendimento em exercícios ou exames. No entanto, sabe-se que faltaria algo de essencial ao bom aluno que fosse somente um bom aluno. E é óbvio que um professor cujo esforço e ambição se limitassem à fabricação de bons alunos, tão numerosos quanto possível, não seria um mestre autêntico. Há uma tristeza congênita ao bom aluno, ao aluno médio que continuará medíocre por toda a vida, como há também uma mediocridade do professor médio que representa o pequeno burguês do ensino. Por pouco que pensemos nisso, fica claro que a plenitude de uma vida, seu êxito ou fracasso nada têm a ver com um regime escolar pobre, mas honesto, que seria o mínimo vital de uma inteligência fechada nela mesma e inconsciente de todo o resto.

De que se trata realmente, senão disso, quando um professor, digno desse nome, "dá aula"? Somente os testemunhos podem dar uma idéia. "Em outubro de 1879, no início das aulas, escreveu Maurice Barrès, a classe de filosofia do liceu de Nancy ficou violentamente excitada. O professor, sr. Paul Bouteiller, era novo, e o aspecto, o som da voz, as palavras dele ultrapassavam o que cada um de nós jamais imaginara de mais nobre e mais imperioso. Uma estranha efervescência nos agitava todos e um rumor como que de insurreição enchia o pátio, as salas, o refeitório e até o dormitório: pois, para desprezá-los, comparávamos esse grande homem a seus colegas da administração. A escola, normalmente tão calma, parecia uma estrebaria onde se tivesse distribuído aveia. A todos nós, que até então mastigávamos coisas elementares, era finalmente dado o mais vigoroso dos estímulos: as idéias da nossa época..."[4]

O romance de Barrès perpetua a emoção do estudante ao deparar com o professor que foi para ele a primeira imagem do Mestre. A classe inteira foi subjugada imediatamente: "Fez-se um silêncio total. Desde o primeiro instante, não houve dúvidas de que o jovem professor era daqueles homens que sabem dominar uma situação (...). Jovens selvagens que éramos, comprimidos nas carteiras, ouvíamo-lo, observávamo-lo, um tanto desconfiados, medindo-o e deixando-nos dominar pela admiração..."[5] O testemunho é aqui tanto mais convincente quanto o retrato não é lisonjeiro. Barrès jamais gostou de Bouteiller, discípulo de Burdeau, que também foi seu professor de filosofia em Nancy, o qual retrata como um político de baixa categoria. Contudo, a classe de Bouteiller, longe de parecer com uma triste oficina de fabricação em série de medíocres bacharéis, foi o lugar de uma espécie de festa recolhida, incessantemente recomeçada.

....
4. Maurice Barrès, *Les déracinés*, Émile Paul.
5. Ibid., pp. 5 e 7.

Sobre um professor célebre e que foi mestre de muitos afirmou-se: "estava na aula como o sacerdote na igreja entre os fiéis, ou como o pastor tocando flauta para suas ovelhas. Na realidade, o pastor toca flauta para si mesmo, mas nada proíbe as ovelhas de se tornarem melômanas..."[6]. Um poder de encantamento atua nesses casos, dissipando as brumas da pedagogia e transfigurando-lhe as próprias servidões. Mas o encanto não continua algo exterior como a fascinação do virtuose que seduz o público de uma noite e parte para outro lugar com o seu espetáculo. O professor deve refazer o milagre a cada manhã, manter diariamente um prestígio que a familiaridade poderia desgastar. Sua influência deve, pois, justificar-se por uma virtude real e livremente reconhecida.

Outro aluno de Alain explica à sua maneira a autoridade do ilustre professor: "O ensino de Alain, escreve ele, dirigia-se a nós, não como alunos, mas como seres humanos. Éramos preparados para a existência. Em nenhuma outra parte pude sentir melhor o poder que o homem possui de dar existência ao homem através da maneira de lhe falar. Deixamos de ser pobres diabos, entregues, como era habitual, à compaixão desdenhosa e à nota baixa. Passamos a nos sentir pequenos homens, homens simplesmente, seus iguais, cuja livre apreciação era admitida e solicitada (...). Todas as observações, todas as objeções eram permitidas, levadas a sério, com uma comovente tendência para as valorizar e as realçar."[7]

Pode-se objetar, sem dúvida, que esses testemunhos referem-se a um professor de filosofia, caso particular e privilegiado do ensino. Como o professor de alemão ou de geometria, que tem o tempo de aula contado e exercícios precisos a passar, pode, cumprindo o programa, exercer, além disso, uma ação espiritual a mais sobre seus alunos? É verdade que a liberdade de ação é maior para o professor de filosofia, e isso já seria suficiente para sublinhar a importância decisiva de um curso que, muitas vezes, é considerado inútil ou até prejudicial. O professor de filosofia é verdadeiramente um mestre. Sua tarefa é

---

6. Maurice Toesca, *Hommage à Alain*, N.R.F., setembro de 1952, p. 30.
7. André Bridoux, ibid., pp. 25-6.

mostrar que a verdade existe e converter seus alunos a essa verdade comum e, ao mesmo tempo, individual. "Conheço muitos alunos de Alain, escreve ainda Maurice Toesca, todos têm em comum o fato de terem seguido um destino apropriado a seus desejos profundos."[8] O professor não pode ser, no mesmo grau, um revelador do homem e um revelador do mundo.

Contudo, é importante sustentar que a mesma exigência se impõe a todos e em todos os graus da hierarquia do ensino. O especialista que se desculpa invocando sua especialidade procura um álibi, mas esse esquivar-se não o justifica. Todos devem prestar contas de suas verdades particulares, mas as verdades particulares não representam muito diante da verdade humana no seu conjunto. Uma disciplina especializada que se fecha no soberbo isolamento da sua técnica separa-se de suas origens e de seus fins. Incapaz de se situar na totalidade do saber, na realidade humana, perde qualquer valor de cultura e torna-se um fator de alienação, como o atesta de modo evidente a crise atual da nossa civilização. Toda ciência é obra do homem. Estará se enganando e nos enganando se o esquecer e pretender obter por si própria qualquer autoridade.

O regime soviético orgulha-se da nova universidade de Moscou, cujo imenso arranha-céu se ergue nos arredores da capital. Dezenas de andares, centenas de salas, milhares de alunos amontoam-se no imenso edifício que pretende ser a casa central da nova cultura científica e técnica. As fotografias desse edifício evocam irresistivelmente a Torre de Babel, tal como Brueghel a pintou no grande quadro do Museu de Viena. Mas se o arranha-céu bíblico continua inacabado, o arranha-céu de Moscou está muito bem terminado. E podemos imaginar o que seria a odisséia de um homem de boa vontade que, como os heróis de Kafka, quisesse procurar o conhecimento e a sabedoria percorrendo sucessivamente todos os elevadores, laboratórios e anfiteatros do prodigioso edifício, que representa o símbolo perfeito do ideal ocidental em matéria de educação. Nosso herói iria se perder no labirinto e sua aventura acabaria

---

8. Ibid., p. 33.

miseravelmente em algum canto escuro cheio de papéis velhos e de vassouras fora de uso.

Segundo um especialista da espiritualidade hindu, "o termo upanixade significa etimologicamente 'sentar-se aos pés de alguém', em sinal de homenagem para ouvir um ensinamento"[9]. Com o tempo, a palavra passou a designar a doutrina secreta da revelação. Por outro lado, os primeiros comentários do *Rig Veda* intitulam-se *aranyaka*, que significa "escritos das florestas". A sabedoria tradicional da Índia era transmitida ao ar livre. Não eram necessários arranha-céus, e o mobiliário pedagógico reduzia-se a nada.

As espiritualidades orientais são suspeitas aos olhos do ocidental moderno, que se sente deslocado nesses climas longínquos e teme deixar-se cair na armadilha de um exotismo muito fácil. Nossos hábitos mentais não se satisfazem, mas nem por isso nos é dada a compreensão dos valores particulares que regem há milênios esses distantes espaços mentais. Certos escrúpulos são, portanto, perfeitamente respeitáveis, mas seria absurdo rejeitar tudo o que parece estranho à nossa sensibilidade intelectual. Em muitos pontos, a boa consciência ocidental só é possível graças a uma xenofobia tão sistemática quanto ingênua.

A verdade é que as sabedorias do Oriente foram particularmente atentas à relação mestre–discípulo. A educação ocidental constituiu-se há muito tempo em organização de massas: o sistema escolar tem por finalidade produzir o maior número possível de indivíduos providos da mesma bagagem mínima de conhecimentos intelectuais. Na Índia, na China ou no Japão, ao contrário, a educação consistia, em primeiro lugar, na formação espiritual da personalidade sob o controle de um mestre que era mais um diretor de consciência do que um professor. O mestre no Oriente deseja conduzir cada discípulo à mestria e não apenas muni-lo de uma certa quantidade de saber.

Em outras palavras, entre o Oriente e o Ocidente estabeleceu-se uma oposição dos valores educativos cujo contraste

---

9. Solange Bernard, *Littérature religieuse*, Colin, 1949, p. 640.

pode esclarecer nossa investigação. No que diz respeito ao ensino, o ocidental tende a limitar o problema às questões de equipamento escolar e universitário, enquanto o Oriente tradicional evoca o discípulo sentado aos pés do mestre na sombra das florestas. Mas, na verdade, as duas perspectivas são complementares, pois o estudante do Ocidente, por mais prisioneiro que seja das planificações pedagógicas, continua, apesar de tudo, à procura de um mestre que dê sentido à sua vida. E o discípulo oriental, por sua vez, também recebe educação, a qual lhe é dada a propósito de um ensinamento. As relações com o mestre comportam uma ordem do dia, uma matéria de qualquer natureza, seja teologia, poesia ou ginástica.

Recorremos pois à sabedoria oriental para esclarecer a natureza, um pouco misteriosa para nós, da ação do mestre sobre o aluno. Podemos encontrar preciosas indicações na narrativa feita por um alemão que, durante sua estadia no Japão e desejando iniciar-se na própria essência da cultura local, decidiu aprender, dirigido por um mestre, a manejar o arco e as flechas, disciplina ritual do Japão tradicional. O grande valor do testemunho desse europeu está em que nunca ele cedeu à fácil tentação da cor local. A cena se passa no Japão, segundo as normas japonesas, mas o autor está somente à procura de uma experiência humana no sentido universal do termo. Analisa a pedagogia de seu mestre oriental na medida em que esta visa a uma edificação do ser humano e, portanto, poderia realizar-se em qualquer lugar, a propósito de qualquer aprendizagem. O caráter acidental e pitoresco da aventura permanece em segundo plano, pois o que se busca é o essencial.

O narrador escolheu o arco, em vez da esgrima, por exemplo, porque já era um bom atirador com espingarda e pistola. Imaginava erradamente que teria maior facilidade. Ao mesmo tempo, sua mulher começou a se dedicar à composição floral e ao desenho a nanquim, outras disciplinas tradicionais. Cada uma dessas matérias é especificamente diferente das outras, mas a intenção é idêntica em todas elas. Trata-se de adquirir, por um trabalho difícil e muito lento, que envolve vários anos, o domínio de uma técnica e ao mesmo tempo um autodomínio. Esses diversos estudos representam outras vias de iniciação à espiritualidade búdica, tal como é praticada no Japão sob a forma zen.

O japonês, expõe Herrigel, "concebe a arte do arco e flecha não como uma capacidade esportiva, adquirida através de um treinamento físico progressivo, mas como uma força espiritual decorrente de exercícios em que é o espírito que determina a finalidade, de modo que a pontaria do arqueiro vise a si mesmo, pois, se atingir o alvo, ele mesmo é alvejado. Hoje, como antigamente, o manejo do arco continua sendo um combate de vida ou morte, na medida em que é um combate do arqueiro contra si mesmo"[10]. Vemos que não se trata de uma formação esportiva, segundo os parâmetros ocidentais na qual se tentaria preparar um campeão para triunfar nos concursos. O noviço europeu fez essa experiência através das sucessivas desilusões que teve até compreender o sentido profundo dos exercícios que lhe foram impostos. O arco, as flechas, o alvo não são fins em si, mas apenas meios pelos quais o discípulo deve, pouco a pouco, conquistar as mais elevadas verdades. "Os exercícios espirituais suscetíveis de fazer da técnica do manejo do arco uma arte e, eventualmente, uma arte despojada de arte, são exercícios místicos. Ou seja, o que está em causa não é a obtenção de um resultado exterior com arco e flechas, mas a realização de alguma coisa que valha por si mesma."[11]

É evidente que um espírito ocidental e positivo pode rejeitar como absurdo tal ensino. O esporte, a cultura física é uma coisa, a mística é outra; querer praticar os dois simultaneamente é arriscar-se a não se sair bem em nenhum dos dois. De resto, se o arco e flecha, ou, pelo menos, o tênis e o esqui são considerados coisas sérias, a mística está muito desacreditada entre nós. Notemos, no entanto, que não se trata aqui de aceitar o conteúdo positivo dessa ou daquela escola extremo-oriental de espiritualidade. O que importa, no caso, não é o zen-budismo, mas a afirmação de um domínio progressivo de si

....

10. E. Herrigel, *Le zen dans l'art chevaleresque du tir à l'arc*, trad. fr. Derain, Lyon, 1958, pp. 12-3.
11. Ibid., p. 15.

sobre si, lentamente conseguido graças à prática de uma técnica particular. O manejo do arco, como o próprio zen só nos interessam como reveladores da própria essência do ensino e de toda aprendizagem.

Goethe observa no *Wilhelm Meister*: "o essencial é que um homem possua qualquer coisa a fundo e que se lhe dedique inteiramente como nenhum dos que o rodeiam o poderia jamais fazer". As palavras desse grande autor europeu definem admiravelmente o espírito da metodologia japonesa do manejo do arco. Um estudo, seja ele qual for, tem por intenção permitir, àquele que estuda, submeter a seu controle um campo qualquer de atividade ou de saber. Mas esse domínio exterior só é possível se houver um domínio íntimo do homem sobre si mesmo. Qualquer exercício, físico ou mental, tem dois lados. A aparência material, o conteúdo objetivo geralmente oculta um exercício mais profundo em que cada um se confronta consigo mesmo. Sem dúvida, chegamos ao ponto em que se estabelece a distinção entre o *ensino* como estudo especializado de um conjunto de dados de uma certa ordem e a *educação* propriamente dita que é a auto-edificação, de que o ensino é apenas um meio.

Em nosso sistema pedagógico, o ensino, em vez de visar à educação e de se apagar diante dela, tende a ser considerado um fim em si. É um obstáculo ao cumprimento da tarefa educativa, antes de contribuir para que ela seja cumprida. Um dos teóricos japoneses do zen definiu com grande clareza o espírito, totalmente oposto, do método que preconiza: "Do ponto de vista da ética, o zen pode ser considerado uma disciplina que visa à reconstrução do caráter. Nossa vida comum só toca a franja de nossa personalidade, não atinge as partes mais profundas da alma (...). Assim, somos levados a viver na superfície das coisas. Podemos ser inteligentes, brilhantes, etc., mas aquilo que produzimos não tem profundidade, sinceridade, não apela aos sentimentos profundos. Alguns de nós são radicalmente incapazes de criar qualquer coisa fora dos vagos expedientes ou das imitações que traem seu caráter superficial e sua falta de experiência espiritual (...). Uma profunda experiência espiritual deve forçosamente provocar uma transformação na estrutura moral da personalidade."[12]

Nessa perspectiva, a finalidade da educação não é sobrecarregar a memória com dados heteróclitos e brevemente esquecidos, mas tornar a pessoa consciente dela mesma e prepará-la para ser mestre. "O zen, ensina Suzuki, é uma experiência real e pessoal e não um conhecimento que adquirimos pela análise ou pela comparação."[13] O mestre, durante o aprendizado do manejo do arco, mantém-se estranhamente silencioso, contentando-se em dar, de tempos em tempos, algumas indicações bastante enigmáticas. Seu método constitui-se de uma grande paciência que imperceptivelmente conduz o aluno para o caminho de um aprofundamento de sua própria vida. Sócrates tinha esse mesmo procedimento, através da ironia que lhe era peculiar. O importante não é aprender muitas coisas, mas o autoconhecimento e o autodomínio que conduzem à plena realização humana, seja qual for o campo particular de exercício que se escolheu.

O mestre é aquele que alcança, para lá das operações discursivas da inteligência e da memória, uma expressão imediata e direta de si. Sua obra, seus atos, suas palavras nascem dele sem premeditação, na graça de uma espontaneidade perfeitamente justificada. "O que é válido para o manejo do arco ou para o da espada, diz Herrigel, o é também, desse ponto de vista, para todas as artes. Assim, a pintura a nanquim revela a segurança e a mestria, através da mão que, de posse da técnica, executa e torna visível seu sonho, no momento exato em que o espírito começa a elaborar formas, sem que haja, entre concepção e realização, 'a espessura de um cabelo'. A pintura torna-se uma escrita automática. E, também aqui, o preceito a dar ao pintor pode se formular simplesmente nessas palavras: 'Observe o bambu durante dez anos, torne-se bambu você mesmo, depois esqueça tudo e pinte'.[14"]

....

12. D. T. Suzuki, *Essais sur le bouddhisme zen*, trad. fr. Jean Herbert, Albin Michel, 1940, 3.ª ed., vol. 1, p. 32.
13. Ibid., p. 37.
14. E. Herrigel, *Le zen dans l'art chevaleresque du tir à l'arc*, p. 81.

Vemos que não se trata de tornar-se um pintor talentoso graças à aquisição de um método e de algumas manhas do ofício. Num certo sentido, não se trata nem mesmo de tornar-se pintor. A pintura é apenas um caminho, assim como a esgrima, o teatro ou a arte de arranjar flores. No fim desse caminho, "se a graça lhe estiver reservada, o aluno descobrirá em si que a obra íntima que deverá realizar é bem mais importante que as obras exteriores mais prestigiosas, se vier a seguir sua vocação de verdadeiro artista (...). Na mestria, como em qualquer coisa mais elevada, o senso artístico e o humano em toda sua acepção reencontram-se. O que permite ter fé naquele, como forma de existência, é que ele vive da verdade infinita que contém dentro de si a arte da verdade original. O mestre não busca, encontra (...). Homem, artista e obra formam um todo. A arte do trabalho interior, da obra que não se separa do artista como uma produção exterior, dessa obra que não pode executar, mas que, ao contrário, é sempre ele próprio, surge das profundezas..."[15].

O ensino dos mestres japoneses pode ser compreendido fora de qualquer empréstimo pitoresco. Não se trata de exotismo, mas de uma verdade humana universal. O trabalho da educação, sejam quais forem suas modalidades particulares, representa, acima de tudo e no fim das contas, um trabalho de nós próprios sobre nós próprios. A educação de um homem resume-se na formação de sua personalidade. Tudo o que contribui para a edificação pessoal tem, portanto, um valor positivo. Tudo o que é contrário a essa edificação deve ser considerado nulo ou ser rejeitado por representar um impedimento de ser.

O paradoxo é que seja preciso buscar tão longe verdades tão elementares. O zen-budismo ensina que a experiência humana fundamental é a experiência espiritual à qual se conduzem, no final das contas, as aprendizagens técnicas e intelectuais. Uma tal afirmação não é nada estranha às tradições ocidentais. O cristianismo, sob suas diversas formas, é rico em

---

15. Ibid., p. 52.

escolas de espiritualidade que se propuseram preparar, de maneira rigorosa, as vias e os meios da edificação pessoal. A pregação do Cristo, tal como é narrada nos Evangelhos, visa levar o homem à salvação pela afirmação do primado das realidades espirituais sobre todas as outras exigências. E, para nos atermos ao cristianismo do Ocidente, numerosos são os métodos e disciplinas que se propõem formar o homem segundo a norma evangélica. Há uma escola beneditina e uma escola oratoriana. Há o estilo da *Imitação de Cristo* e o dos *Exercícios espirituais* de Inácio de Loyola. A Reforma introduz a noção de uma ascese no interior do mundo, segundo a caracterização de Max Weber, e, quando Wesley criou, na Inglaterra, o "metodismo", o próprio nome dessa seita, entre tantas outras, sublinha a necessidade de uma devoção organizada e sistematicamente conduzida.

Poderíamos multiplicar esses exemplos. Eles mostram que o gênio ocidental não é, de forma alguma, estranho às necessidades da edificação pessoal. Nossa cultura constituiu-se na escola do cristianismo. Porém essa cultura dissociou-se pouco a pouco, de tal maneira que a formação intelectual está, hoje, separada da formação moral e espiritual. Séculos de mal-entendidos, de contestações internas levaram à situação presente, em que, sob pretexto de salvaguardar a especificidade das diversas ordens de valores, reina uma divisão do trabalho que compromete qualquer possibilidade de unidade e harmonia na vida humana. Quando detinha o monopólio da educação, a Igreja podia assegurar o ensino propriamente dito e também a formação pessoal dos jovens que lhe eram confiados. Contudo, a descristianização geral no Ocidente submeteu cada vez mais o sistema escolar no seu conjunto ao controle do Estado. Do ponto de vista estritamente intelectual, os interessados nada perdiam, pois os professores do ensino oficial geralmente possuíam competência superior àquela de seus antecessores. Porém esses professores especializados nessa ou naquela disciplina determinada tinham uma concepção restritiva de seu trabalho: o matemático ensina as matemáticas, o historiador a história, o latinista o latim, etc. No final das contas, a formação de conjunto é apenas a soma dos ensinos particulares. Ninguém está encarregado de compor os dados particulares fornecidos pelos diversos professores e de constituí-los numa unidade na medida do homem. O aluno passa de especialista em especialista, esforçando-se para conciliar da melhor maneira possível suas exigências contraditórias. Sua própria unidade aparece-lhe, apenas indiretamente, como o reduto de resistência às solicitações de que é objeto, como um último poder de negação e recusa.

Um tal sistema é desumano porque ninguém, dentre os professores, se preocupa ou tem a seu cargo uma educação da alma. Cada um tenta realizar sua missão segundo sua consciência profissional. Os programas fixam as respectivas tarefas: pensou-se em tudo, exceto no essencial. É verdade que, na origem dos sistemas laicos de educação, se admitiu que as instituições do Estado se incumbissem somente do ensino propriamente dito, deixando às famílias o encargo de confiar a formação espiritual e a direção de consciência de seus filhos à Igreja de sua escolha. Todavia, essa divisão do trabalho revelou-se, com o tempo, bem pouco oportuna. Por um lado, e em parte devido à descristianização generalizada e ao descuido das famílias, a formação escolar passou a ser considerada suficiente, como também o tempo dado à formação religiosa vinha se somar a horários já sobrecarregados. Por outro, a religião, posta à parte desse modo, tornou-se uma disciplina especializada, um objeto de ensino. Não mais uma vida, um sentido de vida, mas uma outra subdivisão do horário escolar.

Não pretendemos advogar a causa de nenhuma religião, muito menos a da reconversão religiosa do sistema educativo, tanto que, quando as escolas estavam sob o controle da Igreja, a situação estava longe de ser um mar de rosas. Um retorno não teria nenhum sentido e arriscaria reintroduzir excessos, abusos dos quais as instituições presentes, felizmente, nos livraram. Gostaríamos somente de esclarecer a incontestável carência atual do que deveria ser sua preocupação fundamental. É óbvio que a educação tem por tarefa essencial a formação da personalidade e que essa formação, por tratar das atitudes fundamentais do homem em face do mundo e de si mesmo, não se compõe de conhecimentos intelectuais, de memória, mas de opções morais e de escolha de valores. Porém um dos dramas da cultura ocidental é que a vida espiritual sempre apareceu ao lado da religião, a ponto de as duas expressões parecerem sinônimos para a maior parte das pessoas. Sob a influência do catolicismo dominante, a vida religiosa foi fortemente institucionalizada, hierarquizada e planificada. A Igreja, assim organizada, interveio necessariamente na vida pública, esforçando-se por submetê-la à sua influência, com uma obstinação secular. A paixão clerical suscitou a paixão anticlerical, desencadeando, tanto nos partidários quanto nos adversários da Igreja, um lamentável desconhecimento do sentido e das intenções da vida religiosa.

Por isso, nos foi mais fácil buscar no Oriente ensinamentos que não apresentam risco de ser obscurecidos pelos nossos mal-entendidos apaixonados. Há uma realidade positiva da vida espiritual que escapa a todos os dogmatismos que procuram aprisioná-la nessa ou naquela fórmula particular. Nenhuma religião, do Ocidente ou do Oriente, detém o monopólio da verdade que se apresenta como uma verdade humana em embrião. O ser humano, uma vez que tenha tomado consciência de sua especificidade e de sua vocação, poderá, sem dúvida, optar por sua fórmula religiosa ou irreligiosa, mas o primeiro momento e, certamente, o mais decisivo é aquele em que uma vida pessoal, antes de se centrar em Deus, na lei moral, na ciência, ou em qualquer outro valor de sua escolha, descobre que está centrada em si mesma, isto é, que tem a responsabilidade inegável de procurar e definir, por sua conta, as vias e os meios de sua própria realização.

O poeta romântico alemão Jean Paul Richter conta como um dia, em sua infância, quando estava na entrada da propriedade paterna, foi sacudido por uma súbita iluminação: "Eu sou eu." "O meu eu, acrescenta, tinha se apercebido de si pela primeira vez e para sempre." A experiência espiritual surgiu aqui em toda sua pureza, fora de qualquer fórmula: a criança descobriu que tinha alma. Era apenas o começo de uma longa aventura em que iriam se desenvolver as tentativas e os erros de uma personalidade em busca de uma vida na medida de sua exigência íntima. As profissões de fé virão depois: cada um deve escolher aquela que lhe for mais conveniente ou menos inconveniente. Mas, antes de qualquer debate ou engajamento, parece possível definir uma zona da consciência de si que seria também o ponto de partida e de chegada, o centro de gravitação da experiência espiritual em geral. Trava-se um combate em que cada um é, para si mesmo, a vitória ou a derrota.

Se a educação, no sentido mais amplo do termo, tem por finalidade promover o advento da humanidade no homem, deveria organizar-se em função dessa experiência espiritual fundamental. Não lhe cabe forçar as coisas, pois somente o interessado pode descobrir e recorrer a certezas que só a ele pertencem. Mas o professor deve estar atento ao acontecimento: deve fazer perguntas e, muitas vezes, sugerir respostas, mantendo-se a uma distância respeitosa. Queira-o ou não, faz parte desse debate em que a criança o toma como testemunha de suas inquietações e angústias. Sob a máscara do calendário ou do trabalho escolar e, na maior parte das vezes, indiretamente, um confronto incessante se dá entre o jovem e o professor, ao qual reconhece uma autoridade ligada ao saber e à experiência. O professor tende a esquivar-se, argumentando que esse tipo de debate não lhe diz respeito, que não está aí para isso. Mas, mesmo que se disponha a não ser receptivo à interrogação muda, sua atitude negativa ainda constitui um testemunho, na medida em que é interpretada num sentido ou noutro, aconteça o que acontecer. O professor incorre numa responsabilidade inegável e que, em certos casos, se ele não intervém, pode ter consequências trágicas. Aquele que se recusa a comprometer-se, torna-se culpado pela não-assistência a alguém em perigo; porém aquele que aceita responder ao apelo, também não tem uma tarefa fácil.

Tudo se passa como se, do professor primário ao professor de faculdade, o conjunto do corpo docente devesse atuar num jogo duplo, correspondendo à dupla função do conhecimento. Para lá da função propriamente epistemológica do ensino, que promove um saber, é exercida uma função espiritual, correspondente a um excedente de significações. Todo aprendizado teórico ou prático torna claro o fato de nenhum saber ou habilidade poder ser um sistema fechado, uma espécie de espaço neutralizado em que cada um poderia penetrar sem risco, deixando sua personalidade no vestiário. Quer se trate da iniciação na pesca com linha, nas matemáticas ou na filosofia, toda informação nova é uma formação do ser humano e, ao mesmo tempo, o risco de uma deformação.

É assim que acontece com a criança ao entrar no lugar privilegiado que é para ela a escola. Não vem à escola se enriquecer ou se sobrecarregar de dados indiferentes; não se trata de carregamento, dia após dia, de quaisquer materiais que se acumulam em seu espírito. Tudo o que aprende do exterior ainda é algo que aprende de si mesma. Qualquer ensino recebido inscreve-se na perspectiva de certas possibilidades que exprime ou de certas impossibilidades que desmascara. A primeira coisa que tem que aprender é sua habilidade ou falta de habilidade, sua inteligência ou a falta dela; a menor lição, o mais simples exercício constituem como que um questionamento à personalidade no seu conjunto.

Essa é a razão pela qual a vida escolar, mais bem conhecida hoje em dia, revelou-se como um lugar de conflitos e tormentos. Onde, antigamente, só se consideravam alunos bons, médios ou ruins, a psicopedagogia atual reconhece personalidades em conflito consigo mesmas ou com o meio. O cálculo elementar, a história, a análise gramatical não são somente tarefas intelectuais, são provas e provações de um ser humano. Portanto, diante de uma insuficiência em cálculo ou em gramática, não basta se retomar a explicação, melhorando os métodos próprios do cálculo e da gramática. É preciso, se se quiser cortar o mal pela raiz, interessar-se por uma vida pessoal e procurar na situação global da criança quais podem ser os fatores da inadaptação. As contribuições da psicanálise e os diversos prolongamentos da psicologia profunda tornaram clara essa necessidade de uma compreensão global prévia para qualquer pedagogia especializada. Um erro de ortografia ou uma deficiência em matemática já não são consideradas afecções isoladas às quais poderíamos dar um remédio específico: são sinais, sintomas, cuja interpretação, antes de qualquer terapêutica, conduz novamente a um levantamento do domínio pessoal no seu conjunto.

Essas indicações permitem dar um sentido mais exato à noção de vida espiritual, que aparece, desse modo, como um objetivo comum de qualquer atividade educativa. A vida espiritual não se confunde com a vida religiosa, que retoma e interpreta a vida propriamente espiritual em função de uma obediência mais elevada, ligada a uma revelação e a uma Igreja. Para aquém do limiar revelado onde começa o espaço religioso, o domínio espiritual define uma larga zona de conhecimento e de ação, verdadeiro terreno do percurso no qual se opera o encontro entre o professor e o aluno. Se a moral se apresenta como um sistema de obrigações objetivas e impessoais, a vida espiritual, ao contrário, dá ênfase ao crescimento pessoal de cada ser humano. Quer o interessado tenha ou não consciência disso, é óbvio que todo homem deve viver uma aventura que lhe é própria. A série de experiências, êxitos e derrotas, cujo encadeamento constitui uma história vivida, adquire um sentido particular, pelo fato de cada incidente ter lugar num determinado contexto. Os elementos não são intercambiáveis de uma existência a outra, mesmo que, aos olhos de uma testemunha imparcial, apresentem grande semelhança. Todas as pessoas podem submeter-se a um exame, fazer ou desfazer amizades e inimizades; todas as pessoas podem ganhar ou perder dinheiro, ser vítimas de um luto... Mas o essencial continua a ser a significação do acontecimento do luto ou da amizade, na perspectiva da procura de si mesmo, da inquirição e conquista que representa a realização do próprio destino para cada um.

Toda vida humana é antes de mais nada uma luta pela vida. O próprio calendário escolar, longe de circunscrever um domínio reservado, em que as técnicas pedagógicas dissessem apenas respeito a uma inteligência desencarnada, desdobra-se inteiramente na perspectiva dessa luta pela vida espiritual. Mesmo que o professor, atemorizado pelas responsabilidades desproporcionadas, se refugie na rotina, não deixa nunca de ser o artífice dessa formação essencial. Queira ou não, o aluno espera dele muito mais do que ele ensina: a exigência espiritual da criança ou do adolescente não se satisfaz apenas com o conteúdo de um tratado ou de um manual.

Exige-se do professor não se apresentar somente como o homem de um determinado saber, mas ser testemunha da verdade e afirmador dos valores. O professor ensina mais, e por necessidade, apesar dele, a insuficiência do saber. Pois o saber autêntico, ao aprofundar-se, chega a um não-saber. O saber leva à tomada de consciência dos limites do saber que são, na verdade, as condições de existência do homem. Ensinando o que é preciso saber, o professor demonstra que não se pode saber tudo. O professor julga seu saber e, muitas vezes, é julgado por ele. Nenhuma cláusula de estilo, nenhuma precaução pode evitar que surja, num momento ou noutro, a hora da verdade que revela ao professor sem consciência a amplidão de sua derrota.

Assim, o professor de matemática ensina matemática, mas também ensina a verdade humana, mesmo que não a ensine; o professor de história ou de latim ensina história ou latim, mas ensina a verdade, mesmo que julgue que a administração não o paga para isso. Ninguém se ocupa da formação espiritual; mas todas as pessoas se ocupam dela, mesmo aquele que não se ocupa dela. Esta é a responsabilidade maior da função docente em todos os graus de seu exercício. A própria autoridade do professor, que lhe advém de sua situação eminente no seio da população escolar, necessariamente o apresenta como um homem de sabedoria tanto quanto como um homem de saber.

As horas de aula, os dias de curso sucedem-se, deixando após eles, na consciência do aluno, a lenta sedimentação dos conhecimentos adquiridos. Mas a escolaridade não é somente atenção passiva, é também trabalho, esforço de retomada e de síntese, de aplicação. Lições e deveres, exercícios e chamadas, não são mais que momentos abstratos de um exercício profundo, exercício de cada um consigo mesmo, em que cada existência em debate com ela própria, com o mundo e com os outros tenta descortinar o sentido de seu ser autêntico e de sua vocação. A escola é o lugar privilegiado das primeiras tentativas em que a personalidade, desafiada pelas tarefas impostas, acede em resposta a uma nova e laboriosa consciência de si.

A vida na infância é, na maior parte dos casos, feliz, sem dificuldades nem preocupações. As horas passam e vão-se os dias, um após outro: muitas são as alegrias, o prazer dos contos de fadas e dos presentes de Natal. Mas vem a idade do desencantamento: a criança deixa de acreditar nas mitologias ingênuas e os pais perdem a seus olhos o prestígio e a infalibilidade. Pouco sobrará desta vida desconjuntada além da nostalgia de uma felicidade para sempre perdida. O professor, em quem se encarna o sistema das disciplinas escolares, consagra o apagar dessa primeira existência, em que bastava deixar-se ir ao ritmo afetuoso e cúmplice do mundo cotidiano. Na dura obediência escolar, cada vida pessoal se acha evocada e convocada. O ensinamento do professor convoca as energias do aluno, para além do sistema defensivo da indolência natural: impõe a obrigação de voltar à unidade de uma certeza difícil. Cada um deve responder à chamada pelo seu nome: a exigência fundamental é, daqui para a frente, a responsabilidade de ser um homem, de ser um eu próprio.

Assim se define a significação mais essencial do ensino recebido nos bancos escolares. Sem dúvida, os alunos esperam de cada professor a revitalização intelectual que serve de pretexto ao encontro. Mas trata-se de outra coisa. Toda vida humana tem necessidade de ser chamada à ordem de si própria. O professor dá ao discípulo, mais ou menos felizmente, mais ou menos plenamente, a revelação de sua própria existência. Não a demonstração da existência de Deus ou do mundo exterior ou da verdade matemática, mas a demonstração da própria existência, que está no princípio de todas as outras demonstrações, pois todo homem tem necessidade de acreditar, mesmo que seja só por algum tempo, que sua vida tem um sentido e um valor. É dessa verdade que o professor dá testemunho.

É claro que esse testemunho não se realiza no plano do ensino, mas através do ensino, de uma maneira indireta e alusiva. Com efeito, o ensino expõe o saber tal como é, mostra o saber, ao passo que a verdade humana não se mostra, ou melhor, só se mostra ocultando-se. Aquele que professa a verdade deixa pesar uma dúvida sobre a verdade. Por isso o mestre ignora a verdade do aluno: a verdade do mestre não é a do aluno. O encontro frente a frente sobre temas impostos pelo calendário escolar é apenas a máscara desse outro encontro mais secreto, de caráter quase iniciático. O mestre lá está: se é verdadeiramente um mestre, à altura de sua mestria, atesta com sua presença que é alguém. E, porque esse alguém é alguém, impõe ao discípulo o dever de ser alguém, não à semelhança do mestre, mas segundo a fidelidade a si mesmo.

A pedagogia do mestre desenvolve-se, assim, numa espécie de contraponto da pedagogia do professor. O professor ensina a todos a mesma coisa; o mestre anuncia a cada um uma verdade particular e, se é digno de seu trabalho, espera de cada um uma resposta particular, uma resposta singular e uma realização. A mais elevada função da mestria parece ser o anúncio da revelação para lá da exposição do saber. O professor exerce sua profissão e o mestre intervém como agente duplo, utilizando para outros fins essa atividade de cobertura.

Sócrates perguntava se a virtude, ou a coragem, ou a piedade, se podiam ensinar. A resposta não é simples pois é evidente que não basta pregar: "Sejam virtuosos, sejam corajosos..." Podemos ensinar a tabuada, a gramática grega ou as ilhas do Pacífico. Mas, quando se trata das atitudes humanas e das opções essenciais diante das dificuldades do mundo, já não podemos nos contentar em recitar de cor respostas prontas. Cada um deve realizar o melhor de si, e enfrentar e inventar decisões correspondentes a seu desejo.

O domínio reservado da vida pessoal é o das linhas de forças e fraquezas constitutivas de cada personalidade. Antes de se conhecer, e para se conhecer, cada um vê os outros viverem e se alimenta com exemplos. Antes de sermos nós mesmos, vivemos por procuração. O mestre, super-homem por sua função, surge como um arquétipo das possibilidades humanas. Anuncia a cada um seu futuro, através das incertezas do presente. Tanto encoraja como desencoraja. Para aqueles que lhe estão submetidos é um revelador de sua condição. Por isso, pouco importa que o professor ensine esgrima ou matemática. O mestre contribui para uma tomada de consciência da situação humana, que desenha para cada um o horizonte de suas perguntas e respostas.

Tudo isso, aliás, em termos obscuros, sem a certeza derradeira e sem o benefício deste consentimento universal que se liga a um texto sabido de cor. A lição é aqui um testemunho, o certificado de uma existência. A verdade do mestre é o sentido da sua luta pela vida, como uma homenagem prestada a uma verdade capaz de unir o homem, reconciliando-o consigo próprio, capaz também de unir os homens entre si sob uma invocação comum. O aluno autêntico é aquele que reconhece e aceita essa direção de atenção e intenção. Hesitava em reconhecer-me, em tomar forma. Não sei o que quero, o que valho, e talvez nunca o saiba. O mestre fixa essas exigências que se buscam. Só sua presença introduz um sentido de certeza no domínio humano. Ele me permite tomar minhas distâncias em relação a mim mesmo e, ao mesmo tempo, aproximar-me de mim: separa dentro de mim o essencial do acidental.

O mestre não é o repetidor de uma verdade já pronta. Ele próprio abre uma perspectiva sobre a verdade, o exemplo de um caminho em direção ao verdadeiro que ele designa, pois a verdade é sobretudo o caminho da verdade. E esse caminho tão acidentado quanto perigoso inaugura-se com a afirmação não somente da necessidade, mas também da possibilidade de ser um homem.

3. O encontro com o mestre ou a autodescoberta

Para retomar a ação pedagógica em sua mais elevada atualidade, o meio mais direto é solicitar o testemunho daqueles que um dia se acharam na presença de um verdadeiro mestre. Uma pedagogia da pedagogia deixa-se pressentir através dos momentos decisivos em que uma vida jovem desperta, pelo acaso de um encontro, para uma nova e mais autêntica consciência de si mesma.

O antigo cronista Diógenes Laércio conservou-nos a descrição simples do momento privilegiado em que o jovem Xenofonte, que ainda não tinha 20 anos, tornou-se para sempre o discípulo de Sócrates: "Xenofonte, filho de Grilos, ateniense originário do demo de Erquia, era um homem muito reservado e formoso. Diz-se que Sócrates, tendo-o encontrado num estreito corredor, lhe barrou o caminho estendendo na frente dele o bordão que usava. Perguntou-lhe então onde se podiam encontrar as coisas úteis da vida. Xenofonte respondeu-lhe. Sócrates, prosseguindo, perguntou-lhe onde se faziam as pessoas de bem e, diante de seu embaraço, disse-lhe: 'Venha comigo e você o saberá.' Xenofonte tornou-se então o discípulo de Sócrates. Foi o primeiro a tomar notas e a tornar conhecidas dos homens as palavras de Sócrates, redigindo as *Memoráveis*."[1]

----
1. Diógenes Laércio, *Vies, doctrines et sentences des philosophes illustres*, livro II, trad. fr. Genailie, Garnier, t. 1, pp. 102-3.

O adolescente Xenofonte encontra-se com o mestre, que com o bordão lhe impede o caminho. Não pode continuar: irá renunciar a seu impulso pessoal que o levava à aventura. Daí para a frente, e por toda sua vida, estará ligado ao mestre que, ao impor-lhe essa mudança de direção – essa *conversão*, no sentido próprio do termo –, lhe revelou o sentido de seu próprio destino. É esse o testemunho dado por Xenofonte, no final do livro que foi devotamente consagrado à memória de Sócrates: "Dentre aqueles que conheceram bem Sócrates, tal como ele era, todos aqueles que aspiram a virtude não deixaram ainda de lastimar sua morte, porque mais do que qualquer outra pessoa ele os ajudava a praticá-la. Quanto a mim, o que fiz foi descrevê-lo tal como era..." Era, prossegue Xenofonte, piedoso, justo, sóbrio e bom, "capaz também de colocar os outros à prova, de convencê-los de seus erros e de conduzi-los à virtude e à honra. Parece-me que realizou tudo o que pode ser um homem perfeitamente bom e feliz"[2]. Numa concordância significativa, é com um testemunho idêntico que se conclui o diálogo do *Fédon*, no qual Platão imortalizou os últimos momentos do mestre, "homem de quem se pode dizer que, entre todos aqueles de seu tempo que conheci, foi o melhor, o mais sábio e o mais justo"[3].

À luz dessas afirmações de grande simplicidade, o mestre Sócrates surge a seus alunos como um grande homem, cuja singular grandeza foi de ser um homem na total plenitude do termo. O mestre desvenda a medida da humanidade, uma medida insuspeita, mas imediatamente conhecida e que exige a adesão total do discípulo. Todo ser jovem traz em si possibilidades inaproveitadas, sonhos de poder ou de fortuna. O mestre reúne esses fantasmas e os dissipa; evoca, de uma maneira irresistível, o sentido da verdadeira grandeza. O filósofo Alain, que teve seu Sócrates antes de ser, por sua vez, um Sócrates para muitos outros, descreve como Xenofonte ou Platão essa revelação de humanidade de que foi o beneficiário: "Quero

....

2. Xenofonte, *Mémorables*, livro IV, cap. VIII, §11, trad. fr. Chambry, Garnier, p. 471.
3. Platão, *Phédon*, 118a, trad. fr. Robin, coleção Budé, p. 103.

escrever o que conheci de Jules Lagneau, o único Grande Homem que encontrei (...). Aos 20 anos, vi o espírito nas nuvens. Era eu que tinha que me arranjar como pudesse. Mas o que já não podia fazer era destruir isso, era fazer que o resto passasse a contar tão pouco..."[4]

Há, na autoridade do mestre, um mistério insuperável. Essa autoridade não está ligada ao exercício de uma função, à intervenção de nenhuma hierarquia. O mestre impõe-se pelos seus próprios meios e, sem outro artifício, força de algum modo o consentimento do aluno, se for necessário, contra a própria vontade dele. Numa cena célebre do *Banquete* de Platão, o jovem Alcebíades, também aluno de Sócrates, mas mau aluno, esnobe, boêmio e que não acabará bem, presta a seu mestre uma extraordinária homenagem, mais lírica ainda pelo efeito da bebedeira, o vinho servindo nessa altura como soro da verdade. "Quando o ouço – confessa Alcebíades – o coração bate-me mais depressa que às coribantes em seus arrebatamentos. As palavras desse homem enchem-me os olhos de lágrimas e vejo muitas outras pessoas sentirem as mesmas emoções! Ao ouvir Péricles e outros bons oradores, que considero eloqüentes, nunca senti nada que possa se comparar. Minha alma não sentia nenhuma perturbação e não sofria em pensar na servidão de minha condição. Ao contrário, o Mársias, que aqui está, muitas vezes me colocou em tal estado que a existência se me afigurava impossível, a vivê-la como a tenho vivido (...). Ele me obriga a concordar que há muitas coisas que faltam à minha pessoa e que só me importo comigo, mesmo que finja importar-me com a vida dos atenienses! Por isso, tenho que tapar os ouvidos, como diante das sereias, para me defender dele, para não ter que esperar, sentado nesse mesmo lugar, a velhice ao lado desse homem! (...) Só dele tenho vergonha (...). Muitas vezes, mesmo, teria ficado contente se o soubesse desaparecido do número dos vivos. Mas sei muito bem que, se isso acontecesse, meu desgosto seria

---

4. Alain, *Souvenirs concernant Jules Lagneau*, N.R.F., 1925, pp. 7 e 15; cf. *Histoire de mes pensées*, N.R.F., 1936, p. 24: "Eis-me no liceu Michelet, onde faço o curso de Jules Lagneau. Conheci um pensador, admiro-o, resolvi imitá-lo."

ainda maior. Não consigo saber como proceder com esse homem diabólico."⁵

O testemunho do mau aluno, na sua admirável franqueza, vem corroborar o testemunho dos bons alunos. Ou melhor: a confissão de Alcebíades esclarece a de seus condiscípulos. Pois, diante do mestre, todo bom aluno é também um mau aluno. A presença do mestre intervém como um sinal de contradição que desvenda em cada um as incapacidades secretas, confundindo e envergonhando aqueles que pareciam mais seguros. Paul Desjardins, moralista severo, que foi como Alain aluno de Lagneau, confessava que, trinta anos após a morte do mestre, ainda conservava em relação à sua memória um temor reverencial: acontecia-lhe mesmo sonhar com o seu rosto duro e crispado. Alcebíades, o mau aluno, que confessa francamente sua má consciência diante de Sócrates, revela muito bem essa fascinação sagrada, essa mistura de atração e de repulsa que caracteriza a atitude do discípulo em relação àquele que lhe tornou sensíveis a dignidade e a indignidade de sua condição.

O encontro com o mestre consagra um novo questionamento da existência. Até aí cada um havia recebido, mais ou menos docilmente, diversos ensinamentos, mas esses ensinamentos, se tivessem mobilizado a memória e uma certa inteligência superficial, não teriam podido provocar essa atenção profunda, ou ainda esse ser em expectativa que se afirma no mais essencial de cada vida pessoal. Cada homem, jovem ou menos jovem, está à espera do amor. Igualmente, espera e aguarda a chegada do mestre, capaz de orientar seu destino por uma espécie de graça decisiva.

Algo se passa então, e não é necessário que um grande espírito encontre um outro grande espírito. Uma inteligência cativa, para ser libertada, espera a visita de uma outra inteligência aparentada. Victor Cousin, apesar da alta conta em que se tinha, não era nem um pensador nem um homem de grande qualidade. Menos que ele, sem dúvida, o era o honesto La-

---

5. Platão, *Le banquet*, 215 e 216b, trad. fr. Robin, Bibliothèque de la Pléiade, *Oeuvres de Platon*, t. 1, p. 754.

romiguière, representante ultrapassado e retórico da escola ideológica francesa. Mas o jovem Victor Cousin encontra em Laromiguière um mestre à sua altura e por isso se julga filósofo consagrado, na medida em que era capaz disso. "Ficou e ficará sempre na minha memória, com uma emoção reconhecida, escreve Cousin, o dia em que, pela primeira vez, em 1811, aluno da Escola Normal e destinado ao ensino das letras, ouvi o sr. Laromiguière. Esse dia decidiu toda a minha vida: afastou-me dos meus primeiros estudos, que me prometiam êxitos tranqüilos, e lançou-me numa carreira em que as contrariedades e as tempestades não faltaram..."[6]

Quem encontra seu mestre descobre, ao mesmo tempo, sua vocação. De onde se infere claramente que, se a maior parte dos homens não passam por essa experiência, é talvez porque não têm em si o pressentimento de uma verdadeira vocação. A sua vida não é capaz desse reagrupamento de energias, dessa mobilização do ser para o serviço de uma verdade. Reconhecer um mestre para si é identificar a si mesmo, é aceitar a nova obrigação de procurar a plena realização na perspectiva bruscamente descoberta. Em outras palavras, a lição do encontro de um mestre em nosso caminho é a de um imperativo concreto: o encontro de um mestre é o desvendamento de uma verdade por interposta pessoa. Essa verdade, encarnada num indivíduo, não é apenas a verdade dele – é também a minha. Doravante, compromete-me sob pena de ser infiel, não somente ao mestre num instante reconhecido, mas também e sobretudo à minha própria exigência.

A relação com o mestre, que de início parece ligar-me ao outro, cobre uma relação mais essencial comigo próprio. Pela mediação de uma revelação exterior, acho-me novamente transportado a uma mais alta consciência do meu próprio ser. É por isso que a ação do mestre pode se exercer na sua ausência e além de sua morte. Basta uma palavra, basta uma obra, basta um livro, e a influência é exercida apesar dos séculos. Uma lenda célebre diz-nos que Corregio, na sua juventude, quando

....

6. Victor Cousin, *"Préface des fragments philosophiques"* (1833), em J. Simon, *Victor Cousin*, Hachette, 1897, p. 12.

viu a *Santa Cecília* de Rafael, exclamou: "Eu também sou pintor..." Os valores, as formas e luzes deste quadro tinham provocado nele a descoberta de uma exigência semelhante àquela que se exprimia nas harmonias do mestre de Urbino. Paralelamente, o jovem Agostinho, com apenas 19 anos, quando estudava em Cartago, teve uma experiência parecida. A ordem normal do programa impôs-lhe a leitura do diálogo de Cícero intitulado *Hortensio*, obra, nos diz ele, "de que geralmente se admira mais o estilo do que a intenção". Agostinho diz-nos que esse livro, hoje perdido, continha uma exortação à filosofia: "Essa leitura transformou minha sensibilidade; (...) transformou radicalmente minhas aspirações e meus desejos. Nas minhas vãs esperanças, passei a ver apenas baixeza e desejei a sabedoria imortal com inacreditável expansão íntima (...). O que me seduzia nessa exortação é que ela me excitava, me inflamava, me incendiava, me levava a amar, a buscar, a conquistar, a possuir e a abraçar vigorosamente, não este ou aquele sistema, mas a própria sabedoria onde quer que ela se encontrasse."[7]

Para além dos séculos, o orador pagão, o modelo de retórica, foi assim para o futuro padre da Igreja o primeiro indicador de sua vocação. Podemos nos surpreender com tal encontro, pois, se é fácil descobrir cumplicidade entre Rafael e Corregio, é difícil perceber a unidade de intenção que pode ligar Agostinho a Cícero. No entanto, não foi um acaso que permitiu o acordo entre o mais puro estilista da língua latina e o santo cristão em quem se prolonga a forte tradição das letras antigas. O estudante Agostinho descobre que é chamado aos valores espirituais pela mediação de um humanismo pagão: nunca mais esquecerá que o estilo é o próprio homem, e a virtude do estilo passará a pertencer-lhe a despeito de todas as inflexões e vicissitudes futuras do seu destino. Aos olhos de Agostinho, Cícero surge como profeta e bom profeta, muito antes que Agostinho tenha se situado na longa seqüência de profetas da tradição judaico-cristã.

O mestre surge como aquele que desvenda uma necessidade íntima até aí insuspeitada, como aquele que libera ener-

---

7. *Confessions*, livro II, cap. IV, trad. fr. Labriolle, coleção Budé.

gias que, se não tivessem encontrado aplicação, teriam ficado adormecidas para sempre. O professor, o artista, o escritor dirigem-se de uma maneira geral a uma classe, a um público indeterminado. Entre os alunos, entre os leitores, o discípulo será aquele para quem a afirmação geral irá se tornar uma proposta de vida pessoal. Assim foi que, em 1664, quatorze anos depois da morte de Descartes, o padre Malebranche se tornou subitamente o discípulo do mestre desaparecido: "Como passasse na rua Saint-Jacques e perguntasse se não havia novos livros, de que tinha grande curiosidade, apresentaram-lhe o *Tratado do homem* de René Descartes, que o grande cartesiano Clerselier acabava de publicar (...). O método de raciocinar e a mecânica que descobriu no livro, ao folheá-lo, agradaram-lhe tanto que o comprou e leu-o com tanto prazer que foi obrigado a interromper a leitura de tempos em tempos por causa da agitação que lhe causava, tamanho era o prazer que sentia ao lê-lo."[8]

Ainda aqui é preciso admirar a ironia do destino que quis que o oratoriano Malebranche, um dos pensadores mais religiosos da escola francesa e cuja doutrina viria a ser uma espécie de mística especulativa, tenha despertado para a vida filosófica precisamente através de um ensaio de Descartes, cujo mecanismo integral esboça, antecipada e nitidamente, os Homens-Máquinas materialistas do século seguinte. Malebranche nunca seria materialista e, pelo contrário, o esforço maior de seu pensamento consiste em uma espécie de corrosão da inteligência mecanicista, que se desfez em fumo. Em vez de dever sua coerência às leis físicas, o mundo só subsiste graças à solicitude sempre presente de Deus, verdade última de toda verdade. Em outras palavras, Descartes é, para Malebranche, mais um obstáculo a transpor do que um caminho a seguir. Mas a função do mestre é justamente a de propor ao discípulo a pedra de toque que lhe convém. Por isso Malebranche prestará a Descartes, que nunca conheceu pessoalmente, a magnífica homenagem em que ecoa a memória da cena da rua

....
8. Pe. Lelong, *Mémoires sur la vie du R. P. Malebranche*, em Gouthier, *La philosophie de Malebranche et son expérience religieuse*, Vrin, 2.ª ed., 1948, p. 8.

Saint-Jacques: "Aqueles que lerem as obras deste homem sábio sentirão um júbilo secreto por terem nascido num século e num país suficientemente felizes para nos libertarem do trabalho de ir buscar nos séculos passados, entre os pagãos ou nos confins da terra, entre os bárbaros ou entre os estrangeiros, um doutor para nos instruir com a verdade, ou antes um monitor fiel o bastante para nos predispor ao seu conhecimento."[9]

Malebranche insistiu em escrever o nome do mestre no final de sua grande obra, em sinal de gratidão total, como se julgasse indigno se só ele a assinasse. Daí a singular força de distinção fortemente mantida nessa homenagem. Descartes não é "um doutor para nos instruir com a verdade". Descartes não é o proprietário de uma verdade fixada para sempre, mas, "antes", somente "um monitor fiel o bastante para nos predispor ao seu conhecimento". A distinção, aliás, corresponde plenamente ao espírito da filosofia de Malebranche, segundo a qual toda verdade pertence a Deus e não aos homens. Só o Verbo Divino pode nos instruir. Um homem, seja quem for, pode apenas ser um intercessor. Por isso, Malebranche prossegue: "Aborrecer-me-ia saber que a estima que aqui dedico a Descartes levasse alguém a inclinar-se inteiramente a seu favor, e a contentar-se em ler e reter suas opiniões sem se preocupar em ser iluminado pela luz da verdade. Seria então preferir o homem a Deus, consultá-lo em lugar de Deus..." Nesse ponto podemos também apelar ao próprio Descartes que, no dizer de Malebranche, queria "muito mais tornar os homens discípulos da verdade que sectários de seus sentimentos"[10].

Há, pois, uma teologia do mestre, que pode conservar seu sentido e seu valor fora de qualquer referência a uma religião precisa. O prestígio do mestre, uma vez reconhecido, corre o risco de se corromper numa espécie de veneração que se dirige ao homem e não à revelação da qual é mensageiro. Daí uma espécie de idolatria supersticiosa que acredita incondi-

....
9. Malebranche, *La recherche de la verité*, *in fine*, Conclusion des trois derniers livres.
10. Malebranche, *La recherche de la verité*, ibid.

cionalmente no mestre, contentando-se, sem outro exame, com *jurare in verba magistri*. O mau professor contenta-se em captar a benevolência dos jovens que domina: escraviza-os em vez de libertá-los. No seu último dia de vida, o Sócrates do *Fédon*, dirigindo-se aos seus fiéis que já vestem por ele um luto prematuro, faz-lhes uma solene advertência: "Vocês, se quiserem acreditar em mim, não façam grande caso de Sócrates, mas muito mais da verdade."[11]

O inesquecível mestre ensina, em sua última hora, que não há mestre, ou melhor, que só a verdade pode merecer nossa adesão plena. "Se lhes parece que o que digo é certo – prossegue – dêem-me o seu consentimento; senão oponham-se a mim com toda a sua razão." Em outras palavras, o próprio mestre é apenas um servidor da verdade, e essa verdade o discípulo não deve temer que desapareça com o mestre que vai morrer. Nunca ele a poderá levar consigo. Numa singular coincidência, o próprio Buda tenta, como Sócrates, consolar seus discípulos da sua ausência iminente: "Pouco tempo antes de deixar este mundo, Buda diz a Ananda: Pode acontecer, Ananda, que você pense: A palavra perdeu seu mestre; já não temos mestre. Não se pode pensar assim, Ananda. A doutrina, Ananda, e as regras que ensinei e preguei serão o seu mestre quando eu tiver desaparecido..."[12]

Devemos notar aqui a diferença entre a última lição de Sócrates e as últimas recomendações de Buda. Este, embora não seja propriamente um deus, apresenta-se como um mestre de santidade, inventor de uma regra espiritual. Sócrates, ao contrário, é só um mestre da razão: o que ensinou, cada um o descobriu em si mesmo e pode pois reencontrá-lo quando for necessário. Buda, para além da sua morte, será venerado pelas multidões. O método de Sócrates passa pela ironia, e o fervor que manifesta ou inspira aos outros supõe a conquista da autonomia intelectual.

Podemos pensar nas palavras de Cristo: "Eu sou a Verdade e a Vida." Jesus, na perspectiva cristã, não ensina a verdade; ele

---

11. Platão, *Phédon*, 91 b c.
12. H. Oldenberg, *Le Bouddha*, trad. fr. Foucher, Alcan, 1903, p. 98.

próprio é a verdade, ou seja, a revelação de Deus e a encarnação de sua palavra. A relação entre Jesus e seus discípulos, como, sem dúvida, a de Buda, não é do mesmo tipo que as relações de Sócrates com os que recebem seus ensinamentos. O mestre humano, na sua relação humana com os discípulos, é apenas uma espécie de mediador na consciência que cada um pode ter de si mesmo. Por isso Kierkegaard insistiu, com razão, no fato de Sócrates ter querido permanecer como parteiro de espíritos; a suprema relação, dizia o filósofo dinamarquês, é de homem para homem. Com efeito, "do ponto de vista socrático, o homem não tem outro centro que não seja o homem, e o mundo inteiro nele se concentra. Desse modo, conhecer-se a si mesmo é conhecer a Deus"[13]. O socratismo é um humanismo, e no método do questionário irônico "a idéia final em toda pergunta é que o interrogado possui no fundo a verdade, e a alcançará por si mesmo"[14].

De acordo com essa perspectiva que é, em resumo, a da reminiscência platônica, mesmo que tenha encontrado Sócrates, posso esquecer Sócrates, pois Sócrates foi apenas uma causa ocasional nessa relação com a verdade que é o tema fundamental da minha existência. "Que a doutrina de Sócrates ou a doutrina de Pródigos tenha sido esta ou aquela é coisa que, para mim, só pode ter interesse histórico, pois a verdade em que repouso já estava em mim, foi por mim que ela se produziu, e o próprio Sócrates não tinha mais possibilidades de tê-la dado a mim do que um cocheiro de puxar pelo fardo do cavalo, embora o possa ajudar com o chicote."[15] Sócrates moribundo tem toda razão em consolar seus discípulos: sua ausência não é ausência da verdade, pois Sócrates era apenas uma pessoa interposta neste solilóquio de cada um consigo mesmo, que é a terra natal da verdade. "O mestre não deixa atrás de si uma dívida na alma do discípulo, tal como o discípulo não pode pretender que o mestre lhe deva alguma coisa."[16]

....
13. Kierkegaard, *Riens philosophiques,* trad. fr. Ferlov e Gateau, N.R.F., 1937, p. 60.
14. Ibid., p. 62.
15. P. 61.
16. Pp. 78-9.

Santo Agostinho também colocou, na tradição platônica, o problema de saber como pode o homem chegar à verdade e como a verdade pode alcançar o homem. A doutrina da reminiscência fornece uma primeira resposta: o que parecemos aprender, já o sabíamos, e a aquisição do saber é apenas uma reminiscência. Mas o privilégio assim reconhecido no passado introduz uma dimensão de fuga mítica, e perdemo-nos nesta regressão ao infinito sem encontrar uma solução real. O diálogo intitulado *De magistro* substitui a idéia de uma recuperação do passado pela elevação do presente a uma mais alta potência. A verdade não se dissimula nos tempos passados, vive em nós desde toda a eternidade. A informação, o ensino que vem de fora, só pode produzir um efeito graças à presença antecipada, em cada um de nós, de um conhecimento prévio.

A autoridade dos mestres é, pois, uma autoridade ilusória. O verdadeiro mestre esconde-se dentro de cada um de nós, e esse mestre interior é também o mestre do mestre: "Quando os mestres expõem por suas palavras as ciências que professaram ensinar, mesmo as da virtude e sabedoria, aqueles a quem chamamos discípulos examinam em si próprios se o que lhes foi dito é verdade, contemplando assim, segundo suas forças, a verdade interior. É então que aprendem (...). Mas esses homens enganam-se ao chamar mestres àqueles que não o são, porque, na maior parte das vezes, entre o instante da palavra e o do pensamento não há intervalo algum, pois, apenas advertidos pela palavra exterior, imediatamente recebem o ensino interior, e julgam tê-lo recebido daquele que, de fora, os advertia."[17]

Assim, Sócrates não merece admiração excessiva; não é a ele que deve ser prestado o reconhecimento do aluno. Por isso, o Sócrates autêntico professava uma espécie de agostianismo antecipado ao atribuir a seu demônio as indicações que transmitia a seus discípulos. Fiel à revelação cristã, Agostinho pode facilmente identificar esse oráculo interior: "Não é a palavra que ressoa fora de nós, e que se refere àquilo que compreen-

---

17. Santo Agostinho, *De magistro, Oeuvres de Saint Augustin, Dialogues philosophiques*, t. III, XIV, 45, trad. fr. Thonnard, Desclée de Brouwer, 1941, p. 117.

demos, que a respeito disso nos esclarece, mas sim a verdade que governa o espírito no interior dele. As palavras só nos advertem talvez de que o devemos fazer. Aquele que assim consultamos, esse é o Mestre, de quem foi dito que habita no homem interior, é Cristo, ou seja, a Força imutável de Deus e a Eterna Sabedoria."[18] O próprio Jesus, prossegue Agostinho, recomendava aos discípulos que não se deixassem chamar mestres, "pois vocês só têm um Mestre"[19], e o Mestre que está nos céus é o único a quem pode ser dignamente ser dado esse nome.

A doutrina agostiniana da iluminação opera assim uma reconversão cristã da teoria platônica das idéias. Minimiza, sem dúvida, a intervenção do mestre humano, sem negá-la. Tomás de Aquino, retomando no *De veritate* as análises de Agostinho, compara a intervenção do professor à do médico: "Assim como se diz que o médico produz a saúde no doente graças à intervenção da natureza, do mesmo modo pode-se dizer que um homem produz a ciência num outro homem graças à operação da razão natural, própria deste. A isso se chama ensinar."[20] A despossessão do mestre humano não é pois total, sendo a responsabilidade do médico considerável para o melhor e para o pior.

Esta teologia da função do mestre poderá parecer um tanto supérflua se pensarmos na relação modesta e cotidiana do professor com os alunos de sua classe. No entanto, ela constitui o horizonte final deste confronto que, para lá de todas as questões de pessoas, põe em causa o sentido da verdade para o ser humano. O diálogo de Sócrates e de Jesus representa um dos temas fundamentais da cultura ocidental. Mas as sabedorias

....

18. Ibid., XI, 308, p. 103; cf. XII, 40, p. 107. "Igualmente a ele, como é evidente, não o ensino quando lhe digo a verdade; ele a contempla. Pois não são as minhas palavras que o instruem, mas as próprias coisas que vê e que Deus lhe desvenda interiormente. Interrogado acerca delas, poderia, pois, responder: Haverá coisa mais absurda do que julgar instruído pela minha palavra aquele que poderia, se fosse interrogado, expor, antes mesmo de me ouvir, o que vou lhe dizer?"
19. *Evangelho segundo São Mateus*, 23:8.
20. Santo Tomás de Aquino, *De veritate*, questão XI, citado por Thonnard no Comentário ao *De magistro*, op. cit., p. 489. [Trad. bras. *Sobre o ensino (De magistro)/Os sete pecados capitais*, São Paulo, Martins Fontes, 2001.]

do Oriente se colocaram a mesma questão. A China clássica, por exemplo, encontrou em Confúcio o "Mestre para dez mil gerações", cuja presença se identificava com uma espécie de visitação da verdade transcendente entre os homens. "Confúcio pensava ter recebido do Céu uma missão a cumprir e todos os dons necessários para realizá-la", escreve Granet. "Por isso, inspirava uma confiança absoluta aos discípulos. Um deles, num momento de perigo, foi dado como morto. Quando reapareceu, disse: "Mestre, enquanto o senhor viver, como posso eu morrer?"[21]

Buda, Confúcio, Jesus afirmam-se nos limites da condição humana, mais exatamente além mesmo desses limites. Personagens históricos cujo estatuto continua impreciso[22], encarnam através dos milênios o sentido da mais elevada mestria: a sua afirmação basta para invalidar todos os mestres humanos. Mas Sócrates, mestre de humanidade, mantém-se voluntariamente aquém desse limite. Não prega, ensina; não resgata pecados, não carrega os fardos dos outros; não pede fé, mas inteligência. Chama cada um a tomar consciência da sua responsabilidade própria e a regrar seu discernimento. A devoção, a afeição que lhe dedicam, o respeito que suscita, tudo isso parece-lhe sem dúvida indigno dele. Por isso a função docente, tal como foi desenvolvida no Ocidente, encontra em Sócrates o patriarca e o herói exemplar. Buda e Jesus são personagens sagrados, modelos e intercessores de santidade; não poderíamos representá-los como professores sem desfigurá-los. Inversamente, o professor que se quisesse fazer passar por Jesus ou Buda usurparia uma identidade que não lhe pertence e estaria se entregando a uma espécie de tráfico de influência.

Assim se define a possibilidade de um enquadramento do mestre. Sócrates é um homem, e todos os homens são mortais. Também o mestre é um homem falível e mortal. A verdade que afirma não foi ele que a fez. Não lhe pertence. É o primeiro,

....
21. Marcel Granet, *La pensée chinoise*, Renaissance du Livre, 1934, p. 478.
22. Granet, op. cit., pp. 473-4: "Não nos ficou nenhum testemunho fiel sobre Confúcio. (...) Nada sabemos de certo sobre a sua vida, a não ser que ele ensinou no início do século V, num burgo de Chan-tong..."

quando a evoca, a invocá-la, a colocar-se sob seu patrocínio. O mestre apresenta-se como um servidor da verdade. Desse modo, a idéia de uma verdade que o mestre deteria para comunicá-la gratuitamente a quem bem lhe aprouvesse deve ser substituída pela idéia de uma verdade que o ultrapassa, e em relação à qual ele se situa. É da condição humana que todos os homens pertençam à verdade, cujo patrocínio pode servir para reunir a todos. Para aqueles que desejam cumprir o voto de humanidade que trazem em si, a verdade é a pátria comum.

Por essa razão, não pode haver, na ordem da pedagogia, mestres universais. Confúcio, arquétipo da sabedoria chinesa, pôde ser reconhecido como mestre para dez mil gerações. Buda e Jesus representam para os seus fiéis o Santo por excelência, e a via da santidade resume-se na imitação de Jesus ou de Buda. Sócrates, ao contrário, não pede discípulos que repitam seu comportamento; indica um caminho e uma verdade, em função dos quais se orienta por sua conta, mas não pretende ser ele próprio esse caminho e essa verdade.

Assim se justifica este caráter aparentemente surpreendente do encontro entre o mestre e o discípulo. O discípulo que encontra um mestre e reconhece nele o indicador da sua verdade sofre, em contrapartida, o choque dessa experiência decisiva que transforma o sentido da sua vida. O encontro autêntico, segundo a expressão de Hoffmannstahl, desloca-nos e recompõe-nos. Mas a lição da função de mestre não é lição que se possa aprender de cor e recitar palavra por palavra, pois o mestre pode ensinar coisas diferentes das que ensina. O mestre se confronta, do interior de uma história que lhe é própria, com uma certa situação espiritual. A situação do discípulo não é evidentemente a mesma; cada um deve abrir o caminho de sua vida, através de circunstâncias que nunca são as mesmas. Destinos não se transferem nem se sobrepõem.

O que o mestre ensina de melhor, de essencial, tirou da experiência de sua vida. Aprendeu-o com perigo de vida e tenta transmiti-lo àqueles sobre quem tem algum poder. O ensino não ensina a verdade, como se ensina história ou cálculo; o sentido de qualquer lição é, aqui, a designação de uma certa relação com uma verdade que não está diante do homem e que pode ser apontada com o dedo, mas no homem e à sua volta. A verdade humana define-se como um ser que nos engloba e nos orienta, como o sentido último do uso do tempo e da vida. Sócrates cala-se, Sócrates interroga, Sócrates aparece. Sócrates não dá um curso sobre a verdade em filosofia; Sócrates cumpre-se a si mesmo segundo o encaminhamento de sua vida difícil. Sócrates não ensina; não se ensina; existe e apela para a existência de todos que vivem perto dele. Mas não os libertará magicamente de suas dificuldades; ao contrário, irá torná-los mais plenamente conscientes da dificuldade de ser.

A alegria do começo não deve iludir. Aquele que vê jogar campeões de tênis admira a perfeita simplicidade dos ataques e respostas, a economia soberana dos movimentos. O triunfo harmonioso do mestre ilude, e cada espectador se julga capaz de fazer o mesmo. Assim se mostra, no jogo da vida, aquele em quem reconhecemos os sinais do mestre. Porém nada disso nos facilita a rude tarefa de levar a bom termo nossa própria partida, ultrapassando as dificuldades que nos são particulares. No entanto, há nessa visitação da capacidade de ser mestre uma graça dada e recebida, tal como o campeão de tênis, a dançarina, o atleta nos fazem por um momento triunfar sobre as servidões e os pesos da nossa encarnação.

Esta certeza na vida e sobre a vida é a graça dada a todo mestre. Cada obra-prima de arte, de esporte, de técnica ou de ação nos dá o testemunho de uma liberdade humana, ou melhor, de uma libertação que nos compromete, porque pode ser, porque também é a nossa. Aquele em quem reconheço um mestre parece-me ligado a mim por um intrínseco parentesco de destinos. Também eu me reconheço pintor, filósofo ou homem honesto. O mestre invoca minha gratidão, e eu lhe sou reconhecido por existir; mas seu direito sobre mim, sua prioridade não é mais do que uma espécie de direito de primogenitura. Ele e eu somos do mesmo sangue, da mesma linhagem. Não o sabia, mas descubro-o. E essa anunciação é mais do que uma promessa, equivale a um compromisso. O que a qualidade de mestre me revela, na plena luz da virtude de necessidade e da virtude de evidência, é a regra da moral kantiana: "Deves, logo podes." Um novo conhecimento do meu ser pessoal me foi dado, um conhecimento profético, mas de tal maneira que a profecia traz consigo as condições de sua realização.

O irradiamento da força própria àquele que é mestre justifica-se, assim, por uma espécie de princípio humano de identidade. Mas a identidade não é uma repetição. Não se trata de copiar a obra-prima, mas de cada um produzir por si próprio outras obras-primas que poderão não ter nenhuma semelhança com a primeira. Uma obra-prima é a expressão de um equilíbrio e de um triunfo, ou melhor, é o triunfo que se realiza exprimindo-se. O êxito interior, a harmonia íntima significada pela obra é sua mais alta lição. Aquele que recebe a lição do pintor, do músico ou do homem de Estado não tem necessidade de vir a ser também homem de Estado, músico ou pintor. Escolhe outras vias de expressão, conforme a necessidade. O ponto importante é atingir, de uma forma ou de outra, a expressão libertadora.

Em fevereiro de 1860, Charles Baudelaire ouviu pela primeira vez, num concerto, obras de Wagner. Escreveu ao compositor alemão, que não conhecia, uma carta para lhe dizer de sua gratidão: "O que senti é indescritível, mas, se o senhor for capaz de não rir, tentarei traduzir-lhe. Inicialmente, pareceu-me já conhecer aquela música, depois, refletindo, compreendi a razão da miragem. Parecia-me que aquela música era *minha*, e a reconhecia como qualquer homem reconhece as coisas que fatalmente amará. Para qualquer outro que não fosse um homem de espírito, esta frase seria imensamente ridícula, sobretudo se escrita por alguém que, como eu, *não sabe música...*"[23] O pudor de Baudelaire sublinha o paradoxo. O poeta foi tocado pela paixão do encontro; o poeta encontrou seu mestre: mas esse mestre compositor não é aqui um mestre de composição. No entanto, não há erro de pessoa e Baudelaire não se converterá à composição musical. A lição que o poeta recebeu, na soberana demonstração da sua força, é uma lição de arte e, ao mesmo tempo, uma lição de humanidade.

....

23. Carta de Baudelaire a Wagner, 17 de fevereiro de 1860, em *Oeuvres de Baudelaire*, Bibliothèque de la Pléiade, t. II, p. 770.

Uma experiência análoga foi vivida pelo poeta austríaco Rainer Maria Rilke, cujos mestres foram sobretudo Rodin e Cézanne, um escultor e um pintor. O jovem Rilke, à procura de si mesmo, e falando mal o francês, chega a Paris com a intenção de encontrar Rodin: "Sua arte é tão grande – escreve ele – e há tanto tempo senti que ela sabe dar pão e ouro aos pintores, aos poetas, aos escultores e a todos os artistas que seguem seu doloroso caminho, nada mais desejando que um fulgor de eternidade que é o objetivo supremo da vida de criação (...). Toda a minha vida mudou desde que soube que o senhor é o meu Mestre. O dia em que o conhecer será um dos dias mais felizes de minha vida, se não o mais feliz, pois a vaga e imensa tristeza da minha infância era a idéia que todos os grandes homens já tinham morrido havia muito tempo e que neste mundo estranho não havia, para mim, mãe, mestre ou herói."[24]

Não havia, contudo, nenhuma semelhança aparente ou íntima entre o escritor austríaco, de gênio sensível e requintado, e o rude escultor de pedras e mármores de quem solicita o ensino. Mas o próprio contraste, a total oposição de personalidades esclarece o que pode ser a ação do mestre. Além dos compromissos e antagonismos de superfície, ela diz respeito à região do ser onde se ligam e desligam as exigências primeiras e últimas. Nessa zona dos limites, cada existência pode ser para uma outra existência um sinal, um elemento de orientação. Uma linguagem que está além da linguagem intervém, onde o que conta não é o que é dito segundo a ordem do discurso, mas o que é atestado pela ação significativa da presença.

Rilke não se decepcionaria. Rodin recebeu-o; Rodin, cuja natureza rude não parecia feita para compreender a solicitação do poeta austríaco. Após o encontro, este lhe fala da sua gratidão: "Não era apenas para fazer um estudo que vim em sua casa. Era para perguntar-lhe como se deve viver. E o senhor respondeu-me: 'trabalhando'. E eu o compreendo bem. Sinto que trabalhar é viver sem morrer. Sou-lhe muito reconhecido e a minha alegria é muito grande (...) foi o maior re-

---

24. R. M. Rilke. *Lettres à Rodin*, 14 de agosto de 1902, Émile Paul, 1931, pp. 8-9.

conhecimento de minha vida e da esperança que o senhor me deu (...). Ontem, no silêncio de seu jardim, é que me encontrei. E agora o ruído da cidade tornou-se mais longínquo e há em torno de meu coração um silêncio profundo em que, como estátuas, se erguem suas palavras."[25] À força de humildade, Rilke conseguirá viver durante algum tempo junto do mestre que admira. Será penetrado pela lição que constitui para ele a longa paciência do gênio da escultura. Mais tarde, quando chegou a hora da separação na incompreensão, o escritor austríaco, mestre ele também, não esqueceu jamais o dever de gratidão que o ligava ao velho escultor francês. Rodin, por seu lado, nunca pareceu suspeitar do valor do jovem estrangeiro que recolhera e cuja língua ignorava. Mas isso não importava a Rilke: pretendia compreender, não ser compreendido. Esperava do mestre que livremente escolhera a afirmação de sua força criadora. A existência de Rodin era para Rilke um convite a existir, uma razão de existência.

Este exemplo deixa transparecer o vínculo autêntico do discípulo ao mestre, que não se reduz às relações humanas nas quais se manifesta no decorrer do tempo. Dois homens se defrontam, numa relação desigual, dois caracteres, dois temperamentos que se conciliam melhor ou pior. Mas uma aventura mais secreta se dá, como em filigrana, ao longo dessa história episódica. Aquele que encontrou seu mestre acha-se por ele conduzido por um caminho iniciático em direção da conquista de sua própria vocação. O confronto de homem a homem, o defrontar feliz ou infeliz entre duas personalidades esconde essa aventura mais secreta em que cada um faz face a seu difícil destino. Como se lê numa frase de Saint-Exupéry que fala de amor, não importa olhar um para o outro, mas ambos olharem na mesma direção, para a frente e mais para o alto.

....

25. *Lettres à Rodin*, 11 de setembro de 1902, op. cit., pp. 16-9.

4. A ação do mestre e as relações de dependência

O mestre adquire sua dignidade pelo consentimento de seus pares ou pelo reconhecimento de seus discípulos. Antes de mais nada, a qualidade de mestre é devida a um grau universitário e a uma função professoral. Contudo, essa distinção não põe em causa o essencial: a posse das qualidades de "mestria" equivale ao título. É possível ser bem-sucedido nos exames e concursos universitários sem ter adquirido a autoridade de mestre, assim como é possível ser um mestre reconhecido e respeitado sem ter passado por esta ou aquela experiência pedagógica. O próprio fato de se ocupar um lugar no ensino e de ter alunos é insuficiente: muitos são os professores que não iludem nem a si mesmos nem aos outros.

Pode-se, portanto, ser mestre, nessa acepção, sem sanções exteriores, como se pode imaginar um mestre sem alunos. Se a função de mestre é uma magistratura, se é um acréscimo de ser, ganha-se primeiro de si para si. "Sou senhor de mim, sou senhor do universo", diz o imperador romano na tragédia de Corneille. No entanto, o domínio sobre o universo não basta em caso algum para assegurar àquele que o detém o domínio sobre si próprio. Pelo contrário, o domínio sobre si próprio confere ao sábio uma espécie de soberania. O escravo Epiteto é o mestre espiritual do sábio imperador Marco Aurélio; este reconheceu naquele uma autoridade igual, se não superior, à sua.

Não se trata de dar ordens, de assinar decretos; trata-se de dominar em espírito e em verdade a condição humana.

Seja em que campo for, o mestre, antes de surgir como modelo para os outros, é aquele que encontrou a si mesmo, porque conquistou a si mesmo. É aquele que ganhou sua vida, e essa é a mais evidente lição da sua força. A vida do mestre tem um sentido, livremente escolhido, entre tantas outras vidas que erram ao acaso. Onde o aluno só vê dificuldades técnicas ou contradições espirituais, o mestre percebe imediatamente a solução, com uma facilidade desconcertante, em que podemos ser tentados a ver uma espécie de graça diabólica. "Muitas vezes me divirto em imaginar, por causa de uma célebre história, escreve Alain a propósito de Johann Sebastian Bach, o grande improvisador diante de três cravos novos e admiráveis; de repente lhe surgem três belas fugas para cada um, a mais bela para o mais belo."[1] A espontaneidade criadora demonstra uma força soberana, a mesma que o mestre japonês demonstra na arte de arranjar flores: "O mestre no arranjo de flores começa seu ensino desatando com precaução o laço que reúne flores e ramos floridos, enrola-o e deixa-o cuidadosamente de lado. Em seguida, depois de ter examinado durante muito tempo cada ramo separadamente, escolhe as melhores flores, curva-as com muito cuidado até lhes dar a forma necessária ao fim para que as destina e finalmente coloca-as num vaso escolhido com requinte. Pode-se dizer, ao contemplar o êxito dessa criação, que o mestre pressentiu o que povoa os sonhos obscuros da natureza."[2]

Não é sacrilégio aproximar o gênio de Bach, músico imortal, da arte do modesto artista japonês, cujas composições florais são tão vulneráveis ao tempo. No antigo sistema das corporações, a hierarquia profissional ia do aprendiz ao companheiro e deste ao mestre. Aquele que observa o trabalho de um operário especializado trabalhando no seu ramo, jardineiro ou oleiro, tem, ao ver as mãos inspiradas, a mesma impressão de fa-

---

1. Alain, "Le langage de Bach", *Revue Musicale*, 1932.
2. E. Herrigel, *Le zen dans l'art chevaleresque du tir à l'arc*, trad. fr. Derain, Lyon, 1958, pp. 48-9.

cilidade soberana e de feliz êxito, sem esforço aparente. Sabedoria duramente adquirida, força merecida à custa de muito trabalho. Deslumbrado pela virtuosidade de Mozart ao piano, o pianista Richter dizia-lhe: "E para mim isso me custa tanto, que chego a suar! E para você não passa de uma brincadeira!" Ao que Mozart respondeu: "Mas, para consegui-lo, tive que me esforçar muitíssimo..."[3] Van Gogh, numa carta a seu irmão, lembra uma frase do pintor americano Whistler, a propósito de uma aquarela: "É verdade que a pintei em duas horas, mas trabalhei anos e anos para poder fazê-la em duas horas..."[4]

O sucesso da improvisação sanciona a longa paciência do gênio. É verdade que a paciência não basta, mas o gênio também não. Todo mestre também é, num certo sentido, um mestre artesão que soube primeiro ganhar-se a si mesmo através de uma conquista metódica. A obra fundamental do homem é ele mesmo, e as realizações exteriores são apenas confirmações dessa obra-prima fundamental que para o homem digno desse nome é a edificação de si mesmo.

Essa é a razão por que o aluno espera do professor não o ensino de um saber ou de uma técnica, embora esse ensino possa servir de pretexto e de programa para o encontro. Mas a realidade profunda é outra, se o professor for verdadeiramente um mestre e o aluno um discípulo autêntico. Através da atividade docente, o aluno está atento à justificação dessa atividade. Admira a inteligência do professor, a facilidade de sua expressão, a amplidão de seu saber, mas essas qualidades e faculdades não são mais do que símbolos de uma essencial qualidade de ser à qual, conscientemente ou não, se liga a atenção respeitosa daquele que pede uma lição de vida.

Pode-se ser um mestre sem discípulo a partir do momento em que se pôs ordem à vida, ao pensamento ou a esta ou aquela atividade. O eremita do deserto pode ser um mestre espiritual, como o grande artista solitário em seu ateliê. Mas não se pode ser discípulo sem mestre. O discípulo é o homem que

---

3. Henri Ghéon, *Promenades avec Mozart*, Desclée de Brouwer, 1932, p. 254.
4. *Lettres de Vincent Van Gogh à son frère Théo*, 1882, trad. fr. Philippart, Grasset, 1937, p. 87.

não domina ainda a sua própria vida: está à procura de si mesmo, não se pertence. Tornou-se discípulo no momento em que reconheceu numa personalidade mais forte do que a sua o sentido e o segredo de sua própria exigência. O mestre encontrou centro e equilíbrio; o discípulo vive descentrado. Vive por procuração, e seu equilíbrio e ritmo pessoais são tributários de uma outra existência que lhes serve de garantia e caução. Enquanto o mestre só pode tirar sua esperança e sua força de si mesmo, o discípulo, em situação de dependência, espera de outrem consolação e desolação. Goza, sem dúvida, da segurança que lhe dá sua ligação com outra pessoa, mas, em compensação, enquanto for discípulo, não existe por si mesmo. Quando o crítico de arte atribui, total ou parcialmente, este ou aquele quadro à "escola de Rubens" ou à "escola de Ticiano", esta denominação coletiva apaga no anonimato os alunos que contribuíram para a execução da obra. O projeto é do mestre, o estilo é o dele, e os discípulos só se manifestam, podemos dizer, negativamente, porque neste ou naquele pormenor pontilha a inexperiência, a falta de virtuosismo que traem a intervenção de outras mãos. O que possuem de específico é a sua falta de gênio; nada permite identificá-los positivamente. Para ter um nome é preciso que eles venham a ser mestres também.

A relação entre o discípulo e o mestre surge, assim, como uma relação de dependência mas, entre todas as relações de dependência, reveste-se de um caráter original. O mais baixo grau da dependência seria a relação do escravo com seu senhor, que é relação apenas segundo a posse. O escravo é a coisa do senhor: pertence-lhe materialmente, por um capricho do destino, e pertence-lhe tão completamente que não se pertence a si próprio. Aqui não há necessidade de consentimento ou empenho, portanto não pode haver diálogo. O interesse do senhor limita-se à lei e, se necessário, aos seus caprichos, de maneira que os únicos recursos do servo são a adulação, a dissimulação ou o roubo. É uma condição imoral na medida em que representa uma diminuição capital de humanidade. O único argumento que pode justificar a escravatura é a afirmação de que o escravo é um sub-homem, incapaz por natureza de qualquer outro estatuto que não esse.

A relação do patrão com o empregado é muito diferente, pois supõe um contrato, isto é, poderia não ter sido o que é e pode deixar de o ser pela vontade de um ou outro dos contratantes. A subordinação é, neste caso, de ordem econômica; seu estabelecimento e sua manutenção dependem de uma espécie de negociação entre os interesses em causa. É evidente que o vínculo financeiro abrange cada vez mais regiões mais ou menos amplas da vida pessoal, mas cada um pode resguardar o essencial de sua vida. Em face da "lei de ferro" do salário, subsiste a possibilidade da reivindicação do assalariado, que representa para ele tanto uma afirmação moral quanto uma defesa dos interesses materiais. Lutando por uma melhor remuneração, por um melhor regime de trabalho, a classe operária luta para obter o reconhecimento de sua humanidade. Seja como for, a relação de empregador e empregado não pode ir mais além do que revelar uma interdependência e uma certa solidariedade no campo material e financeiro. De um bom patrão só se pode esperar uma remuneração vantajosa e boas condições de trabalho. O interesse das partes presentes parece ser a limitação das relações à ordem econômica: as tentativas patronais para deslocar sua autoridade e lhe conferir um significado moral, político ou espiritual vão imediatamente se chocar com a desconfiança. O paternalismo é, com razão, considerado pelos assalariados como abuso de poder.

Também o coronel nos faz rir quando pretende ser o pai do regimento. Não é pai, mas também não é patrão. Entre o oficial e o soldado, o laço de hierarquia militar conduz os subordinados à obediência, mas a disciplina não é uma escravidão e exclui, por parte daquele que comanda, qualquer idéia de proveito pessoal direto. De resto, esse laço tem um sentido duplo, pois aquele que comanda está subordinado a um comando mais elevado. Os defeitos dos indivíduos podem evidentemente alterar o mecanismo das instituições; contudo, a coesão do exército parece fundar-se na idéia de um serviço prestado à comunidade: com razão se fala do serviço militar. A própria exigência desse serviço delimita o campo de ação da disciplina; esta pode ter uma influência, boa ou má, no desenvolvimento desta ou daquela personalidade; porém essa influência é um acidente ou um contragolpe. O sistema militar não é, por excelência, um sistema educativo: para o país ele é, em primeiro lugar, um sistema de segurança. A intenção utilitária leva vantagem sobre todas as outras e, se há ocasião para as relações humanas, é por acréscimo e quase por fraude. A disciplina, na sua intensidade mais aguda, pretende ser automática e impessoal.

O vínculo que une o filho ao pai é o oposto dessas diversas relações de subordinação. Como o empregado diante do patrão, como o militar perante o superior, a criança está diante do pai em estado de menoridade. Porém essa menoridade é, ao mesmo tempo, acidental – pois a criança nada pode contra ela, seu nascimento foi pura contingência – e essencial, pois o vínculo de dependência afirma uma responsabilidade recíproca de tal maneira que os dois participantes só muito dificilmente podem esquivar-se dela. Não se trata de um contrato temporário e revogável, mas de um encontro imposto pela natureza e que faz sentir sua pressão enquanto um dos interessados estiver vivo. Nunca deixamos de enfrentar nosso pai, de dialogar com ele, como claramente mostram a psicanálise e a psicologia profunda.

A relação paternal e a dependência filial representam, pois, um modo fundamental de ligação entre os homens, e por isso mesmo se revestem de um valor especial: definem uma espécie de ideal. O patrão gostaria de ser o pai de seus subordinados, e a própria palavra o indica, pouco importando que esse desejo seja uma ilusão e que a paternidade nada resolva. Nunca é fácil ser pai; a paternidade implica uma coexistência imposta, exigências naturais e um conjunto de responsabilidades sociais. O pai é necessariamente uma pessoa mais velha e adulta, ao mesmo tempo separado da criança e unido a ela pela diferença de uma geração. Ou seja, o pai, queira ou não, tem que se afirmar perante o filho como modelo, como juiz e também como amigo. Seu papel impõe-lhe a encarnação, de início, de todos os valores, e isso condena-o, quando a criança crescer e seu espírito crítico despertar, a desiludir a primeira confiança que espontaneamente se ligou a ele. É impossível ter sempre razão e propor a uma testemunha muito próxima uma vida sem falhas nem fraquezas. O pai absoluto torna-se um pai humano demais, de maneira que corre o risco de passar, aos olhos da criança, de um extremo ao outro. Nada mais penoso, nada mais raro, que a feliz preservação do diálogo: é difícil para um pai ser justo para com os filhos e, do mesmo modo, difícil para os filhos serem justos para com os pais, tendo a noção de justiça, nesse caso, pouco sentido. É preciso, ensina Freud, que o filho mate o pai e que, em seguida, se torne seu amigo. A maior parte das vidas humanas são igualmente incapazes desses dois extremos.

A relação conjugal e a paternidade, a maternidade, a fraternidade que a prolongam constituem, sem dúvida, uma espécie de revelação natural dos vínculos fundamentais entre os homens. O pequeno grupo da família, no sentido estrito do termo, surge como um centro de significações e de valores, em função dos quais serão julgados todos os modos de ligação entre os indivíduos. A instituição social e jurídica da família consagra os laços de sangue, a biologia assegura ao parentesco uma espécie de fundamento metafísico e metamoral. É por isso que a dependência do filho em relação ao pai aparece superdeterminada, sobrecarregada de temas e motivos que a impedem sempre de ser totalmente clara. Não se trata de duas liberdades que se defrontam pois jamais pai e filho serão verdadeiramente livres um em relação ao outro, cada um animado de reivindicações confusas, ou mesmo contraditórias, em relação ao outro. Essa é a razão pela qual, via de regra, os pais, mesmo quando pedagogos, têm tanta dificuldade em ensinar os próprios filhos e preferem, freqüentemente, confiar essa responsabilidade a outrem. Tanto é difícil para o pai ser professor de seu filho quanto para o filho ser mais um aluno diante de seu pai.

Assim se desenha o caráter específico da relação entre mestre e discípulo. O mestre aparece como pai espiritual, mas mesmo esta designação indica que sua autoridade não é aquela do pai segundo a carne. A imagem da gestação espiritual aparece, aliás, na maior parte das grandes tradições espirituais, e ela representa um dos símbolos mais constantes da relação mestre–discípulo. A paternidade designa, neste caso, sem dúvida, a prioridade do mestre e a responsabilidade que este assume em relação àqueles que conduz para a verdade. Porém essa responsabilidade é limitada, enquanto a do pai propriamente dito não tem limites. Ela trata da vida do espírito e não da vida na sua totalidade. É, sobretudo, o resultado de uma adaptação, ou seja, de uma escolha livremente consentida de um e de outro lado. Cabe ao mestre designar seus discípulos; cabe ao discípulo escolher seu mestre. Um e outro, aliás, não agem ao acaso: obedecem a uma necessidade íntima, e o consentimento mútuo baseia-se num parentesco de que ambos reconheceram a realidade. A família também tem seus valores, e sua continuidade baseia-se no respeito de certas tradições. Mas a família pode existir sem tradições nem valores, enquanto a relação mestre–discípulo pressupõe uma livre comunidade de inspiração e de invocação, fora da qual perde o sentido e a realidade.

A relação paternal é uma relação tanto material quanto moral. Ao contrário, a relação do mestre e do discípulo envolve exclusivamente o campo do conhecimento. E, enquanto as outras relações de dependência, por exemplo a do empregado em relação ao patrão, do soldado em relação a seus superiores, são dominadas por imperativos técnicos, as relações entre mestre e discípulo seguem de maneira diversa. As hierarquias militares, profissionais, econômicas ou administrativas subordinam-se a considerações objetivas de serviço, privado ou público, de interesse financeiro ou qualquer outro. É verdade que o professor encontra o discípulo segundo as normas e instituições da instrução pública, pelo menos nos casos mais gerais, mas, enquanto essas modalidades técnicas forem predominantes, a relação continua a ser uma relação de ensino, e o professor primário e o professor secundário que cumprirem honestamente seu papel de funcionários não são mestres no sentido amplo da palavra.

A ação do mestre implica normalmente certas condições materiais e técnicas, mas serve-se muito mais delas do que as serve. Estabelecimentos escolares, ciclos e programas de estudos fornecem pretextos e ocasiões para o encontro. Porém essas condições não são necessárias, pois a relação mestre–discípulo pode se estabelecer fora delas. E não são suficientes, pois pode haver ensino sem mestre. Só há ação do mestre quando se opera a passagem da ordem intelectual do saber à ordem espiritual, em que se realiza a edificação da vida pessoal. A relação com o outro restitui o discípulo a si mesmo. O mestre não é um chefe: não exige obediência cega, como não exige disciplina ao serviço de uma causa exterior. O mestre não é um patrão; só pode tornar-se por usurpação, pois o discípulo como tal não tem que trabalhar para o proveito daquele que o guia.

Reduzida ao essencial, a relação mestre–discípulo é radicalmente diversa da relação de subordinação. O discípulo confia no mestre para que este o instrua e o conduza enquanto ele não for capaz de se conduzir a si próprio. A condição de discípulo é provisória, uma situação passageira, que aguarda a habilitação que tornará o indivíduo apto a se conduzir por si próprio. Os ritos de passagem da vida universitária podem revestir-se assim de uma espécie de valor simbólico: marcam exteriormente essa iniciação, graças à qual um homem toma posse de si mesmo. O mestre não limita sua influência a conselhos técnicos, a uma orientação epistemológica, não é apenas um guia do aluno através do labirinto de sua própria existência. Graças à ação persuasiva de sua presença, e talvez sem que isso seja expressamente posto em questão, desfaz as contradições íntimas: explica cada um a cada um, apontando os rumos decisivos.

Geralmente, nas relações humanas, a qualidade de mestre é excedente. No ensino, é dada por acréscimo, como que o ensino do ensino. Por isso, como interveniente em segunda instância, pode sobrecarregar com suas significações qualquer outra das novas relações. Um superior hierárquico pode ser um mestre, como Galliéni o foi para o jovem Lyautey; um patrão poderia sê-lo também para seus empregados. Mas também o inferior pode ser mestre para o superior e impor-se a ele como exemplo vivo de um belo êxito na afirmação de si. A relatividade de toda a grandeza humana surge plenamente na humildade cuja lição se impõe a todas as grandezas forjadas. Desta inversão de valores nos dá testemunho a parábola cristã dos

Reis Magos prostrados diante do Jesus Menino ou a do espanto dos Doutores; o equivalente filosófico e pagão é a submissão do imperador Marco Aurélio diante do escravo Epicteto.

O sentido da ação do mestre define uma hierarquia, mas em sentido contrário das hierarquias comuns, baseadas na instituição, na tradição, na riqueza ou no poder. O mestre simboliza o poder e a riqueza, mas uma riqueza e um poder do homem reduzido a si próprio, e também a única força que dá a descoberta de sua verdade àquele que a conquistou. Daí o brilho que provoca atenção e respeito. Todas as autoridades, comparadas à autêntica autoridade do mestre, parecem arbitrárias e forjadas. Preso e condenado à morte, Sócrates conserva uma tranqüila certeza e julga seus juízes. Seu infortúnio só o faz ensinar melhor a inversão de todos os valores, ou, antes, o estabelecimento de todos os valores. É o caso, mais próximo de nós, de Gandhi.

Pelo que dizem os leitores russos da obra-prima de Tolstói, *Guerra e paz*, a chave do romance acha-se num breve episódio que pode escapar ao leitor desprevenido. O herói do livro, o príncipe Pedro Bezukhov, inquieto e insatisfeito, sempre à procura do sentido de sua vida, é preso, quando da ocupação de Moscou pelos exércitos de Napoleão, e lançado para uma enxovia, onde se amontoava toda espécie de suspeitos. No meio das misérias do universo das concentrações, Pedro conhece um soldado muito pobre, filho de camponeses, chamado Platão Karataiev. É um homem rude, analfabeto, cuja vida não se debruçou sobre si mesma, e que se contenta em encarar com igual disposição as vicissitudes da sorte. Possui uma espécie de sabedoria popular composta de provérbios, ditados, tradições camponesas e citações religiosas. Seu bom humor, sua permanente simplicidade, todas as humildes qualidades ocultas que se manifestam pacificamente na semi-obscuridade da prisão são para o príncipe Pedro a revelação de um segredo da vida, que tanto procurara em vão durante anos. Platão Karataiev morrerá logo, obscuramente como sempre vivera, abatido numa estrada, por não ser capaz de seguir a coluna dos prisioneiros em retirada. Mas permanecerá vivo na fidelidade de Pedro Bezukhov, não somente porque encarna a paciência milenar e as virtudes do povo russo, mas também porque foi para ele, no tempo trágico do universo das concentrações, o modelo e o exemplo do verdadeiro autodomínio humano: manteve a paz de espírito e de sentimentos apesar da desumanidade da guerra.

Certamente, o pobre Platocha nunca suspeitou da mestria que tinha, e que desafiava todas as hierarquias sociais e intelectuais. Sem dúvida, Pedro também não compreendeu imediatamente o sentido decisivo da lição que lhe fora dada. Mas esse diálogo incoerente e logo interrompido esclarece o sentido da mestria: ela é a ação de presença que leva, após uma desorientação mais ou menos longa, à reordenação do ser pessoal. Eu vivia em erro, estava no caminho errado, sabendo-o ou não. Veio o mestre – venceu-me e convenceu-me. Seu testemunho essencial não diz respeito a um saber, nem a um saber fazer. O mestre é. Porque sua vida tem um sentido, ensina a possibilidade de existir. Também eu sou um homem; eu o sou e o quero ser... Minha vida justifica-se e devo justificá-la. E, como devo, posso.

5. A marca do mestre ou o desejo do impossível

É difícil precisar quando e como o mestre torna-se um mestre. Essa passagem designa, sem dúvida, uma promoção, mas essa promoção não se identifica com este ou aquele rito de passagem em virtude do qual um indivíduo se eleva numa hierarquia social. Não se passa a ser mestre, por delegação de um reitor ou por decreto ministerial, no dia em que se dão, com êxito, os exames de aptidão pedagógica, licenciatura ou doutoramento. Um decreto de nomeação pode designar um professor ou um assistente, não pode consagrar um mestre. Do mesmo modo, nenhum decreto pode suspendê-lo ou revogá-lo.

A afirmação do poder do mestre inscreve-se numa hierarquia ontológica, fora de qualquer sanção administrativa. Há, no entanto, um acesso a essa dignidade, como que uma passagem de fronteira, que fez do estudante de outrora, do aprendiz, submetido ao ensino de outro, o detentor de uma autoridade que passará a se impor a outros. Pode-se vir a ser mestre, sem o ter procurado nem querido. Pode-se descobrir um dia que se é mestre, sem mesmo se ter dado conta disso. É apenas uma situação de maioridade espiritual que foi atingida. Até então vivera-se como discípulo, como aluno, confiando neste ou naquele de quem se admitia a eminente superioridade. Eis que se descobre, nesta ou naquela ocasião precisa, ou fora de toda ocasião, que se saiu da tutela. Até aí tinha um mestre, ou mestres, mas eis que descubro que talvez confiasse neles mais do que o mereciam. Também eles têm seus limites, e, em todo caso, já nada podem sobre mim. Continuo ligado a eles pelos laços da saudade e do reconhecimento, mas a admiração e o respeito que tinha por eles, sem desaparecerem, deram lugar à amizade. Agora terei que voar com minhas próprias asas – a palavra de outrem não me basta.

A força do mestre é uma responsabilidade assumida. Primeiramente, responsabilidade para com os outros, pois o mestre descobre que ele tem responsabilidade de alma. Vivia até então confiando nos outros; agora são os outros que devem confiar nele. As primeiras impressões nada têm de triunfal: em lugar de uma impressão de peso vencido, sente-se o fardo de um peso a ser vencido. Até agora, contentara-me com uma verdade emprestada, agora deverei dá-la a outros, que esperam de mim que eu lhes diga a verdade. Subitamente descubro que é impossível a um homem dizer a verdade.

Mas o mestre não se torna um mestre apenas porque outros esperam dele a verdade. Ser mestre não é essencialmente uma forma de relação com outrem, uma dignidade que acontece para alguns pela solicitação de um aluno ou de um público. Repetindo ainda uma vez: a maior parte dos professores não são mestres. Dão aulas, encarregam-se de cursos, honestamente, como bons funcionários. Redistribuem os conhecimentos que acumularam, mas nunca tiveram a idéia de que, para lá da verdade professada, se afirma a exigência de uma verdade mais alta, diante da qual cada homem digno desse nome é responsável. Aliás, via de regra, seus alunos não se enganam e não lhes pedem mais do que aquilo que eles podem dar. Para lá da esfera do ensino, a ordem da irradiação do mestre supõe, portanto, um novo questionamento dos valores humanos. Ao professor só se pede que saiba. Do mestre reclama-se uma outra competência que supõe a ultrapassagem e a relativização do saber.

Em outras palavras, o aluno não pode interrogar o mestre sobre o que é ser mestre, sem que este, antes, se tenha interrogado a si próprio. O professor inconsciente e medíocre não entenderia a pergunta, ou o aluno não a colocaria, advertido por um instinto de que não teria ocasião de colocá-la. O consentimento mútuo que impõe o mestre a seus discípulos tem, pois, por condição inicial, um consentimento de si para consigo, esse novo nascimento por si próprio de um homem que se descobre só e responsável, de uma responsabilidade não somente material e intelectual, mas espiritual. Havia uma verdade pronta, uma verdade dada, contida nos livros, nas instituições, no ensino dos professores autorizados. Esses sistemas seguros, um belo dia, desabaram, e o homem que gravitava pacificamente em torno das certezas alheias é obrigado a realizar a mais difícil e a mais impossível das revoluções copernicanas. Agora, é em torno de si próprio, do seu pensamento, de sua palavra e de sua consciência que se organiza uma verdade nova e decisiva, não somente para ele, mas para aqueles que dele dependem.

Tornamo-nos mestres no dia em que descobrimos que já não há mestres. Houve, é certo, heróis, pensadores, gênios e santos. Mas, apesar de suas auréolas, aparecem como homens que, longe de possuírem a verdade, lutaram pela verdade, ou melhor, contra ela. Fizeram o que puderam, cada um por seu lado. E essa partida que travaram até o fim, sem saber se a ganharam ou perderam, é que é preciso hoje voltar a travá-la, cada um para si, numa incerteza idêntica. Esse é o debate de todo mestre, em que cada um está em jogo. Vemos facilmente que a relação com o discípulo permanece exterior a esse afrontamento, a essa luta com o anjo da verdade, de que o herói solitário pouco falará, mesmo ao aluno mais amado, porque a palavra não tem alcance sobre essa realidade íntima de um destino em gestação, em vocação, cujos inícios e termos se perdem na penumbra, para lá dos confins do discurso.

Há um mistério da força que é própria do mestre e que, sem dúvida, se enraíza no mais profundo deste debate que qualifica o mestre como mestre, escapando ao conhecimento dos discípulos submetidos à sua ascendência. Uma lenta iniciação, marcada por ritos de passagem cada vez mais temíveis, fez de Michelangelo um mestre, como de Bach ou de Mozart, de Mallarmé, de Rilke ou de Descartes. Cada um daqueles cujo exemplo se impõe aos homens teve antes que aprender, mas por caminhos que nada têm a ver com a progressão regular dos itinerários da escola, do aprendizado ou da universidade. Os exames escolares, em que nos medimos com colegas, com professores, segundo regras bem definidas, feitas para tranqüilizar o bom aluno e não para o inquietar, dão lugar a outro exame, mais implacável porque põe o candidato a mestre frente a frente com sua própria existência. Somente aquele que tudo obteve de si mesmo poderá exigir muito dos outros. O obstáculo entre cada um e si mesmo, essa resistência e essa recusa, essa incessante fuga de uma natureza sempre rebelde à perfeição. É preciso ir mais à frente, e é difícil, e é impossível. É preciso ficar afastado de toda humanidade para atingir o acabamento e a consumação da humanidade; é preciso levar a bom termo as liturgias do sacrifício cotidiano, para que enfim a capacidade do mestre seja a suprema recompensa de um supremo sacrifício.

Aqui, cada um se encontra só, com o risco de sua vida. E o mestre, para ganhar sua vida, tem que antes aceitar perdê-la. Seria preciso retomar e examinar uma a uma as confidências de todos aqueles que se engajaram nesse combate desesperado e que foram bem longe, até as fronteiras da condição humana, de onde talvez nunca tenham retornado. Daí esse afastamento em relação a eles próprios e aos outros, daí essa distância em virtude da qual a presença do mestre tem sempre a aparência de ausência. Efetivamente, a consagração do mestre é o término dessa aventura em que, seja qual for o campo, lutou com o absoluto. Dessa aventura impossível, saiu ferido. Mas só um outro mestre pode suspeitar o porte da ferida: a admiração e o respeito da maioria dos homens fundam-se na incompreensão. Só vêem facilidade, dificuldades vencidas, onde o mestre muitas vezes lê claramente sua própria derrota.

A longa paciência do gênio, quando analisada, surge assim como uma longa impaciência, na dúvida e na angústia. Goethe, por exemplo, representa para o ocidental culto o padrão do equilíbrio em sua plenitude. No entanto, ele nunca deixou de se queixar da dificuldade que sentia em viver para criar: "Luto com o anjo desconhecido, escreveu no *Diário* em 1779, até a exaustão; nenhum homem pode imaginar os combates que tenho que travar para produzir o pouco que produzo." E duas semanas mais tarde: "Que falta de ordem e de continuidade em minha ação, em minhas idéias, em minha criação poética! Que raros foram os dias verdadeiramente proveitosos! Que Deus continue a dar-me seu auxílio, a dar-me a luz necessária para que eu não seja um obstáculo em meu próprio caminho."[1]

Podem objetar que são palavras típicas de um jovem ainda sob a influência da borrasca romântica e do *Sturm und Drang*. Mas, quarenta e cinco anos mais tarde, Goethe, no final de uma vida plena de glória e sulcada de obras-primas, não falará de outro modo. Eckermann registrou esta confissão: "Sempre me invejaram por ter sido singularmente favorecido pela sorte. Também sinto que não posso me queixar e não serei eu a fantasiar meu destino. No fundo, no entanto, minha vida foi só sofrimento e trabalho. Posso afirmar que, durante meus setenta e cinco anos, não tive quatro semanas de verdadeira satisfação. Foi sempre o mesmo rolar de uma pedra que era preciso a cada momento voltar a levantar..."[2] Assim se lamentou Goethe, o olímpico, um dos mestres espirituais do Ocidente. O seu destino, aparentemente tão bem-sucedido, parecia-lhe o tormento de um condenado, a quem fosse imposto o castigo, incessantemente recomeçado, de carregar sem esperança o rochedo de Sísifo.

Em 29 de julho de 1890, Van Gogh suicidou-se; ao lado dele, foi encontrada uma última carta endereçada a seu irmão. Nela o pintor confessa: "Arrisquei minha vida, minha razão perdeu-se quase por completo nisto, no meu trabalho..."[3] Por mais distantes que nos pareçam as posições de Goethe e de Van Gogh, a confissão é a mesma e a podemos encontrar nos inúmeros exemplos que nos ficaram das confidências de outros mestres, autenticamente marcados pelo gênio. O seu sucesso aparente, a consagração do êxito, quando lhes foi dada,

....
1. *Diário*, julho-agosto de 1779, cit. por Robert d'Harcourt, "Sagesse de Goethe", *Revue de Paris*, agosto de 1949, p. 14.
2. Goethe, *Conversations avec Eckermann*, trad. fr. Chuzevilie, N.R.F., pp. 52-3.
3. *Lettres de Vincent Van Gogh à son frère Théo*, trad. fr. Philippart, Grasset, 1937, p. 231.

o respeito e a admiração dos discípulos, nunca puderam lhes ocultar o sentido do seu fracasso. O poeta Mallarmé, assim como o pintor Van Gogh, acabou por perder a razão nesta luta solitária. O mesmo se passou com Rilke, Cézanne, Nietzsche, Leonardo da Vinci e Michelangelo. Clássico ou romântico, o mestre tem em si próprio o seu melhor inimigo. E as razões que dá a si mesmo, as obras que produz, embora elas se imponham aos outros, nunca puderam convencê-lo totalmente. O mestre é um mestre para os outros; se é um mestre autêntico, não tem ilusões a seu respeito. Essa dúvida invencível e essa inquietação serão para ele um último recurso, um remédio para a tentação de cair na sua própria armadilha.

O mestre é necessariamente um homem só. Ninguém além dele pode ser a testemunha válida e o juiz de seu esforço. A testemunha é implacável, e o juiz constata a culpa daquele cujas realizações jamais chegam a igualar-se à sua ambição. Quando Dostoievski estava escrevendo *O idiota*, sua mulher observa que "a parte já escrita do romance não o satisfazia. Devo dizer, a esse respeito, que meu marido era sempre severo com ele mesmo, raramente seus escritos encontravam sua própria aprovação. Às vezes, apaixonava-se pelas idéias de seus romances, que trazia na cabeça por longo tempo, mas quase nunca ficava satisfeito de vê-las expressas"[4]. E a sra. Dostoievski, cujo testemunho é tanto mais precioso quanto incompreensível, acrescenta, a propósito de *O idiota*, que seu marido "costumava dizer que nunca tinha tido idéia poética mais rica do que a desse romance, mas que não tinha chegado a dizer a décima parte do que gostaria de ter dito"[5].

Lemos *O idiota* e o apreciamos como uma obra-prima. Mas Dostoievski não se deixou iludir, e essa obra, para ele, é apenas a sombra de um sonho, o fantasma de uma ambição desiludida. Esta insatisfação não se explica de forma alguma pela psicologia eslava ou pelo gênio particular de Dostoievski. É um dos sinais da grande obsessão incessante de voltar a travar essa

---

4. *Dostoievski*, por sua mulher Anna Grigorievna Dostoievskaia, trad. fr. Beucler, N.R F., 1930, p. 177.
5. Ibid., p. 191.

partida decisiva que não podia ganhar, tal como Cézanne voltou a pintar incansavelmente, até sua morte, o impossível e perfeito quadro de seus sonhos. Evocando, sem dúvida, seu próprio destino, Nietzsche descreve esse escritor que "como tantas outras pessoas, seduz mais por suas imperfeições do que por aquilo que realiza. Sua obra nunca exprime a fundo o que ele quis dizer exatamente, o que gostaria que fosse perfeitamente captado. Como se sempre tivesse tido o anúncio dessa visão e jamais a própria visão. Mas uma prodigiosa avidez ficou-lhe no fundo de sua alma e dela retirou sua prodigiosa eloqüência: eloqüência do desejo e de uma imensa fome. Foi graças a ela que elevou aqueles que o escutaram acima de sua própria obra e acima de todas as 'obras', foi ela que lhe deu asas"[6].

A marca do mestre manifesta-se nessa exigência incansável, e, se o mestre pode exigir tudo dos discípulos, é porque nunca deixou de exigir tudo de si mesmo, sem alcançar a plena satisfação. Não se trata de problemas técnicos, de procura estilística ou de aperfeiçoamento de detalhes graças aos quais uma obra ou outra poderia ser concluída. A procura visa a uma expressão total, a uma libertação sonhada e inacessível. O crítico julga a realização e, às vezes, fala de obra-prima. O mestre julga-se em função de suas intenções, não lhe é possível iludir-se. Em 11 de fevereiro de 1852, Nicolas Gogol, que morreu alguns dias mais tarde, queimou o manuscrito da segunda parte das *Almas mortas*. Kafka, num gesto semelhante, proibiu a publicação de seus escritos, dos quais a maior parte só nos chegou contra a vontade de seu autor.

....
6. Nietzsche, *Le gai savoir*, § 79, trad. fr. Vialatte, N.R.F., 1939, p. 74. Podemos pensar aqui na comovente e desiludida confissão com que se acaba o *Port Royal* de Sainte-Beuve, uma das obras-primas da crítica literária: "Conta Gibbon que no dia, ou melhor, na noite de junho em que, no seu jardim de Lausanne, escreveu as últimas linhas da última página de sua grande obra, depois de ter colocado a pena sobre a mesa, deu um passeio sob uma aléia de acácias, de onde via, dominando-o, a imensa extensão do campo, do lago e das montanhas. A lua iluminava tudo e ele sentia primeiro alegria, depois uma surda melancolia e tristeza. O autor de *Port Royal*, no momento em que acabava a última página do manuscrito de seu livro, na manhã de um dia de agosto de 1857, sentia-se numa disposição análoga, embora bem menos amena; sentia-se liberto, mas triste..." (*Port Royal*, ed. Hachette, t. VI, p. 244.)

Seria absurdo considerar como atos inspirados pela loucura as decisões negativas de homens em quem a posteridade reconheceu os mestres da literatura ocidental. É em pleno conhecimento de causa, muito lucidamente, que condenaram suas obras, cuja insuficiência e indignidade quase sacrílega se lhes impunha como uma evidência. Kafka notou-o em seu diário íntimo: "Tudo que minha imaginação encontrou, fosse num estado de alma propício, palavra por palavra, ou mesmo por acaso, todas essas palavras sempre solidárias aparecem-me, no momento em que me sento à minha escrivaninha para tomar notas, como secas, falsas, compassadas, disparatadas, timoratas e, sobretudo, com grandes lacunas, embora nada tenha sido negligenciado da concepção primitiva. Isso se deve em grande parte ao fato de eu não encontrar nada que me satisfaça sem recorrer à pena, a não ser em momentos de exaltação que temo mais do que desejo, porque neles a plenitude é tal que tenho que me refrear, beber cegamente da torrente das palavras, ao acaso. Quando isso acontece, no momento de escrever, essas capturas revelam-se, numa segunda análise, incomparáveis à plenitude de onde vieram, incapazes de recriá-las e, por isso, falhas e descabidas, pois tentam e nada alcançam."[7]

Há pois um mal-entendido fundamental entre aquele que lê a obra, com o preconceito favorável de nela encontrar os traços do gênio, e o autor, que se acusa de, apesar de todos os seus esforços, ter oferecido gato por lebre. É verdade que existem autores satisfeitos, mas talvez não sejam estes os mestres autênticos, na medida em que a virtude da humildade não se desenvolveu neles. O mistério da força própria ao mestre, em sua eminência decisiva, está sempre ligado a essa faculdade de perpétua decepção, que faz o tormento, confessado ou não, dos homens mais exemplares. Michelangelo, quando após anos de trabalho vê pela primeira vez o teto da Capela Sistina, não encontra nele sonho visionário pela figuração pelo qual tanto havia lutado. Virão os críticos e os historiadores, os pro-

---

7. Kafka, *Diário*, 15 de novembro de 1911, cit. por Max Brod, *Franz Kafka*, trad. fr. Zylberberg, N.R.F., 1945, p. 104.

fessores que comentarão e explicarão, revelando intenções e descrevendo simetrias. O mestre ouve-os com um espanto secreto, mas, apesar das suas belas análises, sabe que a realidade é, ao mesmo tempo, infinitamente mais complicada e infinitamente mais simples. É preciso deixar falar os tagarelas: o essencial será sempre essa procura desigual, esse desejo do impossível, que o mestre autêntico vive dia a dia e que acabará por matá-lo. Essa é a história que ninguém pode compreender e que, aliás, não interessa a ninguém.

Pode parecer que essa descrição peque por um certo romantismo e um trágico inútil. No entanto, o essencial dela é encontrado na maior parte daqueles em quem se afirma o gênio criador. Goethe dominou o seu romantismo, mas não o seu tormento e as suas incertezas. Stéphane Mallarmé, pacífico professor de inglês, conheceu sob sua bonomia aparente os tormentos do malogro e da incompletude. Todos os mestres se queixaram, mas só por meias-confidências, por meias-palavras, por invocações de amor ou de amizade sem esperança de resposta. O que está em questão só diz respeito àquele que coloca a questão, e a coloca para si mesmo sem que ninguém possa lhe fornecer a resposta.

Poderíamos lembrar aqui a frase de Clotilde de Vaux, citada por Auguste Comte, que diz que "não é digno dos grandes espíritos espalhar à sua volta a perturbação que sentem". Mas o silêncio do mestre não se fundamenta em considerações desta ordem. Fundamenta-se na consciência que tem da impossibilidade da comunicação. Silêncio de defesa e de impotência, silêncio dessa solidão derradeira à qual se acha confinado aquele que escolheu ser um iniciador e um modelo. Para chegar ao que é, foi-lhe necessário manter uma certa distância em relação a si mesmo e aos outros, e essa distância é tal que nenhuma palavra simples e direta pode transpor o espaço de separação. O mestre afastou-se; ficará para sempre do outro lado do espelho. Quando tenta exprimir-se, vemos gestos, ouvimos sons, mas o verdadeiro significado deles, como acontece em certos sonhos, é levado pelo vento, dissolvido na atmosfera.

O mestre não pode falar de si. Isto não seria tão grave se significasse apenas que o mestre não pode ensinar-se a si mesmo. Mas a experiência do mestre é experiência de verdade, e a impossibilidade de falar de sua experiência de verdade, de transcrevê-la na ordem da comunicação cotidiana, é um obstáculo a todo ensino que trate do essencial. Evidentemente, os professores falam, como falam os maus mestres, os mestres de aparência que constantemente nos dão lições. Mas a autêntica mestria começa além do silêncio.

O austríaco Ludwig Wittgenstein, um dos pensadores mais originais de nosso tempo, tentou extrair da lógica matemática uma concepção rigorosa da linguagem. A obra-prima, o *Tractatus logico-philosophicus*, publicado pela primeira vez em 1921, termina com as seguintes afirmações: "Aquele que me compreende acabará por reconhecer as minhas fórmulas como vazias de sentido, se conseguiu subir através delas, sobre elas, acima delas. (Pode-se dizer que deve rejeitar a escada que lhe serviu para subir ao topo.) Deve ultrapassar estas fórmulas: então verá o mundo corretamente. Sobre o que não se pode falar, deve-se guardar silêncio."[8] Esta maneira de se despedir do leitor, no final de um livro austero e difícil, pode parecer provir de um humor desenvolto. No entanto, se refletirmos bem, podemos perguntar se a última palavra de Descartes e de Spinoza, se bem que estes tenham aceito corretamente o jogo, não é o seu silêncio, que seria ao mesmo tempo um apelo e um desafio, último recurso do homem para o homem.

A civilização ocidental prolonga a cultura helenística que estava inteiramente fundada no valor da retórica. Não pode admitir sem resistência a idéia de que a verdade não se situa na ordem do discurso, não se reduz, no final das contas, a um discurso sobre a verdade. Porém é evidente que a mais elevada influência do homem sobre o homem se realiza fora da palavra expressa. Para Confúcio, diz Granet, "o verdadeiro ensino não era aquele que se transmitia através de palavras". " – Prefiro não falar, dizia. Mestre, se não falais, disse Tsen-Kong, o que nós, seus discípulos, teremos a ensinar? – Porventura o Céu

....

8. Wittgenstein, *Tractatus logico-philosophicus*, proposições 6, 54 e 7, Londres, Routledge and Kegan Paul, 8.ª ed., 1960, p. 189.

fala? As quatro estações seguem seu curso, todos os seres recebem a vida e, no entanto, o céu fala?"[9]

Ainda neste caso erraria quem recusasse este ensinamento sob pretexto de que qualquer exotismo o afetasse. Nele se afirma uma verdade que é a de uma altíssima experiência espiritual. A sabedoria japonesa do zen confirma a do mestre da China tradicional. Aí também prevalece a regra do silêncio: "Os mestres do zen, escreve Suzuki, não nos dão nenhum indício explícito para penetrar no que percebemos superficialmente. Quando tentamos compreender intelectualmente, o sentido nos escapa (...). A idéia dos mestres é apontar o caminho onde a verdade do zen pode ser experimentada, mas essa verdade não pode ser encontrada pela linguagem que empregam e que empregamos como meio de comunicação das idéias. Quando lhes acontece de recorrer à palavra, a linguagem serve para exprimir sentimentos, estados de alma, atitudes interiores, nunca idéias: tudo se torna incompreensível, se procuramos um sentido nas palavras do mestre, pensando que essas palavras revestem idéias (...). O sentido não deve ser procurado na expressão, mas em nós mesmos, no nosso próprio espírito despertado para a mesma experiência."[10]

Tal reflexão esclarece o sentido paradoxal de qualquer palavra que é sinal de experiência. O sinal só vale pela experiência que designa. Aquele que não tem experiência não compreenderá a linguagem, mas para aquele que já tem experiência a linguagem é inútil, é uma espécie de círculo vicioso que desmascara a contradição fundamental de todo ensino. O mestre não pode revelar nada: a revelação só é possível para aquele que já a possui. "I-t'uan, em um de seus sermões, disse: 'Falar é blasfêmia, ficar calado é enganador. Além do silêncio e da palavra existe, apontando para o alto, uma passagem, mas a minha boca não é suficientemente vasta para designá-la.' Disse isso e desceu do púlpito..."[11] Eis, sem dúvida, a mais alta con-

---

9. Marcel Granet, *La pensée chinoise*, Renaissance du Livre, 1934, p. 480.
10. D. T. Suzuki, *Essais sur le bouddhisme zen*, trad. fr. J. Herbert, t. I, Albin Michel, 3.ª ed., pp. 370-1.
11. Ibid., t. III, 1958, p. 998.

fissão do mestre, de quem encontramos outra expressão na história do grande pintor chinês U-Tao-Tseu, que pintou para o Imperador uma sala do palácio. Acabada a pintura, o Imperador pôde admirar uma magnífica paisagem. "Vede, disse o pintor, na caverna, ao pé desta montanha, habita um espírito." Bateu palmas, e a porta que fechava a entrada da caverna abriu-se. "O interior é magnífico, e o esplendor ultrapassa tudo o que as palavras podem exprimir. Permiti que vos mostre o caminho." Dizendo isto, entrou na caverna. A porta fechou-se atrás dele, e antes que o Imperador, atônito, pudesse falar ou fazer um gesto, tudo desapareceu da parede, que voltou a ser branca (...). Nunca mais se viu U-Tao-Tseu[12].

A parábola vai longe. O mestre passou para o outro lado do espelho, a miragem dissipou-se. Diante da parede branca, o Imperador e sua corte ficam silenciosos e, sem dúvida, se perguntam se tudo não foi um sonho. O mestre desapareceu, tudo voltou a ser como antes, a parede e os homens. No entanto, nada mais é igual. Cada um foi restituído a si mesmo e ficou claro que o sentido de toda realidade se encontra além de toda realidade. A pintura indicava uma beleza presente, mas é preciso ultrapassar a pintura e procurar-se a si próprio, desaparecendo aos olhos de todos. O mais alto ensinamento do mestre é apagar o que ensinou e depois apagar-se a si mesmo aos olhos dos discípulos. Sócrates, antes de morrer, agiu do mesmo modo, ao pedir a seus discípulos que esquecessem Sócrates.

O mestre é homem da verdade. Sua presença só tem sentido se diz a verdade, se se esforça por todos os meios para comunicá-la. Mas o mestre sabe também que a verdade não é da esfera do dizer. De tal maneira que deve aceitar antecipadamente a grande renúncia do procurar dizer, durante toda a sua vida, e reconhecer que não poderá dizer o que quer dizer. Pois o ser não é objeto de posse, nem de comunicação. O ser não se deixa colocar à distância, transcrever ou traduzir. Tudo o que se pode reduzir a fórmulas não tem interesse.

"Que um homem tenha o direito de falar do bom tempo, observa Kierkegaard, eu o sei; mas o resto ocupou-me duran-

---

12. Ibid., t. I, pp. 396-7.

te toda a vida."[13] Não se fala da verdade como se fala da chuva e do bom tempo. Aquele que, nessas condições, imagina falar a verdade, esqueceu a verdade, se é que a conheceu algum dia. "Entre espírito e espírito, diz ainda Kierkegaard, é impensável uma relação direta no que se refere à verdade essencial. Se se admite essa relação, isso significa, na realidade, que uma das partes deixou de ser espírito, e é nisto que não refletiram certos gênios que, de um lado, impelem, em massa, as pessoas em direção ao limiar da verdade e, de outro, têm ingenuidade suficiente para pensar que aplausos, desejo de ouvir, assinaturas, etc., significam que se aceitou a verdade. Mas exatamente tão importante quanto a verdade, e mesmo ainda mais, é a maneira como a verdade é aceita, e de pouco serviria conduzir milhões de pessoas a aceitar a verdade se o modo como a aceitam as lançasse imediatamente para fora dela."[14]

Não se pode falar melhor da diferença entre o mestre autêntico e o professor honesto ou o propagandista puro e simples. A iniciação à verdade, que equivale a uma introdução na verdade, não pode ter a forma de uma fabricação em grande série. Karl Jaspers distingue três categorias de mestres, numa ordem hierárquica. Inicialmente há aqueles que ensinam certos princípios particulares bem determinados, cumprindo honestamente uma tarefa fragmentária. Depois vêm os mestres do sistema, os que se sentem importantes por terem descoberto o sentido da vida na sua totalidade. Sabem tudo e ensinam o que sabem, impondo serenamente àqueles que os escutam a escravidão de um imperialismo intelectual. Neles, a pretensão triunfa. Hegel anuncia o fim da história e também o fim da filosofia, que julga ter terminado para sempre. Nada mais absurdo do que uma tal atitude, cujo ridículo Kierkegaard estigmatizará com violência.

Os mestres mais autênticos, segundo Jaspers, são os "profetas da comunicação indireta", os que se recusam a ensinar

---

13. Kierkegaard, *Diário,* 1850; em Wahl, *Études kierkegaardiennes,* Aubier, 1938, p. 655.
14. Kierkegaard, *Post-scriptum aux miettes philosophiques,* trad. fr. Petit, N.R.F., 1941, p. 163.

uma doutrina, seja ela qual for. Neles se afirma o desejo apaixonado de comunicação com o outro, mas essa relação com o outro é objeto de uma procura e de um diálogo, de uma dialética sem resolução. "Nenhuma doutrina é a vida; nenhuma comunicação de uma doutrina é transmissão de vida (...). Sócrates não se anuncia como o que fecunda, mas como o que ajuda a dar à luz. Kierkegaard chama à comunicação indireta uma comunicação de existência. Qualquer doutrina, qualquer ensino racional é alguma coisa de geral. Por isso, o essencial, o absoluto não transparecem neles, pois a substância do espírito, a existência, é sempre absolutamente individual."[15]

O mestre ensina, mas ensina algo mais do que aquilo que ensina. O mais alto ensinamento do mestre não está naquilo que ele diz, mas no que ele não diz. Platão, que é sem dúvida o maior inspirador da cultura ocidental, passou sua vida elucidando o sentido da verdade. Afirma expressamente, num de seus últimos escritos, nunca ter exposto o essencial de sua mensagem. "Há uma coisa que tenho ainda que dizer e que diz respeito a todos aqueles que afirmam conhecer os problemas com que me debati, como a todos aqueles que pretendem ter sido meus ouvintes ou os ouvintes deste ou daquele, como ainda aos que pretendem ter descoberto sozinhos: não é possível, nem a eles nem a ninguém, pessoas, pelo menos é essa a minha opinião, entender nada das coisas que verdadeiramente importam. Sobre elas, de qualquer modo, nada há que eu tenha escrito nem nunca haverá, pois que o saber que se lhes refere não é, como os outros, formulável em proposições. Antes, é o resultado de um comércio repetido com o que é a própria matéria desse saber, o resultado de uma experiência que com ela se partilha. Subitamente, tal como a luz aparece quando a chama irrompe, esse saber produz-se na alma, e alimenta-se sozinho de si próprio..."[16]

....

15. Karl Jaspers, *Psychologie der Weltanschauungen*, Berlim, Springer, 1925, p. 378.
16. *Lettres VII*, 341 b d, trad. fr. Robin; *Oeuvres de Platon*, Bibliothèque de la Pléiade, t. II, p. 1209.

Os diálogos de Platão expõem a dialética de Platão, tal como ela se constitui no decorrer das conversas entre Sócrates e seus discípulos. Mas a dialética dos diálogos não é a verdadeira dialética, é apenas a sombra dessa dialética, prosseguida na obscuridade e no silêncio, que seria a aventura platônica, a experiência de Platão com a verdade. Aqui, cada um fica entregue a si próprio. Se Platão nada disse, foi porque se tratava de um segredo que não lhe pertencia. Ou melhor, é preciso admitir que Platão pertence ao seu segredo. Por isso, esse segredo só tem sentido para o próprio Platão. Supondo a hipótese absurda de Platão ter vindo a se tornar senhor dele, essa descoberta não teria interesse para os outros, pois cada discípulo teria que enfrentar a sua verdade, como Platão enfrentara a dele.

O sentido da verdade, para cada homem, é a sua luta pelo absoluto, a sua luta contra o absoluto. É essa vocação e invocação do absoluto que constitui para cada homem o seu princípio de identidade, impõe a cada um o selo do segredo. Essa é a nossa condição, de modo que só podemos nos aproximar da verdade universal dentro da perspectiva de uma relatividade generalizada. Daí a impossibilidade de um ensinamento universal da verdade. O pensador que julga tê-la denominado e ter conseguido colocá-la ao alcance de todos demonstra, com essa convicção, que não sabe o que é a verdade. Platão não cometeu esse erro, mas Kierkegaard teve razão ao censurar Hegel por se ter julgado detentor de uma certeza definitiva e universal. A pedagogia autêntica não é tão simples: "Deter um homem na rua e falar com ele não é tão difícil quanto ter que dizer uma coisa qualquer a uma pessoa que passa, sem nos determos, nem deter o outro, sem querer obrigá-lo a seguir o nosso caminho, mas, pelo contrário, insistindo para que ele siga o seu: esta deve ser a relação de um ser existente com outro ser existente, quando a mensagem se refere à verdade, como interioridade de existência."[17]

Percebemos aqui quanto o espaço pedagógico da aula, da sala de aula, se presta a um outro sentido. Este campo escolar

---

17. Kierkegaard, *Post-scriptum aux miettes philosophiques*, edição citada, p. 185.

orientado em função da cadeira do magistério sugere uma distribuição da verdade pelo ministério da palavra docente e segundo o princípio dos vasos comunicantes. O rápido esboço de Kierkegaard nos faz ver que a situação real é totalmente diferente. Longe de dominar os alunos do alto de seu saber, o mestre autêntico, consciente da impossibilidade de sua tarefa, hesita em tomar a palavra, porque a palavra não lhe pertence. A verdade é traída toda vez que se pretende ensinar a verdade. "É calando que falamos, ensina Angelus Silesius. Homem, se quiseres exprimir o ser da eternidade, tens primeiro que renunciar a qualquer palavra."[18]

Grande número de professores, a maior parte sem dúvida, hesitaria em reconhecer no silêncio a última palavra e a primeira de seu ensino. Confortavelmente instalados na pequena ilha da sua especialidade, olham para a verdade como o gerente de uma grande loja com múltiplas sucursais para o conjunto da rede de distribuição de que faz parte. Trata-se, para eles, de repartir o saber que detêm, e bastam-lhes os problemas técnicos: como fazer para que o maior número de alunos da classe alcance a média em inglês ou matemática. Mas também aqui a técnica oculta a metafísica. Não basta ignorar a metafísica para suprimi-la, como não basta à criança fechar os olhos para ficar escondida dos olhos dos outros.

---

18. Angelus Silesius, *Le pèlerin chérubinique*, trad. fr. Plard, II, 68, Aubier, 1946, p. 121.

6. *Patologia da mestria*

Sustentar que o mestre autêntico é mestre da comunicação indireta e do silêncio é sustentar que sua ação é impossível, pois implica uma contradição. É isso que Platão confirma à sua maneira, ele que toda a vida ensinou, quando declara nunca ter desvendado o seu verdadeiro pensamento. Tal como Kierkegaard, depois de ter terminado os estudos de teologia, não pode se decidir a aceitar um cargo de pastor, assim o mestre digno desse nome afastaria as responsabilidades impossíveis do magistério. A ação do mestre só pode se realizar com imperfeição, e é talvez isso o que Santo Agostinho e Santo Tomás de Aquino pretendem dizer, quando afirmam a insuficiência derradeira de todos os mestres humanos. Só Cristo, segundo eles, pode ser chamado Mestre. Os partidários da morte de Deus em pedagogia podem, pelo menos, reter desta tese a qualificação de todos aqueles que pretendem se revestir de uma infalibilidade docente.

O mestre autêntico seria, pois, aquele que, reconhecido como tal pelos outros, se recusasse a si próprio uma qualificação da qual se sabe, na mais funda sinceridade, essencialmente indigno. Mas é grande a tentação de ceder à solicitação alheia e de se deixar persuadir, pela adesão de uma classe ou de um público. Aquele que luta solitário pela vida espiritual, a partir do momento em que a aprovação e o êxito venham consagrar o seu empreendimento, corre o risco de perder a partida no mesmo instante em que julga tê-la ganho. A função do mestre é obra pessoal de edificação e de realização, ao passo que o êxito consegue um triunfo social que provém de políticas externas. A aprovação dos outros atinge-nos, porque julgamos encontrar nela um critério de validade, como se os outros tivessem mais autoridade que nós para reconhecer o que é verdadeiro, bom e belo. Seria, contudo, estranho que outra pessoa pudesse decidir melhor do que eu se verdadeiramente respondi à questão que é minha.

Entretanto, na maioria dos casos, o interessado pretende apenas acreditar no que os outros lhe dizem, logrando assim sua vocação. Todo êxito supõe, pelo menos, a ameaça de um mal-entendido. O choque como retorno da aprovação dos outros gera uma auto-satisfação que produz, por sua vez, uma desmobilização da exigência íntima. É por isso que a virtude do autodomínio continua pura naqueles a quem a consagração social não for outorgada. Cézanne lutou até seu último dia, como Gauguin ou Van Gogh, porque os comerciantes de arte e os amadores recusavam pinturas que rompiam a tradição. O mesmo não aconteceu a Corot que, com o sucesso, passou a produzir uma série de quadros conformes ao gosto do público. Kierkegaard, Schopenhauer, Sócrates ou Nietzsche apóiam-se na incompreensão quase geral. Mestres não reconhecidos por sua geração serão mestres das gerações futuras.

A graça da falta de êxito não é dada a todas as pessoas, e, aliás, o malogro também não constitui um sinal de gênio. Não basta ser ignorado para ser genial: a verdade é outra. Tudo se passa como se a aprovação generalizada tivesse por conseqüência deslocar a questão do domínio propriamente espiritual para o domínio social. Aquele que os outros aprovam não pode deixar de aprovar-se a si mesmo. Como não estar satisfeito consigo, como não se dar razão, quando os outros no-la dão? Seria preciso uma espécie de heroísmo para recusar o próprio êxito e perseverar na procura, no próprio instante em que o consentimento mais ou menos universal nos certifica de que encontramos. O êxito torna-se, então, a forma mais sutil do malogro, para o homem finalmente liberto de sua angústia e solidão. Daí em diante, a sua finalidade será o êxito, muito mais que a afirmação. E a maior parte daqueles que visaram à afirmação, sem dúvida, só procuraram o êxito. E àquele que lhe negasse qualquer força convincente, que outro sinal restaria da capacidade atingida?

A situação parece sem saída. O escritor, o pensador, o artista que só conhecem o insucesso, se continuam sua obra, é na esperança de que um dia obterão o reconhecimento dos homens. Stendhal conta com os leitores de 1880 para vingá-lo da indiferença de seus contemporâneos. Cézanne provavelmente nunca teria sido Cézanne se, desde o início, os negociantes de quadros tivessem disputado suas telas. Kierkegaard ou Nietzsche, aplaudidos desde seus primeiros escritos, não teriam perseverado em suas pesquisas que se aprofundam tanto mais quanto as souberam e quiseram intempestivas. A popularidade é má conselheira. Desencoraja a obstinação no trabalho, pois que só na solidão merece ser recomeçada uma partida perdida. O ator em moda, o escritor, a partir do momento em que se julgam lançados, estão, na maior parte dos casos, definitivamente perdidos.

Esta indecisão fundamental corresponde a um dos dramas secretos da mestria. Entre o mestre autêntico e a falsa testemunha não existe, talvez, outra diferença: o verdadeiro mestre duvida da sua capacidade mesmo quando ela é unanimemente reconhecida por aqueles que o cercam. Todo êxito se baseia num mal-entendido; cobre a face do homem que busca a sua verdade com a máscara daquele que os outros julgam descobrir nele. A tentação será, então, abandonar a realidade da pessoa pelas ilusões do personagem. Tal como se argumenta tradicionalmente a favor da existência de Deus pela prova do consentimento universal da humanidade, acontece que o mestre representa o papel de um Deus que duvida da sua divindade, mas se deixa persuadir pelos homens que estão convencidos dela.

É, no entanto, difícil, talvez impossível, resistir à pressão da popularidade, do dinheiro, dos aplausos, do respeito. O homem mais preocupado com sua integridade, se quiser esquivar-se de influências que constituem ameaças para sua vocação, irá se condenar a uma perpétua fuga diante de sua sombra. E a sombra acabará por devorar o homem real. O romancista inglês Graham Greene contou a história de um arquiteto ilustre, esmagado por sua glória, consciente de que esta é absurda e a nada corresponde. Acaba por se refugiar no interior da África, numa aldeia de leprosos, sem contudo conseguir fugir ao seu destino. Ninguém acredita em seus protestos, que parecem, ao contrário, aumentar seu prestígio e sua autoridade. Ao morrer, completamente desesperado, só o médico do leprosário parece tê-lo compreendido e diz, à guisa de oração fúnebre: "Estava curado de tudo, menos do seu êxito. Mas ninguém pode curar-se do êxito, como ninguém pode devolver os dedos aos mutilados que trata. Mando-os para a cidade, e as pessoas observam-nos nas lojas e nas ruas, seguem-nos com o olhar e chamam a atenção dos outros, quando passam. O êxito é isso: é a mutilação do homem natural."[1]

O drama da vedete de cinema ou de teatro, vítima de sua popularidade, aparece todos os dias nas grandes revistas e jornais. Aquele ou aquela que se tornaram, pela utilização de técnicas apropriadas, ídolos do público, acabam geralmente por sucumbir ao peso desta alienação de uma personalidade medíocre num personagem prestigioso. O mestre autêntico, porque possui uma consistência real, consegue resistir melhor ao feitiço de seu próprio fantoche. É capaz de se distanciar em relação a esse conjunto de representações coletivas que uma conspiração apressada e interessada pretende lhe impor. O general De Gaulle, nas suas memórias, fala às vezes de "De Gaulle" na terceira pessoa, dando a entender que nesta ou naquela circunstância o homem público, o grande homem em que os desejos da nação se afirmaram e reconheceram, toma o lugar do homem real e de seus próprios pensamentos. Mas não se deixa iludir; mesmo se tem que aparecer sob a forma de uma figura de palco, sabe que essa imagem é a sua imagem. Representa um papel pelas necessidades da causa, mas, sabendo que representa um papel, não se identifica com ele. Esta

....

1. Graham Greene, *La saison des pluies*, trad. fr. Sibon, Robert Laffont, 1960, p. 308.

é, sem dúvida, a diferença, não pequena, entre Charles de Gaulle e Brigitte Bardot: De Gaulle não está convencido de que é De Gaulle, enquanto Brigitte Bardot está convencida de ser Brigitte Bardot.

Em igualdade de circunstância, aliás, é mais fácil e tentador ser Brigitte Bardot que ser De Gaulle. Mas o mestre está em situação de vedete. Pouco importa que seu público seja de trinta, de trinta mil ou de trinta milhões de indivíduos. Está exposto aos olhares: se oferece como modelo e como exemplo; vive da popularidade e da impopularidade. Existe para os outros e sua tentação permanente é ver-se como é visto, ou antes, como gostaria de ser visto. Daí a constante ameaça de uma insinceridade, de uma impureza, à qual nem mesmo os melhores sabem escapar sempre. A implacável frase de Nietzsche cabe perfeitamente aqui e, segundo ela, todo grande homem seria o símio de seu próprio ideal. Em outras palavras, o mestre macaquearia a mestria. Representaria para seu público uma peça complicada de enganador enganado, em que nunca se sabe ao certo quem engana quem, e quando.

A perspectiva assim aberta não é agradável. Naturalmente temos respeito pelo mestre, e é repugnante pegar um homem exemplar numa postura inautêntica. Conta-se que Winston Churchill, no tempo de sua maior glória, tinha sempre um charuto de reserva, para o caso de ser fotografado, e poder, desse modo, oferecer-se à contemplação das massas na sua postura predileta. Se esse episódio não tem muita importância, já é mais inquietante o que Alain confidenciou a um discípulo: "Alain me disse um dia – 'Quando estava na Escola, andava sempre com um livro de Platão debaixo do braço. Nunca o abria, mas não era isso que importava. Diziam: Oh, quem conhece Platão é Chartier (...).' Disseram-me que em Pontivy ele fazia o mesmo com Aristóteles."[2] Chartier, já aluno da Escola Normal, prefigurava Alain, o mestre exemplar, talvez já demasiado consciente de sua exemplaridade.

....

2. R. Cotard, *Bulletin de la Société des Amis de l'École Normale Supérieure*, junho de 1960, p. 18.

Do professor primário ao professor universitário, todo membro da função docente é um personagem. A cátedra faz com que o docente apareça como vedete. Nela, representa seu papel de dispensador de sabedoria e de saber diante de um público persuadido de sua superioridade. Como o ator romano que, representando o papel de mártir cristão, acabou por ser mártir da fé que simulava, o professor corre o risco de se identificar com uma verdade da qual é apenas porta-voz. Tal é, em suma, a aventura especulativa de Hegel, cuja envergadura intelectual domina uma boa parte do século XIX ocidental. O professor, segundo Hegel, exerce o sacerdócio do absoluto, como bom servidor do Estado do qual é o mais firme sustentáculo, pois a razão do filósofo hegeliano não é mais do que uma perpétua razão de Estado.

Nada mais significativo do que os resultados obtidos pelo ensino desse profeta do Estado, sustentado pelo Estado. Os bons alunos de Hegel recitaram a lição de Hegel, simples repetidores do espírito absoluto, definido pelo mestre absoluto, ao qual seria inútil pretender ajuntar o que quer que fosse. Mas os melhores alunos de Hegel acabaram por se levantar contra o ídolo, encontrando sua própria verdade na denúncia de qualquer pretensão totalitária à verdade. Kierkegaard e Marx, o defensor do individualismo cristão e do pensamento existencial tanto quanto o crítico político, fundador do socialismo científico, tiveram como ponto de partida a recusa do pontificado hegeliano. Em 1860, Feuerbach, outro discípulo revoltado, denuncia a idolatria reinante: Hegel é "o ideal realizado, o modelo de um professor alemão de filosofia, de um profissional filosófico. O Espírito absoluto é idêntico ao professor absoluto"[3]. Schopenhauer, em 1850, havia publicado um panfleto *Sobre a filosofia universitária*. A filosofia do Estado ensinada por professores de Estado, vítimas de seu próprio personagem, assegura sem oposição possível o imperialismo do professor. Mas o pensamento autêntico "é uma planta que, como a rosa dos Alpes ou *edelweiss*, só pode

....

3. Feuerbach, Carta a Bolin, 1860, citada em H. Arvon, *Ludwig Feuerbach ou la transformation du sacré*, P.U.F., 1957, p. 5.

crescer ao ar livre da montanha; morre sob cuidados artificiais. Esses representantes da filosofia na vida burguesa representam-na como o comediante representa o rei"[4].

É o emburguesamento da filosofia e sua funcionalização que se encontram na origem das ilusões do mestre. O aparelho administrativo fornece-lhe os meios de impor uma autoridade que a si própria confere os próprios critérios, graças ao sistema de composições, exames e concursos, em que os alunos e candidatos de toda espécie são obrigados a *jurare in verba magistri*. Repetindo em eco a palavra do mestre, o discípulo faz diante do mestre, para sua maior satisfação, a prova da existência do mestre. Não lhe é possível proceder de outro modo, e imagina-se facilmente a reação do mestre diante do qual um candidato qualquer empreendesse, por erro, confusão ou má vontade, a demonstração da existência de um mestre diferente. Também na Universidade ninguém pode servir a dois senhores e não é por acaso que o estudante de medicina ou de ciências chama seu professor de patrono, evocando uma subordinação quase material, uma hierarquia de fidelidade e de serviços.

A mesma situação se encontra, aliás, em todos os compartimentos do saber. A posição de mestre, na medida em que é uma situação primeiro a adquirir e depois a defender, representa o fulcro essencial da tática e da estratégia universitária, desde a escola primária à faculdade. No campo filosófico, a França do século XIX possui um equivalente de Hegel em Victor Cousin, que, se foi modestamente inferior a seu simétrico alemão no que concerne à especulação pura, compensou e ultrapassou essa deficiência, por um agudo sentido da administração. Cousin reinou sem contestação possível por meio século do pensamento francês. Para abatê-lo foi necessário a revolução de 1848, que, se o privou dos lugares oficiais e das múltiplas honrarias, não apagou sua influência, que se prolongou até nossos dias, graças a uma inércia da velocidade adquirida.

Jules Simon, lúcido aluno de Victor Cousin, esboçou o retrato desse homem surpreendente que fez da vida universitária

....
4. Schopenhauer, *Ueber dir Universitatsphilosophie, Parerga und Paralipomena*, Werke, Berlim, Weichert Verlag, t. IV, p. 142. [Trad. bras. *Sobre a filosofia universitária*, São Paulo, Martins Fontes, 2001.]

um meio para chegar a uma verdadeira ditadura intelectual. Professor, diretor da Escola Normal, presidente do júri de concurso e dos júris de doutoramento, dominou também o Conselho superior da instrução pública, a Academia Francesa e a Academia de Ciências Morais. Simultaneamente, durante algum tempo, foi ministro. O mestre detém o poder absoluto, com todos os meios necessários para realizá-lo. "O ensino da filosofia, escreve Jules Simon, estava inteiramente nas mãos de Cousin (...). Cousin dizia que os professores de filosofia formavam o seu regimento. Mas o coronel desse regimento era marechal da França."[5] "Autoritário, diz ainda Jules Simon, conhecia o nome e a ficha de todos os seus soldados."[6] Cousin não era um homem sem valor. Dotado de uma grande capacidade de trabalho, erudito respeitável, exerceu em diversos campos uma influência digna de crédito. Mas a influência que mais o interessava era a ação direta do homem sobre o homem, para a qual mobilizava as pressões mais radicais. "Em uma palavra, escreve seu antigo aluno, era um mestre, e que mestre! Penso hoje que não o reconhecemos como deveríamos. Os traços inferiores do seu caráter não nos deixaram ver os seus aspectos superiores."[7]

Infelizmente, podemos pensar que os "traços inferiores", a despeito da indulgência tardia de Jules Simon, eram superiores aos superiores. A mesma testemunha nos diz que seu grande homem "considerava todos os professores de filosofia como encarregados de transmitir as suas palavras". Todos os anos dava um curso aos alunos de terceiro ano da Escola Normal "a fim de que os futuros professores seguissem as suas idéias. Indicava-lhes expressamente os seus livros, que deveriam tomar como base das suas aulas. Obtinha depois informações dos inspetores gerais, e, quando um recalcitrante ou um hesitante ia a Paris, era recebido e tratado segundo seus méritos"[8]. Dois discípulos do mestre foram por ele escolhidos

---

5. Jules Simon, *Victor Cousin*, Hachette, 1887, p. 81.
6. Ibid., p. 95.
7. Op. cit., p. 91.
8. Op. cit., p. 116.

para compor um breviário de sua filosofia para o uso das classes: "Quando a revolução de fevereiro veio pôr termo à dominação de Cousin, eles estavam ocupados, sob sua direção, em compor um manual de filosofia elementar, onde só entravam passagens dos seus diversos livros, bem coordenadas entre si para constituírem um sistema regular, completo e impecável. Este manual teria sido autorizado oficialmente e imposto oficiosamente. A filosofia teria tido seu catecismo. Tinha o seu bispo."[9]

Esses pormenores não têm somente um interesse documental e retrospectivo. A personalidade singular de Cousin esclarece de uma maneira exemplar o desvio mais habitual da força do mestre. "Todo o segredo da sua vida, resume Jules Simon, é que Cousin amou e cultivou sobretudo a política da filosofia."[10] Essas palavras têm longo alcance. Evocam, por antecipação, a célebre expressão de Péguy sobre a decadência da mística em política. Muitas existências universitárias são assim minadas interiormente pela tentação da autoridade e dos seus prestígios, mesmo que nem todos diante delas sucumbam. Todo mestre reconhecido traz em si a sombra de um potentado. É certo que Cousin talvez tenha salvo a filosofia francesa, ameaçada, no início do século XIX, pela conjuração da Igreja e do Estado. Mas é dificilmente negável que Cousin tenha esterilizado, por mais de cem anos, a filosofia universitária francesa, de tal modo que o saldo final acaba por ser deficitário.

Esta oração fúnebre de Victor Cousin provavelmente não chocará ninguém. Dispensa-nos de fazer a oração fúnebre de muitos outros mortos e vivos ilustres. Se houve, para Cousin, uma política da filosofia, há também uma política da geografia, da história, dos estudos franceses ou ingleses, da biologia ou da medicina. Cada departamento do saber é um espaço fechado do qual os diversos mestres na matéria disputam o controle. O desejo de poder habita também os sábios, sejam eles quais forem. A autoridade de seu saber só é real se se im-

---
9. Op. cit., p. 117.
10. Op. cit., p. 178.

põe a outros. Nada mais fácil que confundir a autoridade do homem com a da função que exerce; também a função, os cargos só são o sinal e a consagração do valor do homem. É necessário uma humildade singular e muita grandeza de alma para resistir aos prestígios do nosso próprio poder. Para alguém que não é muito seguro de si, a imposição aos outros é ainda a melhor maneira de impor-se a si mesmo.

Alunos, estudantes, mesmo quando não se sentem envolvidos no jogo dessas feudalidades, não podem tomar uma exata consciência de uma situação que os ultrapassa. O respeito natural pela hierarquia estabelecida assegura uma eminência fácil ao mestre do qual dependem suas carreiras. Em 1904, Bergson faz o elogio de Ravaisson, seu antigo professor, de quem era o sucessor na Academia de Ciências Morais e Políticas. Evocando as doutrinas desse distinto continuador do espiritualismo de Victor Cousin, Bergson afirmou: "Nenhuma análise pode dar uma idéia dessas admiráveis páginas. Vinte gerações de alunos souberam-nas de cor."[11] Thibaudet ensombrou essa magnífica homenagem limitando-se a comentar: "E tinham razão para isso, porque Ravaisson era o presidente do júri do doutoramento em filosofia..."[12] Seria injusto e muito simples acusar Bergson de lisonja retrospectiva, mesmo com a circunstância atenuante da oração fúnebre. A natureza humana é tal que, por harmonia preestabelecida, o candidato normal professa com toda sinceridade a maior estima e deferência pelos membros do júri. E suas principais obras, suas idéias favorecidas se inscrevem com uma excelente facilidade nas reservas de sua memória.

É claro que também aqui não é só a filosofia que está em causa. Como nas corporações medievais, o serviço dos mestres é, em todos os campos, o caminho imposto para alcançar o domínio. E, se alguns Rastignac agem cinicamente, a maior

....

11. Bergson, "La pensée et le mouvant", *Oeuvres*, ed. du Centenaire, P.U.F., 1959, p. 1468.
12. Thibaudet, *Histoire de la littérature française de 1789 à nos jours*, Stock, p. 403. Cito a aproximação feita por J. F. Revel, *Pourquoi des philosophes?*, Julliard, 1957, p. 57.

parte dos alunos aceita seu destino com uma dose variável de candura e habilidade, esperando a ocasião de impor por sua vez a sua própria disciplina aos discípulos futuros. Assim se abre a possibilidade de uma espécie de geografia humana da vida intelectual e universitária, ou de uma economia política em que se destacariam os feixes dos sistemas de influência e lugares de segurança que confeririam o controle de um espaço epistemológico determinado. Os postos-chave serão, neste caso, as cátedras na Sorbonne, a Inspeção geral, as direções de trabalhos, as presidências de júri de doutoramento ou licenciaturas, as comissões oficiais do Ministério e do Centro Nacional da Investigação Científica, as grandes revistas, a atribuição de subvenções, as diversas Academias... Uma sábia estratégia, fatores oportunos ajudam a progredir pouco a pouco nos fins e meios desta seleção artificial que permite primeiro uma afirmação e depois a duração até uma idade avançada.

Ora, são geralmente os medíocres que travam essa batalha com mais paixão e tenacidade. Os melhores nem sempre estarão isentos de certos compromissos com o sistema, mas têm outras coisas a fazer, e o seu trabalho, sua ocupação de predileção os absorve. Mas aqueles que, ao contrário, são corroídos pelo obscuro pressentimento de serem fracassados encontram na consciência do seu nada o princípio de sua carreira. A esterilidade, a preguiça são incitações maiores ao domínio sobre os homens. Quem não é capaz de edificar uma obra se constrói uma carreira, segundo as vias e os meios de uma arte do arrivismo progressivo. A vida literária, artística e universitária abunda destes Maquiavéis menores, potentados ou tiranos, que preferem ser reis dos seus remos a ser duques de outros e que devem o melhor de seu prestígio e poder a uma diplomacia secreta maduramente refletida e finalmente triunfante.

O leigo talvez se espante em saber que no mais alto nível do ensino francês, na Sorbonne tanto como no Colégio de França, o recrutamento de professores é feito baseado num sistema eletivo, exatamente como na Academia Francesa ou, mais geralmente, no Instituto. Ora, sabemos que este gênero de nomeações controladas é particularmente apreciado por aqueles que, não podendo contar consigo mesmos para adquirir notoriedade, gastam paciência e habilidade em abundância para conquistar essa espécie de título de nobreza intelectual. Existindo um corpo que se recruta por cooptação, o problema consiste em obter um lugar, conquistando votos. A operação não ultrapassa os limites humanos, pois o número de eleitores não vai além de algumas dezenas. O homem prudente passará alguns anos conquistando um por um os votos favoráveis, empregando meios apropriados para cada personalidade considerada. Evidentemente, há infinitos matizes, que vão do respeito à admiração, da lisonja à servidão. E o maquiavelismo mais sutil é aquele que, mediante uma judiciosa restrição mental, continua inconsciente de seus próprios processos. O bom candidato é o que sabe conciliar a alma do camaleão com a prudência da serpente, mantendo sempre a candura de uma criança.

Também não deixa de ser verdade que nosso ensino superior recruta na base de uma sociologia eleitoral bastante estranha, que é preciso ter a coragem de dizer. Um matemático francês, que leciona em Chicago, denunciava o sistema, há alguns anos, falando da Faculdade de Ciências: "Como é o conjunto de uma Faculdade que vota cada nomeação, todas as especialidades reunidas (desde a matemática até a botânica), é necessariamente, para cada caso, uma maioria de incompetentes quem decide."[13] O candidato tem que se apresentar a esses incompetentes, um por um, e tem que procurar impressioná-los o melhor possível: "Na França, não se oferece uma cadeira a um sábio, por mais ilustre que ele seja. É preciso que ele faça suas visitas de candidatura, formalidade destinada principalmente a permitir àqueles a quem postula seus sufrágios julgar a flexibilidade de sua coluna vertebral."[14] E o matemático acrescenta: "Na Inglaterra, uma visita de candidatura seria suficiente para desqualificar imediatamente um candidato..."[15]

Visivelmente ferido, o autor em questão pergunta como é que se pode evitar esta "lei da cooptação dos medíocres". Mas

---

13. André Weil, *Science française?*, N.R.F., 1955, p. 104.
14. Ibid., p. 103.
15. Ibid., p. 107.

não tem nenhuma ilusão: "Seria preciso aí um ato de autoridade, que depararia com a mais violenta resistência da maioria dos universitários franceses, dos professores do Instituto, do Colégio de França, dos corpos constituídos e de personalidades das quais há o costume de só se falar em público num tom de profundo respeito. Talvez não fosse preciso senão um pouco mais de coragem do que a necessária para favorecer os destiladores de aguardente contra os interesses dos viticultores."[16] De fato, a situação é ainda mais desesperadora pois a causa dos destiladores de aguardente é a do alcoolismo, e apesar de tudo ainda há pessoas suficientemente corajosas para denunciar o alcoolismo. Enquanto o ensino superior representa a cultura, e o audacioso que o atacasse seria imediatamente acusado pelos titulares de ameaçar essa cultura de que eles são os representantes, eleitos e eleitores.

Todavia, é evidente que o professor de zoologia comparada não tem qualificação que lhe permita escolher um professor de física nuclear, como o especialista de história medieval não tem nenhuma autoridade para designar um professor de japonês ou de árabe. Este modo de recrutamento favorece os tráficos de influência, os favores e as prestações de serviço. A política, a religião e a irreligião fornecem motivações que são, na maioria dos casos, determinantes; na Universidade, como na sociedade em geral, o Vermelho e o Preto continuam vias de acesso privilegiadas e meios de alcançar uma situação. No entanto, talvez esta não fosse melhor se a eleição fosse reservada só aos professores competentes e se o candidato fosse escolhido apenas pelos seus pares.

É por isso que, por mais deplorável que seja esta constatação, é preciso admitir que só o mérito e o valor pessoal não são suficientes para se obter sucesso. Um professor respeitado e honrado teve, para fazer carreira, que trair ao menos uma vez. Lucien Febvre cita uma carta do historiador Gaston Roupnel em que este confessa sua desilusão a respeito do honesto e genial Michelet: "Gostava tanto dele! Acreditei tanto nele!... Mas

....
16. Ibid., p. 105.

meu terrível amigo Mathiez mostrou-me uma carta escrita por Michelet em 1827 ou 1828 (?). Ao ler essa carta, de uma mediocridade e arrivismo sem pudor, meu ídolo caiu por terra."[17]

Todo homem que triunfou é um homem que subiu. Por isso as personalidades já colocadas têm tendência a dificultar a ascensão daqueles que possam vir a ser para eles rivais perigosos, suscetíveis de eclipsar sua própria e legítima glória. Assim, se favorece a mediocridade reconhecida, da qual nada se teme e que, pelo contrário, destacará, por sua nulidade, o valor dos colegas. O mérito e a autoridade pessoal intervêm como razões de impedimentos e motivos de eliminação. Que aconteceria se Sartre fosse candidato à Sorbonne ou ao Colégio de França? Veríamos conjugarem-se contra ele todas as boas razões e todas as boas vontades para lhe impedir a entrada. A Sorbonne, em outra época, não aceitou Bergson. Merleau-Ponty teve que forçar as portas, e sua eleição ao Colégio de França teve fortes oposições, que nos admiramos que não tenham prevalecido. Inversamente, é muito natural que o sociólogo e austero moralista que foi Durkheim encontrasse em seu genro todas as qualidades necessárias para continuar sua obra e sucedê-lo com o apoio amigo de seus colegas. Este caso está longe de ser o único: o princípio eletivo confunde-se às vezes com o princípio hereditário em linha direta ou indireta. Todos os pais de família preocupados com sua prole os compreenderão.

A defesa das posições adquiridas contra eventuais recém-chegados é apenas um aspecto da polêmica universitária. Esta se completa com uma estratégia dirigida contra o colega ao lado. Todos conhecem, nos campos mais diversos, essas lutas inexoráveis entre colegas inimigos que disputam o controle desta ou daquela esfera de influência. As rivalidades pessoais se camuflam naturalmente em oposições doutrinais e a con-

---

17. Gaston Roupnel, carta a F. Braudel (1944), citada por Lucien Febvre, *Combats pour l'histoire*, A. Colin, 1953, p. 390; cf. ibid., p. 376, estas linhas de Febvre a propósito do geógrafo Jules Sion: "tendo encontrado numa região bonita, em Montpellier, uma cátedra de geografia que lhe agradou, nunca fez a menor diligência para trocá-la por uma cátedra em Paris. Também, como se calcula, ninguém as fez por ele. Nunca se peça a ninguém virtudes sobre-humanas".

corrência dos desejos leva normalmente à sobrevivência do mais apto. No tempo da escolástica medieval, os mestres antagonistas excomungavam-se mutuamente sob pretexto da ortodoxia teológica. Mas, hoje, a situação não é totalmente diferente, como o demonstra o célebre caso Lyssenko, ocorrido na Rússia soviética. Aparentemente, o debate tratava da teoria biológica em suas relações com a ortodoxia marxista; de fato, era um acerto de contas entre professores inimigos, em que todos os meios eram válidos para desqualificar o adversário. Lyssenko obteve a eliminação de seus concorrentes, fazendo intervir as altas instâncias do Partido, exatamente como um grande doutor medieval podia triunfar mobilizando a hierarquia e os tribunais eclesiásticos.

É verdade que, se Lyssenko não hesitou em recorrer ao braço secular do poder stalinista para impor sua supremacia à biologia soviética, os cálculos a longo prazo não estavam corretos. A tirania, na ordem do saber, só prevalece por pouco tempo, e o último juízo da história raramente é favorável ao usurpador. Para honra do espírito humano, é justo salientar que alguns sábios de altíssima envergadura nunca manifestaram o sentido da propriedade e o exclusivismo que marcarão para sempre o nome de Lyssenko.

Darwin carregou durante vinte anos a idéia mestra da *Origem das espécies* antes de se decidir a publicar, em 1859, o livro que deveria imortalizá-lo. O sábio inglês confiou suas idéias a amigos que o pressionavam para apressar a redação de uma obra muitas vezes retomada. Entrementes, em 1858, Darwin recebeu, de seu amigo Alfred Russell Wallace, viajante, naturalista e geógrafo, que se encontrava na Malásia, um estudo intitulado: *Sobre a tendência das variedades para se afastarem do tipo original*. Imediatamente, Darwin reconheceu no ensaio de Wallace as mesmas idéias em que havia tanto tempo pensava.

Imediatamente Darwin insistiu para que Charles Lyell, ilustre geólogo, seu amigo e confidente, publicasse o texto de Wallace que foi apresentado por Lyell e Hooker na *Linnean Society* e apareceu nos registros da Sociedade. Lyell e Hooker, no entanto, acrescentaram um prefácio insistindo no fato de ter sido Darwin quem teve a iniciativa dessa difusão: "Aprovamos entusiasticamente essa diligência, dizem eles, com a condição de Darwin não recusar ao público, como estava inclinado a fazer, a favor de Wallace, o que ele próprio escreveu sobre o mesmo assunto. Esses escritos foram lidos por um de nós em 1844 e estamos os dois na posse confidencial de seu conteúdo há muitos anos. Apresentamos isso a Darwin e ele nos permitiu fazer de seus escritos o uso que nos parecesse conveniente..."[18]

Foi nessas condições que foi publicado o primeiro texto de Darwin relativo à teoria da evolução. A posteridade que, por necessidade de simplificação, deu a Darwin o título de pai da teoria evolucionista, talvez tenha sido injusta com Wallace; mas Darwin nada fez para usurpar a glória alheia, e o seu caso é suficientemente raro, mesmo em se tratando de um autêntico gênio, para merecer ser registrado. Acontece assim de a pesquisa da verdade não ser somente, não ser mesmo uma luta por supremacia ou vantagens pessoais. O filósofo Husserl, cuja obra em sua maior parte estava inédita enquanto estava vivo, soube um dia que uma parte de seus manuscritos tinha se queimado num incêndio. E, como seus familiares deplorassem esta perda irreparável, Husserl respondeu: "Não se preocupem, trata-se da verdade, e a verdade acaba sempre por ser conhecida."

Darwin e Husserl trabalharam pela verdade e não por Charles Darwin ou Edmond Husserl. Recusaram-se a lutar pela supremacia, por uma falsa glória que os deixava indiferentes. Por isso se compreende bem por que, nas lutas pela supremacia, nem sempre é o melhor que ganha, mas o mais hábil e o mais tenaz. Muitas vezes o mestre oficial desta ou daquela disciplina confunde o interesse da ciência ou da arte, no campo de sua competência, com o seu próprio interesse. É esta a razão pela qual as diversas academias, criadas para encorajar o desenvolvimento das artes ou das ciências, funcionam na prática como conservatórios de situações adquiridas e se opõem obstinadamente a qualquer novidade que ponha em questão

....
18. *Life and Letters of Charles Darwin*, Londres, 1887, v. II, p. 115. Cf. T. K. Penniman, *A Hundred Years of Anthropology*, Londres, Duck Worth, 2.ª ed., 1952, pp. 103-4.

a hierarquia estabelecida. Aquele que ocupa uma posição de controlador ou de árbitro não conhece outra escala de valores que não seja a sua própria personalidade. Como disse Schopenhauer: "Ninguém pode ver o que está acima de si (...). Não podemos ver no outro mais do que somos, pois cada um só pode interpretar e compreender o outro na medida de sua própria inteligência. Se esta for da pior espécie, nenhuma capacidade intelectual elevada a impressionará de nenhum modo..."[19]

Assim se explica o fato de que determinado cultivador das letras italianas, que alcançou o primeiro lugar de sua especialidade, tenha podido entravar durante vinte ou trinta anos o desenvolvimento dos estudos italianos na França, na opinião de observadores imparciais. Do mesmo modo, certo filólogo ilustre pôde impor sua vontade, década após década, graças a uma singular longevidade, ao conjunto da corporação. Os exemplos aqui seriam incontáveis. Em particular, quando se trata de campos técnicos, em que se emprega um pessoal restrito (o caso do chinês ou do berbere na França), a autoridade administrativa tem que confiar no mestre que se soube impor: suas opiniões serão leis; será ditador no seu campo de estudo.

Bem entendido, esses ditadores são frágeis. A soberania desaparece quando um Mestre, aposentado ou morto, perde o controle do mercado intelectual. O ilustre indianista e filólogo Max Müller, de nacionalidade alemã, que fez uma brilhante carreira na Universidade de Oxford, analisa em sua *Autobiografia* a grandeza e a decadência da influência hegeliana na Alemanha. Max Müller começou os seus estudos na Universidade de Leipzig em 1841, dez anos depois da morte de Hegel, no momento em que a "febre hegeliana" começava subitamente a baixar: "O resultado, escreveu ele, era inevitável. O arco estava extremamente tenso e por isso a reação deveria vir, ou mesmo, como no caso do hegelianismo, uma total derrota. Mesmo em Berlim, a popularidade do hegelianismo acabou

---

19. Schopenhauer, "Aphorismes sur la sagesse dans la vie", *Parerga et Paralipomena*, trad. fr. Cantacuzène, 10ª ed., Alcan, 1914, p. 220. [Trad. bras. *Aforismos para a sabedoria de vida*, São Paulo, Martins Fontes, 2002.]

de repente e, após algum tempo, nenhum sábio digno desse nome deixava que lhe chamassem hegeliano. Esta súbita derrocada, na Alemanha, é instrutiva. Durante o tempo em que o professor alemão ocupa a cátedra e pode fazer alguma coisa por seus alunos, estes exaltam-no entusiasticamente em público e em particular. Não se contentam em celebrar, mas contribuem para diminuir todos os que dele se afastam. Assim aconteceu com Hegel e, mais tarde, com Bopp e Curtius e outros professores, sobretudo se tivessem o apoio do Ministério da Educação. Mas logo após sua morte, e particularmente quando se afirmava a influência de uma nova estrela, a mudança de tom era rápida e surpreendente..."[20]

Esta página de Max Müller atesta claramente que não há nada de novo sob o sol universitário. Basta modificar os nomes próprios para passar da realidade berlinense à realidade parisiense. Aliás, é impossível, neste campo, formular juízos absolutos. Todo mestre é um tirano em potencial, pois tem o poder para ser um tirano. A competência, o valor pessoal não implicam necessariamente a nulidade ou a plenitude, pois o melhor professor pode ter aspectos medíocres, e o medíocre aspectos válidos. Quem aliás pode julgar o juiz? Nem ele mesmo, nem os outros, pois, nesta matéria, nunca há consenso universal e não se sabe onde começa o abuso de confiança e o excesso de respeito. Só podem, pois, ser formulados juízos provisórios, estabelecidos de maneira hesitante e precária. O êxito, a reputação, a influência estabelecem-se geralmente com base em mal-entendidos, mas ninguém pode dizer com precisão quando e como acabariam os mal-entendidos.

Conseqüentemente, a sociologia da função do mestre comporta necessariamente uma larga parte de ironia. Observaremos que o mestre autêntico, cuja clarividência unanimemente reconhecida fez progredir sua especialidade, torna-se ele próprio um obstáculo a qualquer progresso ulterior. Os alunos que dependem de sua autoridade não são capazes de questio-

....

20. *My Autobiography, a Fragment,* pelo Excelentíssimo Friedrich Max Müller, Londres, Longmans Green, 1901, p. 128.

ná-la. Admiram o mestre e, conscientemente ou não, servem o patrão de quem depende a sua carreira. Marc Bloch, sábio de primeira linha, renovador dos estudos medievais, durante longo tempo não teve quem o criticasse na França; as críticas vinham-lhe da Bélgica, do outro lado da fronteira política e administrativa. Ao contrário, o grande historiador belga Henri Pirenne, profeta em seu país, só tinha quem o contradissesse na França... Nem Pirenne nem Marc Bloch, grandes espíritos um e outro, nem seus respectivos discípulos podem ser acusados de desonestidade. A linha de demarcação entre a boa-fé e a má-fé, entre a admiração autêntica e a auto-sugestão são impossíveis nestes casos.

Todo juízo sobre o mestre é um juízo provisório, revisto de tempos em tempos. Uma série de transições insensíveis conduz do mestre verdadeiro ao charlatão e ao impostor; e o mestre lúcido tem nítida consciência dessa possibilidade de impostura que existe dentro dele. Por isso raramente deixará de recolher os testemunhos de reconhecimento de seu próprio valor, como outras garantias contra a ameaça da dúvida. Se necessário, organizará sua própria propaganda e celebrará seu gênio, pois nunca somos tão bem servidos quanto por nós mesmos. O grande naturalista sueco Lineu deixou-nos uma espécie de salmo em seu próprio louvor, onde se lêem versículos deste gênero: "O próprio Deus o conduziu com seu braço onipotente. Foi Deus quem o fez crescer a partir de uma raiz enterrada na palha, quem magnificamente o transplantou para uma região longínqua, quem fez que ele crescesse como árvore imensa. Deus inspirou-lhe um amor tão ardente pela ciência que esta se tornou para ele a mais agradável das coisas. Deus quis que todos os meios possíveis existissem em seu tempo para que ele pudesse progredir (...). Deus deu-lhe o maior conhecimento da história natural, maior que o adquirido por qualquer outro. O Senhor esteve a seu lado em todos os lugares por onde andou, exterminou todos os inimigos que lhe surgiram e tornou seu nome tão grande como o nome dos grandes da Terra. Ninguém antes dele exerceu sua profissão com mais zelo, ninguém teve mais admiradores (...). Ninguém antes dele reformou uma ciência inteira e marcou uma época (...). Ninguém antes dele foi tão célebre no mundo inteiro."[21]

Estas espantosas litanias de um grande nome da ciência provam evidentemente que o espírito de Lineu estava inquieto, duvidava de si mesmo, que se preocupava com a mínima crítica e se interrogava incessantemente sobre o valor de sua vida. Note-se, aliás, que o maior rival francês de Lineu, Buffon, nobre naturalista e fidalgo do campo, estava imbuído de sua glória que lhe permitia tratar de igual para igual com os soberanos da Europa. Quando Buffon regressou à sua terra natal, mandou que os canhões disparassem em sua honra... Certamente, os méritos do gênio podem representar aqui o papel de circunstâncias atenuantes. O grande valor de Lineu e de Buffon oculta-lhes as baixezas embora não as desculpe.

Mas acontece também de as baixezas existirem sem a grandeza. Muitos se consideraram gênios sem que os contemporâneos ou a posteridade os reconhecesse. Richard Wagner conservou as declarações que lhe fez Spontini, cujas pretensões chegaram a ter lugar na crônica musical da primeira metade do século XIX: "Quando ouvi o seu *Rienzi*, declarou a seu jovem colega alemão, disse: 'é um homem de gênio, mas já fez mais do que poderá vir a fazer...' Depois de Gluck, fui eu quem fez a maior revolução da história da música com a *Vestal*. Em *Cortez* dei um passo a frente, depois três com a *Olympia* e cem com *Agnes de Hohenstaufen*, em que inventei um emprego de orquestra que substitui perfeitamente o órgão. Como quer você que alguém possa vir a inventar alguma coisa de novo, quando eu, Spontini, lhe declaro que não posso de maneira nenhuma ultrapassar minhas obras anteriores? Por outro lado, digo-lhe que, depois da *Vestal*, nunca mais se escreveu uma nota que não fosse roubada às minhas partituras. Na *Vestal* compus um tema romano; em *Cortez* um tema hispano-mexicano; em *Olympia* um tema greco-macedônico; finalmente,

....

21. *Notes manuscrites de Carl Linnaeus sur lui-même*, publicadas por Afzelius (1823) em: Knut Hagberg, *Karl Linné*, trad. fr. Hamman e Metzger, Je sers, 1944, pp. 172-3.

em *Agnes de Hohenstaufen* um tema alemão: todo o resto não vale nada..."[22]

Spontini não terminou a história da música, e Hegel não interrompeu a história da filosofia. E a suficiência de Spontini acentua ainda mais a sua insuficiência. A vaidade sem a categoria é ridícula, mas mesmo a vaidade com categoria inquieta e choca. Jean-Louis Barrault conta estas palavras terríveis que Paul Claudel lhe confidenciou cinicamente: "Minha vida foi um destino curiosíssimo. Consegui êxito em quatro carreiras diferentes: a diplomática, a de homem de negócios, a religiosa e, atualmente, a de autor dramático."[23] O homem que se refere dessa maneira à política, à finança, à religião e à literatura desacredita valores que parecem ter sido para ele meios mais do que fins. E, no entanto, talvez Claudel tenha dito alto o que muitos outros heróis de triunfos análogos pensem baixo. A frase célebre aplica-se também a eles: conseguiram êxito, mas em que estado...

Cada mestre talvez seja, quando visto de perto, a caricatura de um mestre. Ou ainda, talvez seja preciso admitir que ser mestre é uma espécie de graça fugidia, jamais adquirida definitivamente; é o momento de grandeza e pureza, logo questionado pela usura íntima das forças degradantes que ameaçam a humanidade do homem. O dignatário que se costuma tratar por "Mestre" talvez nunca o tenha sido senão por protocolo e convenção. Talvez o tenha sido em certos momentos de sua existência. Mas, apanhado na armadilha de sua própria superioridade, toma-se por autor das suas obras, como o novo-rico se convence da posse do seu dinheiro, fóssil sem vida de uma dignidade perdida. "Quantas vezes, escreve Mauriac, me aconteceu observar um velho encantador loquaz e sutil e enternecer-me como diante de uma colméia aparentemente abandonada pelo enxame, como diante de um pombal vazio de onde os belos versos tivessem voado dois a

---

....
22. Wagner, *Ma vie*, t. II, p. 101, citado em: Guy de Pourtalès, *Wagner*, N.R.F., 1951, pp. 139-40.
23. Citado por J.-L. Barrault em um estudo sobre a criação do *Soulier de satin*. *Figaro Littéraire*, 19 de setembro de 1953.

dois; e os pares aninhando-se no coração e na memória dos homens..."[24]

A capacidade do mestre é, pois, um feliz equilíbrio entre o ser e o parecer, entre a consideração que temos por nós próprios e o reconhecimento que os outros nos dedicam. "Se quisermos parecer qualquer coisa temos que o ser", teria dito Beethoven a Goethe. Mas quem será um árbitro indiscutível? A autoridade de um mestre, sua reputação, são valores fiduciários submetidos incessantemente à revisão e jamais aceitos unanimemente. No verão de 1812, Goethe e Beethoven passeavam no parque de Teplitz. "Nesse momento, conta Romain Rolland, apareceram no caminho, vindo ao encontro deles, a imperatriz, os duques e toda a corte. Beethoven disse a Goethe: 'Não tire o braço do meu! São eles que nos devem deixar passar. Não nós.' Goethe não era dessa opinião (...); soltou-se do braço de Beethoven e pôs-se de lado, com o chapéu na mão. Beethoven, com os braços balançando, avançou em direção aos príncipes e passou no meio deles como um bólido. Limitou-se a tocar com a mão o chapéu. Os outros afastaram-se delicadamente e cumprimentaram-no com amizade..."[25]

Esta cena célebre comove-nos mais do que nos choca. Evidentemente, Beethoven é algo especial, ou melhor, é alguém especial, e simpatizamos com seu desejo desesperado de afirmar seu próprio valor. À beira do caminho, Goethe, de chapéu na mão, faz figura de criado de uma casa rica. E, no entanto, ele também, à sua maneira, tinha consciência de sua própria grandeza. Tanto que às vezes nos irritamos ao sentir, através dos testemunhos narrados por Eckermann ou por qualquer outro comentarista devoto, a permanente preocupação de trabalhar na sua própria estátua, de posar para o Olimpo com palavras que são, cada uma delas, uma sentença definitiva.

Nem Goethe nem Beethoven podem ser acusados de megalomania. Só houve um Beethoven e um Goethe, e a humanidade guardará para sempre o nome deles. Enquanto houve

....
24. François Mauriac, *Journal*, t. II, Grasset, 1937, p. 175.
25. Romain Rolland, *Goethe et Beethoven*, ed. de Sablier, 1930, p. 91.

muitas imperatrizes e muitos arquiduques cujos nomes se perderam e cujos títulos não foram mais que privilégios e dignidades passageiras. Mas, afirmando-se, cada um à sua maneira, Goethe e Beethoven demonstram sua própria incerteza, a inquietação do homem sempre ameaçado pela dúvida e que não proclamaria tão alto sua certeza se estivesse seguro dela. Compreende-se, a partir deles, a insuportável pretensão de tantos falsos grandes homens, cuja vaidade não é mais do que um esforço desesperado para compensar a secreta consciência de sua essencial mediocridade.

A virtude do mestre é uma virtude difícil. O homem verdadeiramente superior não teria necessidade de professar a superioridade. Mas talvez não haja, nesse nível, um só que fosse justo. É significativo constatar, a este respeito, a que ponto os mestres se detestam entre si, como se a capacidade dos outros fosse uma ameaça para aquele que a tem. Uma comparação é uma partilha: relativiza o que se julga incomparável. O mestre cioso de sua supremacia pode aceitar no máximo a classificação estabelecida por uma frase célebre entre pianistas da mesma época: "Thalberg é o primeiro, mas Liszt é o único." Daí tantos ciúmes confraternais que levam muitas vezes a ódios inexoráveis. Buffon, intendente do Jardim do rei, fazia inscrever nas costas da placa com os nomes das plantas a nomenclatura de Lineu. Este batizava uma planta particularmente feia com o nome de *Bufonia*[26]. "Viveram como inimigos, escreveu Vicq d'Azyr, porque cada um deles via no outro alguém que podia fazer sombra à sua glória."[27]

Nada impedia, no entanto, que o reconhecimento dos homens prestasse a justa homenagem a dois naturalistas de gênio, mesmo contemporâneos... O fato de cada um deles ter tido ciúmes do colega em quem via um rival não os engrandece nem a um nem a outro. Por mais desagradável que seja, o caso não é raro. Em 1912, Alfred Adler separa-se de seu mestre Freud dizendo: "Por que eu tenho que trabalhar à sua sombra?" E

....
26. Cf. Jean Rostand, *Esquisse d'une histoire de la biologie*, N.R.F., 1945, p. 51.
27. Vicq d'Azyr, "Discours de réception à l'Académie Française", *Oeuvres completes de Buffon*, ed. Verdière e Ladrange, 1824, t. 1, p. LXXXI.

quando Adler morreu, na Escócia, onde tinha sido convidado a ministrar um curso, em 1937, Freud, segundo seu biógrafo Ernest Jones, deixou escapar esta atroz oração fúnebre: "Para um rapaz judeu de um bairro de Viena, uma morte em Aberdeen é, por si própria, a prova de uma carreira extraordinária... O mundo o recompensou generosamente por ter combatido a psicanálise ..."[28]

Essas atitudes deploráveis são freqüentes em todos os campos do conhecimento, da arte ou da fama, qualquer que seja a sua forma. Cada celebridade, num campo, deseja a morte da outra, e rivalidades desta ordem contribuem para endurecer as posições doutrinais e acusar antagonismos, desempenhando um papel muito mais importante do que parece na evolução das diversas disciplinas. O próprio Sócrates, se atacou violentamente os sofistas e se conseguiu desonrá-los para sempre no espírito inadvertido, foi sem dúvida porque não era um deles. O mestre quer-se único e só excepcionalmente admite semelhantes ou iguais. Quando muito, admite que houve outros mestres antes dele. Mas esses estão mortos, e seus ensinamentos ultrapassados. Descartes despreza os filósofos seus contemporâneos e o próprio Galileu. Considera-se o único de valor, do mesmo modo como Alain não encontrava interlocutor válido na corporação dos filósofos contemporâneos.

Tudo se passa como se, para a maior parte dos mestres autênticos ou supostos, o campo de sua especialidade constituísse um primado do qual se consideram como o mais alto dignitário. O honesto e trabalhador Cézanne, que passou a vida em busca não do sucesso, que aliás não obteve, mas da obra-prima, a qual também não alcançou, pelo menos na sua opinião, escreve numa carta, oito dias antes de morrer, esta apóstrofe lancinante: "Todos os meus compatriotas, comparados a mim, são merda..."[29] Esta fórmula enérgica, em sua grosseria,

....

28. Textos citados por Alfred Stern, *La psychologie individuelle d'Adler et la philosophie*, Revue Philosophique, 1960, pp. 313-4.
29. Carta a seu filho, 15 de outubro de 1906 (Cézanne morreu em 22 de outubro), em Paul Cézanne, *Correspondance*, publicada por John Rewald, Grasset, 1937, p. 298.

trai a íntima convicção daqueles que se consideram mestres em relação a seus contemporâneos. O perigo está em que o interessado use de todos os meios à sua disposição para traduzir em fatos a opinião lisonjeira que tem de si mesmo. Cézanne, isolado e desconhecido, não podia fazer mal a ninguém. Mas há personagens muito mais temíveis que sabem utilizar uma tecnologia, uma política e uma sociologia da condição de mestre, a fim de evitar que alguém possa fazer sombra à sua justa soberania.

Mas, se o concorrente direto, o inimigo número um, é o outro mestre, há um inimigo em potencial contra o qual aquele que detém a supremacia deve estar atento: é o discípulo que um dia virá a ser, por sua vez, mestre também. A vida artística e universitária forneceria muitos exemplos deste outro aspecto da patologia da mestria. Tanto o mestre ama e protege o discípulo no início, quando dele recebe um justo tributo de admiração, quanto manifesta reserva e até hostilidade, quando o aluno parece suscetível de se afirmar de uma maneira independente. Freud perseguiu com ódio vigilante Adler e Jung, seus alunos que romperam a fidelidade, tanto temeu que o nome deles viesse a obscurecer o seu. E, no entanto, Freud era o mestre incontestável, cuja glória era sólida. Aqueles cuja soberania é mais frágil têm consciência de só poderem contar consigo mesmos para defendê-la. "Fui eu quem o fez; deve-me tudo", pensam quando se afirma a reputação deste ou daquele de seus discípulos. Como a vedete de teatro ou de cinema que, envelhecida, não pode aceitar renunciar ou apagar-se, ou como os pais que não querem deixar seus filhos viverem a sua própria vida, indignam-se e consideram que o que é dado aos outros lhes é roubado. Certas revistas especializadas nesta ou naquela disciplina parecem assim destinadas a perpetuar a glória de um mestre ao qual cada artigo consagra um justo tributo de homenagem. Mas, quando os jovens colaboradores hesitam em perseverar no servilismo puro e simples, quando querem afirmar apenas um pouco de independência crítica, seus estudos são eliminados e seus nomes desaparecem do índice. A mesma limpeza ou redução ao vazio pode exercer-se por outros meios táticos e administrativos, próprios para impedir ou retardar a carreira de um possível rival. Será perseguido pelos méritos que se temem nele, embora, evidentemente, o pretexto seja de uma total falta de méritos.

Pode-se sustentar que a patologia a que nos referimos e de que salientamos diversos sintomas é própria daqueles que se julgam mestres, mas só o são na sua própria opinião. Todos esses comportamentos aberrantes seriam tentativas para compensar uma inferioridade intimamente sentida. O mestre autêntico seria caracterizado pela segurança na certeza. Por ser verdadeiramente um mestre, não teria necessidade de posar de mestre, e as mesquinharias e baixezas não o afetariam. Infelizmente, os próprios exemplos que acabamos de dar provam suficientemente que não há nenhuma linha de demarcação precisa entre os que simulam uma capacidade e aqueles que a possuem. Freqüentemente, o mestre incontestado também é um simulador que organiza o melhor possível a sua reputação sem recuar diante dos meios mais medíocres para alcançar seus fins. Provavelmente, todo mestre seja também a sombra de um mestre e um fracassado em potencial.

É preciso tomar partido. Por isso não cabe a ninguém pronunciar-se em última análise sobre o segredo das consciências. As próprias sombras não conseguem esconder completamente a luz, quando existe luz. A admiração e o respeito pelo mestre, quando se tem a sorte de conhecer um, tingem-se de uma leve melancolia a partir do momento em que se aprende que a mais alta capacidade só pode ser adquirida através da dúvida.

7. *A condição de discípulo*

Não compete ao discípulo questionar a capacidade do mestre. O discípulo que descobre a patologia do mestre, e que se inquieta com ela, já deixou de ser discípulo. Começou a tomar sua distância. A condição de discípulo implica aquela singular felicidade de acreditar na existência do mestre. Nos bancos da escola primária, a criança conhece a feliz segurança de uma vida inserida no conforto de um espaço preservado. A autoridade do mestre situa o bem e o mal, julga o verdadeiro e o falso. Durante toda a sua vida, o homem sentirá saudades desta situação clara em que sabia de fonte segura que havia um lugar para cada coisa e para cada valor. Na vida conjugal ou militar, na vida econômica ou política, muitas vezes, obscuramente, o adulto procura reencontrar a situação privilegiada em que se encontrava livre da preocupação de definir a si mesmo e as certezas essenciais de sua existência. A existência intelectual e espiritual da maior parte da humanidade organiza-se na maioria das vezes segundo os princípios de uma economia feudal, em que cada homem encontra o seu lugar num sistema de relações de dependência. Cada um repete as palavras de ordem daqueles que julga colocados acima dele na hierarquia da autoridade fundamental.

Assim se encontra relativizada a noção do que é ser mestre. Para um determinado indivíduo, o mestre é aquele de quem recebe uma garantia de verdade. Mas esta segurança recebida poderá lhe servir para beneficiar outros, aos olhos dos quais ele representará o papel de mestre. O discípulo aparece, então, como aquele que vive à sombra do mestre; o mestre é mais exposto que o discípulo, mas também pode atingir a verdade somente por intermédio de uma outra pessoa. O mestre de pleno exercício seria aquele que não vive à sombra de ninguém e que só a si mesmo deve as certezas de que vive. Tal mestre não existe, pois ninguém poderia se considerar uma origem radical. O homem sempre precedeu o homem na cadeia das gerações. Outros tomaram a palavra antes de mim, e, se denunciar a autoridade dos vivos, a minha humanidade é no entanto tributária de outros seres humanos que vieram antes de mim e cujas iniciativas ficaram como patrimônio permanente da cultura humana.

Em outras palavras, a qualidade de mestre designa o movimento ascendente da autoridade espiritual. O discípulo, pelo contrário, se reconhece em posição de subordinação, de maneira que nos encontramos aqui em presença de dois vetores opostos, de duas linhas de maior declive, entre as quais se reparte o movimento do conhecimento. Ou ainda, se é verdade que cada um é mais ou menos mestre e mais ou menos discípulo, chamar-se-á mestre àquele que dá mais do que recebe, e discípulo àquele que recebe mais do que dá. O mestre é um ponto de parada na cadeia dos testemunhos humanos; em seu nível, as significações marcam um tempo; hesitam e se transformam; carregam-se de um valor novo de verdade. O discípulo transmite o ensinamento do mestre tal como o recebeu, nada lhe acrescenta, ou pouco, e, porque nada acrescenta, necessariamente, limita-se. Na boca do mestre, a verdade tem o sabor de invenção, desabrocha. Repetida pelo discípulo, esta mesma verdade não é mais que verdade decadente e murcha, porque nela não mais existe o impulso.

Assim, o conforto do discípulo, tão feliz por se estabelecer no nível de uma verdade pré-fabricada, rapidamente se revela ilusório. Herdeiro de uma situação já feita, não possui aquilo que julga possuir. A verdade autêntica não é, na sua essência, mais que a exigência e o desejo de verdade; mas a exigência da pergunta perdeu-se na satisfação da resposta. Não sem malícia, um aluno de Alain esboça um *propos* sobre o discípulo: "O discípulo (...) é um animal que vive em bando. Pode e deve viver assim, visto que nunca pensa por si mesmo, pois a própria idéia de pensar por si lhe é estranha e inimiga. Pensar é formar idéias a partir de sua própria natureza (...). Para o discípulo, ao contrário, pensar é brincar com os pensamentos dos outros. O discípulo trata os pensamentos como se fossem pedacinhos de madeira sutilmente talhados que nos jogos de sociedade se agrupam, se desagrupam, se reagrupam e se manipulam de todas as maneiras; como se houvesse pensamentos já feitos, como se fossem objetos, como se existissem. É claro que o discípulo é sempre escrupuloso e fiel; mas de uma estranha fidelidade. Do esforço e do exemplo, apenas retém os resultados, que são talvez o que menos conte..."[1]

Recitar a lição de Hegel é trair Hegel, porque Hegel não recitava uma lição. Não basta falar como De Gaulle para ser um homem de Estado tão grande como De Gaulle, porque De Gaulle fala como mais ninguém. Quando Debré se esforça por repetir as fórmulas de De Gaulle, fala só como Debré, e isto não vai muito longe. Toda verdade autêntica não é somente verdade do discurso mas também verdade e expressão do homem que fala. Há discípulos de Lucien Febvre, mestre em história, que crêem sem dúvida afirmar sua própria qualidade de mestres tomando para si o estilo do mestre. Por um instante somos enganados; cremos na ressurreição dos mortos, mas rapidamente reconsideramos. O estilo é o homem, e, por mais hábil que seja a imitação, acaba por só manifestar mais a ausência do homem.

Escolhendo viver mascarado o discípulo engana-se a si próprio, muito mais do que engana os outros. Vestiu a máscara de uma vez por todas, e então o drama é que não só se engana sobre si próprio, como ainda, e sobretudo, sobre o mestre. Sua devoção cega-o e faz-lhe reverenciar de modo indistinto o melhor e o menos bom, a realidade e a aparência. Um outro aluno de Alain descreve os efeitos deste fascínio sobre os ado-

---

1. S. de Sacy, em *Hommage à Alain*, N.R.F., 1952, p. 50.

lescentes que copiavam, não só as palavras, mas os comportamentos e as atitudes de seu ídolo: "Eles reproduziam os seus gestos, os seus hábitos de linguagem, a sua maneira de andar, a sua maneira de agitar os braços quando o corpo alegre, vivo, libertava a idéia através da palavra. (Alain) surpreendia-os colocando, como ele fazia, os dois dedos sobre a pálpebra fechada enquanto procuravam, tensos e tristes, lembrar-se de 'palavras' e mostrar o que sabiam! Mas ele, Chartier, inventava a cada minuto, para sua felicidade e para nossa, que o cercávamos de uma espécie de admiração provocante. Se usávamos os mesmos colarinhos postiços, não seria porque ele nos tinha conquistado?"[2]

Evidentemente é preciso perdoar à juventude certos erros de uma admiração desviada, nas quais podemos encontrar uma homenagem desajeitada à verdade e ao valor. Um dia o adolescente sofre suas mudanças e se engaja no seu próprio caminho. O drama é que muitos discípulos, como se tivessem vocação para discípulos, não escaparão ao encanto. A palavra, uma vez ouvida, passou a ser para eles a própria palavra da verdade; continuam num estado de menoridade espiritual e passarão suas vidas a comemorar o iniciador que parece ter colocado um ponto final em seu próprio desenvolvimento.

Tomista, e por isso em nada suspeito de má vontade, Étienne Gilson consagrou algumas páginas à "arte de ser tomista". Nela, celebra a "felicidade de ser tomista": "Tomamos consciência de tê-la no dia em que descobrimos que não poderíamos daí para a frente viver sem a companhia de Santo Tomás de Aquino. Esses homens sentem-se na *Suma teológica* como peixe na água. Fora dela, estão no seco, e não descansam enquanto não voltam a ela. É que encontraram ali o seu meio natural, onde a respiração lhes é mais livre e os movimentos lhe são mais fáceis. No fundo, é isso mesmo que mantém no tomista este estado de alegria de que só a experiência pode dar uma idéia: sentem-se finalmente livres. Um tomista é um espírito livre."[3]

2. Henri Massis, *Hommage à Alain*, coletânea citada, p. 77.
3. E. Gilson, *Le philosophe et la théologie*, Fayard, 1960, pp. 220-1.

Esse texto dá margem à reflexão, mesmo abstraindo do caso particular de Tomás de Aquino, espírito de grande envergadura. É o tomista que nos interessa, e não Santo Tomás, e o seu caso pode ser confundido com o dos bergsonianos e bergsonistas, dos hegelistas e hegelianos, dos marxianos e marxistas, e outros discípulos de todas as observâncias que abundam na sociedade contemporânea. Cada um deles, bem entendido, justificará sua fidelidade incondicional pela validade absoluta do mestre que invoca. Uma vez que este pronunciou a última palavra da verdade, não há nada a fazer senão repetir esta última palavra. A alegria do discípulo, a sua sorte, é que chegou muito tarde a um mundo muito velho.

Se é nisso que consiste, segundo a palavra de Gilson, a condição de um "espírito livre", é evidente que tal espírito se encontra essencialmente libertado da preocupação de pensar por si mesmo. Pensa de memória; basta-lhe mobilizar a lembrança que tem da linguagem de outrem. Em suma, é alienado. O mesmo Gilson, aliás, conta que um dia acompanhou Célestin Bouglé, sociólogo de bom senso, e aliás um homem honesto, a uma conferência do neotomista militante Jacques Maritain. Na saída, Bouglé, que no entanto era "o espírito laico menos sectário", contentou-se em dizer a seu colega Gilson: "Que tem ele? Acho que ele é maluco."[4] A palavra é dura, talvez, e Maritain merece algo melhor. Todos nós conhecemos, no entanto, e em todos os horizontes espirituais, discípulos cujo caso se assemelha a uma psicopatologia de possessos.

Em outras palavras, é para um homem uma grande sorte ter encontrado um mestre. Mas é um perigo maior continuar discípulo, isto é, continuar para sempre preso na armadilha do ensinamento recebido. O discípulo encontra-se então como que bloqueado em seu desenvolvimento; deu para sempre a sua adesão, fez voto de obediência. Daí em diante, viverá seguro; em troca de sua confiança, goza de todas as seguranças da tutela, mas existe por procuração. Quando se apresenta uma situação imprevista, encontra-se brutalmente despreve-

---

4. E. Gilson, op. cit., p. 220.

nido; seu único recurso é pedir conselho ao mestre ou tentar adivinhar o que o outro teria feito em seu lugar, folheando suas obras completas e o índice analítico.

O discípulo de estrita observância apresenta assim o quadro clínico do parasitismo intelectual. Reúne-se facilmente em grupos, em capelas; entre discípulos, as pessoas se reconhecem pelo fato de estarem de acordo sobre uma invocação comum. Falam a mesma linguagem, partilham as mesmas recordações; têm um assunto de conversação inesgotável e também um programa comum de trabalho que consiste em reeditar os escritos do mestre ou em publicar os inéditos. Podem também exigir aos profanos alguma coisa da consideração e dos benefícios que cabiam ao mestre desaparecido; pouco a pouco, com a ajuda da identificação, acabam por se persuadir de que também possuem algum gênio por interposta pessoa.

Assim prosperou na Universidade alemã do século XIX o grupo dos bons alunos de Hegel, filósofos, teólogos, editores, comentaristas e apologistas do mestre desaparecido. Se não deixaram nomes na história do pensamento moderno, não é menos verdade que partilharam entre si os lugares, as cátedras e as prebendas administrativas. Sua considerável influência oficial não consegue no entanto dissimular a decadência da vida intelectual de que são testemunhas e agentes eficazes. O fruto seco consola-se por ser um fruto; pois, se o mestre disse tudo, não há mais nada a dizer senão aquilo que o mestre disse. Se for preciso, irão aferir a correção de seu pensamento, aplicando-o retrospectivamente aos filósofos anteriores. Hegel anunciava o fim da história e o fim da filosofia. O bom aluno de Hegel não poderia pois pretender ultrapassar Hegel; só podia voltar atrás para justificar a inutilidade de qualquer reflexão futura.

Bréhier, a propósito desses hegelianos "de direita", observa: "Tal como o ecletismo francês, a escola hegeliana produziu um grande número de pesquisas sobre a história da filosofia."[5] Vemos sem dificuldade por quê: é inútil pensar por si próprio; logo, basta pensar no passado para demonstrar a correção

---

5. Bréhier, *Histoire de la philosophie,* P.U.F., t. II, p. 799.

das recapitulações hegelianas. E, com a idade e o bom senso, quando o entusiasmo hegeliano for decaindo um pouco, só sobrará a erudição paciente e a pesquisa. Como o diz ainda Bréhier, "estes historiadores inclinam-se para a filologia pura..." O paradoxo é que o saldo credor da escola hegeliana propriamente dita seja constituído pela grande obra de crítica histórica dos Prantl, Erdmann, Kuno Fischer, Zeller e outros. Cansados de serem os discípulos de Hegel, não puderam sair do impasse e justificar sua existência intelectual senão tornando-se discípulos de todas as pessoas. A história da filosofia, como acontece, foi o abrigo de uma vocação frustrada de filósofo autêntico. Um outro mestre ilustre em filosofia, um mestre e precursor de Hegel, pode dar uma lição ao mestre Hegel. O professor Emmanuel Kant, de Koenigsberg, expõe as grandes linhas de seu ensino na *Advertência sobre o programa de suas conferências para o semestre de inverno 1765-1766*. Kant é ainda, dezesseis anos antes da *Crítica da razão pura*, apenas um professor entre outros, mas esse professor sabe o que deve a seus alunos. A dificuldade, na educação da juventude, expõe ele, é que é preciso fornecer-lhe conhecimentos que se antecipem ao desenvolvimento futuro de seu espírito; estas certezas prematuras aprisionam um pensamento que seria preciso, bem ao contrário, despertar e libertar. É por isso que, mais do que fornecer aos estudantes uma razão pré-fabricada, o verdadeiro mestre deve esforçar-se por suscitar neles a atividade do espírito crítico (*Verstand*, por oposição a *Vernunft*). O estudante, prossegue Kant, "não deve aprender pensamentos; deve aprender a pensar; não se deve transportá-lo, mas guiá-lo, se quisermos que, no futuro, seja capaz de dirigir-se por seus próprios meios". O escolar, liberado das disciplinas elementares, ao entrar na Universidade "imagina que vai aprender a filosofia, o que é impossível, pois deve agora aprender a filosofar"[6].

O mestre Kant teve alunos dignos dele. Fischer, Schelling, o próprio Hegel, receberam de Kant o impulso para pensar

----

6. *Immanuel Kants Nachricht von der Einrichtung seiner Vorlesungen in dem Winterhalbenjahre von 1765-1766, Kant's Werke*, edição da Academia de Berlim, t. II, p. 306.

por seus próprios meios. Hegel, ao contrário, ensinava a seus bons alunos a filosofia hegeliana; quer dizer que, no fundo, os enganava sobre si próprio e sobre eles. Alguns, é verdade, recusaram-se a esta disciplina. Pensar como o mestre não era pensar; então, para pensar, era preciso pensar contra o mestre. Foi por isso que os melhores alunos de Hegel foram na realidade os maus alunos de Hegel, um Feuerbach, um Stirner, um Marx, um Kierkegaard, todos aqueles que tomaram o partido da revolta. Hegel barrava o caminho; ensinava a impossibilidade de ultrapassá-lo. Com o perigo de suas vidas intelectuais ou ainda em detrimento de suas carreiras, todos aqueles que pretendiam tentar por conta própria a aventura filosófica tiveram que abrir a passagem a duras penas. O mestre era para eles um obstáculo, do qual fizeram um trampolim. Medimos por aqui a sabedoria de Sócrates, de quem ignoramos que doutrina ensinou. Aos seus discípulos, contentava-se em transmitir uma exigência e uma preocupação; não de respostas, mas de uma interrogação e de um questionamento. O melhor aluno de Platão é Aristóteles, que abandona os caminhos do platonismo. Mas Aristóteles apresenta uma doutrina tão perfeita que não deixa nada a esperar depois dele. Teofrasto, seu herdeiro, não tem outro recurso senão o de se consagrar a uma amável caracterologia, outro braço morto da autêntica metafísica, tal como a história da filosofia...

Assim, pois, a condição de discípulo pode levar a tudo, com a condição de sair dela. Para além de todas as lições ensinadas e aprendidas, o melhor ensino que o mestre pode dar é o ensino da própria qualidade de mestre. Mas é preciso ser um mestre excepcionalmente clarividente para se resignar a este ensinamento. A eterna tentação do mestre é ensinar a si próprio, induzindo assim em erro quanto à verdade e quanto a si próprio. O verdadeiro mestre se reconhece como servidor e discípulo da verdade; convida seus alunos a procurá-la por si mesmos e segundo seus próprios meios.

Percebe-se desde já o caráter ambíguo da relação do discípulo com o mestre. A situação nunca é clara e, aconteça o que acontecer, as responsabilidades serão partilhadas. O mau discípulo não prova a mediocridade de seu mestre, e o melhor mestre pode ter discípulos sem qualidade. O mestre autêntico fica aquém de sua verdade, por muito que procure e que tente possuí-la, sem nunca conseguir. Mesmo que pareça seguro de si para os outros, sua relação com a verdade é uma relação de humildade. O contra-senso do discípulo consiste em desconhecer esta defasagem entre o mestre e a verdade. O discípulo identifica o mestre com a própria verdade. Tomás de Aquino sabia e confessava a insuficiência de seu ensino; mas o tomista obtuso que só jura por Santo Tomás imagina que em qualquer circunstância basta pegar Santo Tomás ao pé da letra. Marx, Alain, Freud, Hegel e outros, a se acreditar em seus sectários abusivos, disseram tudo, viram tudo, pensaram tudo; têm resposta para tudo. Daí uma desnaturação que faz de uma palavra de verdade uma palavra de superstição.

Há um drama do discípulo, se este pretender prosseguir por sua conta a luta pela vida espiritual, se quiser chegar à verdade sem ser por interposta pessoa. Mesmo que o mestre seja humilde e honesto, estranho a qualquer desejo de dominação, virá o momento em que aparecerá ao discípulo como o último e mais próximo inimigo que tem que vencer. O mestre impôs-se como mestre porque revelava ao discípulo o sentido da verdade, mas, logo que acaba sua missão, surge como uma tela que mascara a verdade. O último benefício de que pode tomar a iniciativa é o de apagar-se, gesto supremo e o mais difícil, no qual se completa a autêntica qualidade de mestre.

Sabe-se como os pais mais honestos, os mais preocupados com a sua prole, têm dificuldades, chegado o momento, em reconhecer a emancipação de seus filhos. Não conseguem desapossar-se da sua responsabilidade, apagar-se de uma vida que já não lhes pertence porque agora pertence a si mesma. Os psicanalistas esclareceram a importância do "complexo de desmame" e as perturbações que traz aos diversos membros da constelação familiar. Alguma coisa de análogo se produz na vida espiritual; também aqui as exigências inconscientes intervêm, e os personagens do drama, se não souberem enfrentá-las com a clarividência e a sabedoria indispensáveis, podem fixar-se para sempre em atitudes irreconciliáveis que pesarão muito em seus destinos futuros.

O mestre, inicialmente, deu a palavra ao discípulo. O discípulo tomou a palavra, mas esta palavra era uma palavra emprestada. E, evidentemente, este empréstimo é cômodo para aquele que não tem nada a dizer; a palavra emprestada do mestre substituiu-lhe a personalidade que não possui. É melhor recitar a lição do que ficar sem voz. O mestre nada pode fazer; o seu primeiro dever é afirmar a sua própria autenticidade. Mas o dever de quem é mestre é também ajudar a autenticidade de outrem a tomar consciência de si própria. O socrático parteiro dos espíritos não deve reduzir à escravidão os filhos que ajudou a vir ao mundo. O outro momento decisivo será aquele em que o discípulo desliga-se do mestre para prosseguir seu próprio caminho. Depois da amizade espiritual, da dedicação e da devoção, chega o momento do afastamento e da ruptura. De repente, por uma súbita revelação análoga àquela do encontro, mas em sentido inverso, ou por um lento caminhar, o discípulo descobre que o mestre não era toda a verdade; não tinha visto tudo, nem dito tudo. O seu dever então é de tomar distância e prosseguir só.

É preciso, evidentemente, que ambos se habituem à idéia deste crepúsculo do ídolo. Mas isto não acontecerá sem tristeza nem angústia, pois a solidão será pesada tanto para um como para outro. O mestre não dá esta libertação sem custo, e o discípulo não a aceita sem pena. Sem dúvida, o conflito pode ser amenizado ou amortecido; mas parecerá inelutável, na medida em que o mestre for um verdadeiro mestre e o discípulo um autêntico discípulo. O estrangeiro de Eléia que figura no diálogo platônico do *Sofista* vê-se rapidamente levado a "pôr em causa", segundo suas próprias palavras, "a tese de nosso pai Parmênides"; desculpa-se de atacar assim a memória daquele que o fez nascer para a vida espiritual; pede que não o acusem de "parricídio"[7]. No entanto, a palavra foi pronunciada; exprime uma consciência latente má. O discípulo de Parmênides, se quiser liquidar o seu complexo de Édipo, terá que se resignar a matar o pai. O filósofo, como o filho em via de tornar-se

---

7. Platão. *Le sophiste*, 241 c/d.

homem, deve consumar o crime simbólico, como um rito de passagem a caminho da autonomia.

Para o homem de valor à procura de si mesmo, o mestre é pois o intercessor necessário dos anos de aprendizagem. Seu papel parece imenso, mas limitado; ele é um meio e não um fim. A aventura intelectual de Friedrich Nietzsche, que viveu profundamente o drama do discípulo e o do mestre, pode aqui fornecer pontos de referência úteis. Uma das *Considerações desatualizadas,* escrita em 1874, é consagrada a *Schopenhauer educador.* Nietzsche comemora aí seu primeiro encontro com a obra schopenhauriana, por volta dos vinte anos: "Pertenço, escreve ele, a esses leitores de Schopenhauer que, depois de terem lido a primeira página, sabem com certeza que lerão a obra inteira e que escutarão cada uma das palavras por ele escritas. A minha confiança nele foi súbita, e hoje ela ainda é a mesma de nove anos atrás. Compreendi-o como se tivesse escrito para mim..."[8] Foi um choque "em alguns aspectos filosóficos", escreve ainda Nietzsche; correspondia a "este irradiar misterioso do poder íntimo que um produto da natureza exerce sobre um outro à primeira e mais leve aproximação..."[9]

Mas Schopenhauer morreu em 1860; e o jovem Nietzsche, nascido em 1844, conheceu só suas obras: "Perguntava-me se teria descoberto nele aquele educador e aquele filósofo que du-

....
8. *Considérations inactuelles,* 2.ª série, trad. fr. Henri Albert, Mercure de France, 5.ª ed., 1922, p. 19.
9. Ibid., p. 24; outro texto autobiográfico, de agosto de 1867, conserva um eco mais direto deste encontro, em termos que lembram a descoberta de Descartes por Malebranche. Nietzsche descobre Schopenhauer, ou melhor, Nietzsche descobre-se a si mesmo; em Bonn, no dia em que lhe chega às mãos *Le monde comme volonté et comme représentation*: "Um belo dia, encontrei este livro na loja do velho Rohn. Era-me totalmente desconhecido, peguei-o e folheei-o. Não sei que demônio me soprou então: 'Leve este livro.' Foi isso que fiz, contra meu hábito de não me apressar na compra de livros. Em casa, enterrei-me com minha presa num canto do sofá, entregando-me à influência daquele enérgetico e sombrio gênio. Ali, cada linha chamava pela renúncia, pela negação, pela resignação; ali, eu olhava para um espelho que me mostrava, num grandioso horror, o mundo, a vida e a minha própria alma; ali, tal como o sol, os grandes olhos da arte fixavam-me, desligados de tudo, ali via a doença e a cura, o exílio e o refúgio, o inferno e o céu. Uma violenta necessidade de me conhecer e mesmo de me dissecar tomou conta de mim..." (em *La vie de Frédéric Nietzsche d'après sa correspondance,* p.p. Georges Waltz, Rieder, 1932, p. 100).

rante tanto tempo tinha procurado. Infelizmente, só possuía a sua expressão através de livros, e essa era uma grande carência. Tanto mais me esforçava para ver através do livro e por imaginar o homem vivo do qual podia ler o grande testamento e que prometia não instituir seus herdeiros senão aqueles que quisessem e pudessem ser mais que simples leitores: seus filhos e seus alunos."[10] A presença real de Schopenhauer não foi dada a Nietzsche; o mestre só agiu sobre o discípulo pela ressonância de seus escritos. E, ainda, o mestre era sobretudo mestre de revolta, e o seu pessimismo salutar só levava à negação da vida e a uma resignação definitiva, segundo o modo da filosofia indiana.

Um outro mestre, e esse vivo, deveria trazer ao jovem Nietzsche o antídoto de que ele precisava, a lição do grande consentimento para a vida. Uma carta a Erwin Rohde conta, em 1868, a "maravilhosa aventura nova" do encontro com um homem mais velho e já glorioso, Richard Wagner: "Tinha também conversado com ele longamente sobre Schopenhauer, e você pode imaginar que alegria foi para mim escutá-lo falar deste pensador com um calor indescritível, ouvi-lo dizer tudo o que lhe devia, afirmando que era o único filósofo que tinha realmente reconhecido aquilo que é a essência da música!"[11] Alguns meses mais tarde, após uma visita ao músico em sua casa de Triebschen, Nietzsche dirige-lhe um ato de fidelidade: "Sinto já há tanto tempo o desejo de lhe dizer, sem constrangimento, qual é meu reconhecimento pelo senhor; porque as melhores e as mais sublimes horas de minha existência ligam-se ao seu nome e só conheço um homem – seu irmão mais velho espiritual, Arthur Schopenhauer – em quem penso com tanta veneração e mesmo fervor religioso..."[12]

....
10. *Considérations inactuelles*, 2.ª série, pp. 24-5.
11. Carta a Rohde, 9 de novembro de 1868, em *La vie de F. Nietzsche*, coletânea citada, p. 138.
12. Carta a Wagner, 22 de maio de 1869, ibid., p. 156; cf. carta a Gersdorff, 4 de agosto de 1869, ibid., p. 161: "Ninguém o conhece nem pode julgá-lo, pois todas as pessoas partem de princípios diferentes dos seus e não pode respirar à vontade em sua atmosfera. Nele reina uma idealidade tão absoluta, uma bondade tão profunda e tão comovente, uma seriedade tão sublime, que a seu lado creio estar perto do Divino."

Sabe-se o que havia de acontecer a este fervor. Nietzsche não romperá com Schopenhauer, mas seu próprio pensamento escapará ao impasse em que o pensamento do mestre parece teimar. Depois de ter pensado com Schopenhauer, Nietzsche pensará contra Schopenhauer, para responder a Schopenhauer. Com Richard Wagner, o rompimento foi uma dilaceração, aliás misturada com ressonâncias humanas, em que já não era a verdade metafísica que estava em causa. Após anos de distanciamento, em 1880, Nietzsche confiará a um amigo: "Nada pode compensar a perda da amizade de Wagner (...). Agora acabou, e de que me serve ter razão contra ele em muitos aspectos? Como se isso pudesse apagar de minha memória a amizade perdida..."[13] Mais tarde ainda, dirá a sua irmã a sua certeza de uma reviravolta da hierarquia que a princípio tinha admitido: "a força todo-poderosa de nossas tarefas separou-nos e hoje já não podemos nos unir; tornamo-nos muito estranhos um ao outro. Quando encontrei Wagner, conheci uma felicidade indizível! Tinha procurado durante tanto tempo o homem que fosse superior a mim e que me dominasse com o olhar! Em Wagner, acreditava tê-lo encontrado. Era um erro. Hoje já nem posso comparar-me a ele, sou de uma outra categoria"[14].

O discípulo emancipado não pode perdoar aos seus mestres o fervor que teve por eles. A própria ingratidão é testemunho, e como que uma homenagem prestada à importância que tiveram em sua vida, pois esta ingratidão não é ainda o último julgamento. Ao longo de sua existência, ou ainda no crepúsculo de seu pensamento, Nietzsche não deixou de estar em discussão contra seus mestres, ou seja, com eles[15]. Conti-

13. Carta a Peter Gast, 20 de agosto de 1880, mesma coletânea, p. 311.
14. Carta a sua irmã, 3 de fevereiro de 1882, ibid., p. 338; Wagner morreu no ano seguinte.
15. Um dos últimos escritos de Nietzsche, antes da loucura definitiva, é um panfleto: *Nietzsche contra Wagner*. E, no mesmo ano de 1888, Nietzsche, em seu *Ecce Homo*, classifica Schopenhauer entre os "moedeiros falsos inconscientes" (trad. fr. Vialatte, N.R.F., 1942, p. 115). Como diz Charles Andler: "Escolherá ele Schopenhauer, o Filósofo, ou Wagner, o Artista? No final, conhecerá suas deficiências, mas não deixará de admirá-los. Apela para aquilo que os completa; não ignora que os rivais deles precisam que eles os completem. Diligência antitética

nuavam a ser, depois de terem sido os seus melhores amigos, os seus melhores inimigos, seus íntimos, sempre associados a seu pensamento. Não se deixa nunca de ser discípulo, tanto quanto não se pode deixar de ser filho. E a própria exasperação da revolta só faz surgir melhor o caráter indelével do laço de dependência. A hereditariedade espiritual continua presente na constituição do aluno, do mesmo modo que a hereditariedade genética se lhe impõe.

"Nem todos podem ser órfãos", suspirava Poil de Carotte, que, no entanto, não tinha lido Nietzsche. E, aliás, aquele que não teve pai não deixa de ter dificuldades. O órfão, tal como a moderna psicologia o entende, sofre de carências vitais tão graves quanto aquele que teve um pai excessivo. A situação parece, pois, sem saída. Pode-se pensar aqui numa palavra de Freud a uma jovem futura mãe, que o consultava sobre a melhor maneira de educar o filho: "Eduque-o como quiser, responde ele, de qualquer maneira não será bom..."

Em todo caso, se aquele que teve mestres muito perfeitos e muito admirados aproveita a ocasião para se lamentar disso, aquele que não teve mestre, aquele que não foi discípulo de ninguém, acha-se certamente numa posição menos favorável ainda. O autodidata representa aqui o órfão da cultura, o *self-made-man*, que, chegado muito tarde à preocupação do conhecimento, só deve a si próprio sua iniciação. Para ele, a cultura é um saber capitalizado nos livros, a totalidade indefinida das aquisições humanas, que precisa abordar sozinho. Ninguém lhe abre os caminhos, ninguém estabelece, no seio desta massa, as distinções e as hierarquias indispensáveis. Saber e sabedoria apresentam-se-lhe como uma aglomeração, uma totalidade sem perspectiva; acha-se perdido na imensidão das bibliotecas como um viajante perdido num deserto sem pontos de referência, e que insistisse ao acaso, sucessivamente, em todas as direções, condenado afinal a morrer sem ter encontrado o caminho.

....
do pensamento e da impressão que teve desde a adolescência; esse caminho só se definiu conscientemente para ele em 1874, mas ritmou sempre obscuramente toda a sua ação." (*Les précurseurs de Nietzsche*, N.R.F., 1938, p. 102.)

O drama do autodidata é que não conseguirá jamais remediar esta deficiência inicial. Condenado, desde seu despertar para a vida do espírito, a uma luta desigual, conservará sempre um sentimento de inferioridade. A cultura se oferece a ele como um bloco sem fendas, e que o esmaga, porque ninguém lhe serviu de mediador. Percebemos aqui que os pedagogos, ao longo de toda a vida escolar, e mesmo os mais medíocres, são também fadas boas em torno do berço da criança. Os observadores sagazes encarregados, por volta de 1800-10, da educação do garoto "selvagem" encontrado nas florestas do Aveyron, chegaram por sua própria conta às mesmas conclusões que aqueles que se ocuparam em seguida dos "meninos-lobo" da Índia. Pareceu-lhes que, a partir de um certo estágio do conhecimento, era muito tarde para que se pudesse realizar ainda a aprendizagem da linguagem e da inteligência. Uma função que não foi exercida em seu momento próprio fica, assim, comprometida para sempre. Alguma coisa análoga se passa no autodidata: levado para a cultura por uma vocação tardia e imperiosa, jamais conseguirá anular seu atraso. Sua atitude continuará sempre marcada por uma espécie de infantilismo, que, aliás, oscila, em relação aos outros, entre uma excessiva humildade e uma desagradável arrogância.

Sem dúvida que o caráter essencial do autodidata se encontra no fato de que para ele a cultura é assunto de quantidade mais que de qualidade. Ele projeta seu desequilíbrio íntimo e seu pesar pelas ocasiões perdidas sob as espécies de uma aritmética elementar que consagra sua incapacidade definitiva em ir até o fim da tarefa. Sartre, em *A náusea*, divertiu-se em esboçar o retrato do Autodidata, que o herói do romance observa na biblioteca de Bouville: "De repente, os nomes dos últimos autores cujas obras consultou voltam-me à memória: Lambert, Langlois, Larbalétrier, Lastex, Lavergne. Fez-se luz: compreendi o método do Autodidata – instrui-se por ordem alfabética. Contemplo-o com uma espécie de admiração. Que vontade não lhe é preciso para realizar lentamente, obstinadamente, um plano de tão vasta envergadura? Um dia, há sete anos (disse-me que estudava há sete anos), entrou com grande pompa nesta sala. Percorreu com o olhar os inumeráveis livros que forram as paredes, e deve ter dito, talvez como Rastignac: 'Vamos a isto, Ciência Humana!' Depois foi pegar o primeiro livro da primeira prateleira da extrema direita (...). E vai chegar o dia em que dirá, ao fechar o último volume da última prateleira da extrema esquerda: 'E agora?'"[16]

O autodidata é uma maneira de herói, mas um herói sem nenhuma esperança. Os livros da biblioteca lhe escondem a cultura, como a outros as árvores podem esconder a floresta em que se perderam. É claro que não se podem dirigir reprovações àquele que, sem ajuda, descobriu muito tarde o valor do saber. Seu caso permite apenas compreender, graças a uma espécie de contraprova, o caráter salutar do estado de discípulo. O autodidata continua atormentado pelo isolamento porque na sua infância nenhum mestre lhe falou. É o mestre que dá à cultura um aspecto pessoal. *Precede* e é um *precedente*, é um ponto de referência na imensidão. É por isso que o mais ilusório dos mestres permanece para sempre um benfeitor. Se a cultura é a pátria da humanidade, é porque ela é a conversação indefinida dos homens uns com os outros, a comunidade da linguagem. E nesta comunidade ninguém pode ser admitido se alguém não lhe *der a palavra*. É esta a função do mestre.

Olivier Lacombe, num estudo sobre o papel do *Guru*, o mestre espiritual segundo a cultura indiana, sublinha o fato de que, para esta cultura, o autodidata é "um verdadeiro reprovado". Com efeito, "depositário das regras tradicionais, o mestre é, ao mesmo tempo, e será mais e mais, uma personalidade magistral. Intérprete da Lei e encarregado de transmiti-la, ele é ainda a Lei viva por tê-la praticado a um grau eminente, a fim de tornar-se participante de sua transcendência". A

---

16. J.-P. Sartre, *La nausée*, N.R.F., pp. 48-9. A verdade é que o autodidata tem todo o direito de se defender e de atacar: "Fazer ironia com as humanidades, com a cultura clássica legada pelos mestres, escreve um deles, é fácil depois de ter recebido os seus benefícios. Assim pode-se facilmente rejeitar o que parece falso, antiquado, parcial, desatualizado. Formado a sós, o autodidata tenha talvez uma liberdade de juízo e uma experiência pessoal maiores que o estudante recém-saído do meio artificial de sua escola... Talvez essas duas formas incompletas de acesso à cultura precisem se influenciar mutuamente." (Benigno Casérès, Introdução a *Regards neufs sur les autodidactes*, Éd. du Seuil, 1960.)

reprovação que pesa sobre o autodidata procede pois "do sentimento muito vivo de que nenhuma cultura é digna deste nome, se não se desenvolver no irradiar de uma personalidade realizada"[17].

Aquele que tivesse aprendido de cor o conteúdo de uma grande enciclopédia não passaria de um novo-rico do saber; conheceria tudo, salvo o essencial. É justamente este essencial que o mestre está encarregado de ensinar; e a sabedoria indiana marca perfeitamente os limites deste ensino. "O estado de discípulo, prossegue Olivier Lacombe, será um dia ultrapassado, quando o ensino magistral tiver dado seu fruto. O dever de obediência estrita que se impunha ao dirigido deixa de ligar aquele que se tornou autônomo. Claro que o respeito e a gratidão são ainda devidos ao pai espiritual, mas este último não poderia exigir muito mais."[18]

A reflexão sobre o autodidata, se é verdade que confirma a necessidade do mestre, marca também o limite desta necessidade. A vocação do discípulo é seguir o mestre, mas é preciso não seguir o mestre senão para se encontrar finalmente a si próprio. A procura do mestre é apenas uma forma e um momento da angústia de ser quem se é. O mestre é para mim o intercessor no caminho da verdade, mas de uma verdade que deve cessar de ser sua para se tornar minha. Assim acham-se justificadas todas as admirações entusiastas de Nietzsche e todas as revoltas de Nietzsche. Revoltas, não contra Schopenhauer ou contra Wagner, mas contra ele mesmo. Suas indignações exprimem apenas o quanto lhe custou desprender-se para se retomar.

Esta luta, a bem da verdade, não terminará nunca. Ter tido um mestre é ter tido a sorte de encontrar em seu caminho um interlocutor válido, e esta sorte dura tanto quanto a vida. O estado de discípulo mais autêntico será pois um momento passageiro no caminho de sua própria autenticidade. E o verda-

---

17. Olivier Lacombe, "La direction spirituelle selon les traditions indiennes", em *Direction spirituelle et psychologie,* Études carmelitaines, Desclée de Brouwer, 1951, p. 160.
18. Ibid.

deiro mestre não se enganará quanto a isso, e deixará a seus herdeiros espirituais a mesma liberdade que outrora reivindicou para si no tempo da sua aprendizagem. Uma frase profunda de Leonardo da Vinci afirma: *"Triste é aquele discípulo que não ultrapassa seu mestre!"*[19] É com efeito um triste discípulo aquele que não se esforça para ultrapassar seu mestre; e é um triste mestre aquele que se indigna de ver seus discípulos preocupados em ultrapassá-lo. O honesto, piedoso e profundo Malebranche não poderia prestar ao mestre que venerava uma homenagem mais digna de mestre e de discípulo que por estas palavras da *Recherche de la verité*: "Devo ao sr. Descartes, ou à sua maneira de filosofar, os sentimentos que oponho aos seus e a ousadia de corrigi-lo..."

Há uma ilusão do mestre, que consiste em tomar-se por um mestre. Mas há uma ilusão do discípulo que se engana sobre o mestre e sobre si quando considera sua condição de discípulo como definitiva. O mestre e o discípulo, em seu encontro de um momento e no seu confronto, situam-se no seio de um vasto movimento de relatividade generalizada. Cada um desempenha em relação ao outro um papel essencial; cada um dá testemunho diante do outro. O erro seria fazer desta situação um absoluto, e fixar para sempre aquilo que não é, para os dois interessados, mais que uma fase de uma história. A discussão do mestre e do discípulo revela assim que qualquer verdade humana é uma verdade em diálogo; o sentido da verdade é o que está em jogo num debate em que cada um, enfrentando o outro, enfrenta-se a si mesmo e mede-se com a verdade, com a sua verdade.

....
19. Leonardo da Vinci, *Frammenti...*, citado em P. H. Michel, *La pensée de L. B. Alberti*, Belles Lettres, 1930, p. 352.

8. A verdade em diálogo

O mestre e o discípulo só se descobrem como tais na relação que os une. Tal como o marido e a mulher só existem em virtude do laço conjugal, assim, pode-se dizer, é o discípulo que faz o mestre, e é o mestre que faz o discípulo. A verdade de cada um deles depende de sua relação com o outro; é uma verdade em reciprocidade.

Poder-se-ia dizer, aliás, que toda verdade humana é a verdade de um diálogo. Ninguém pode dizer a verdade sem antes tê-la recebido. Aquele que imagina estar falando sozinho e pronunciar no absoluto uma palavra definitiva engana-se sobre si mesmo e sobre a verdade. Há inicialmente uma continuidade humana, um patrimônio de linguagens e tradições, uma convergência de boas vontades desde as mais longínquas origens da cultura. Os inventores que, de era em era, se afirmam na vanguarda são sempre também herdeiros e continuadores; a sua originalidade consiste em transformar as significações estabelecidas. É justo prestar homenagem ao seu gênio, mas este gênio nunca consiste em criar alguma coisa a partir do nada.

O diálogo do mestre e do discípulo situa-se no seio do imenso horizonte da cultura humana. Isto é evidente; mas é melhor dizê-lo. Todos os pensamentos dos homens e todos os seus sonhos, não apenas os que foram postos nos livros, inscritos na pedra ou na tela, mas ainda as intenções e premeditações meio confessadas de que a linguagem conserva a memória furtiva, compõem um domínio de recordação e esperança, e também de virtualidade, no seio do qual se pronunciam as palavras ditas, os pensamentos esboçados. Todo homem que fala ao homem fala da humanidade para a humanidade.

A faísca, a descarga só podem gerar-se dentro de um campo elétrico. O encontro e o diálogo supõem um espaço saturado de presenças que fornecem referências comuns. Não me pertenço, tal como o outro não se pertence; e, mesmo no caso de acordo perfeito, cada um não pertence ao outro, porque o essencial aqui é uma ordem transindividual das dependências em que qualquer delimitação possessiva é impossível. O mínimo contato humano no nível da linguagem atesta esta conivência geral; a existência dos homens é sempre coexistência.

Por pouco que pensemos nisso, descobrimos aqui um dos aspectos mais surpreendentes da realidade humana, capaz assim de fugir a si própria, de perder-se e de reencontrar-se. "No presente diálogo, dizia Merleau-Ponty, sou libertado de mim mesmo; os pensamentos dos outros são verdadeiramente pensamentos deles e não sou eu que os formo, por mais que os apreenda logo que nascem ou que me antecipe a eles, e mesmo a objeção que me faz o interlocutor arranca-me pensamentos que não sabia possuir, de modo que, se lhe atribuo pensamentos, ele em troca faz-me pensar. É só mais tarde, depois que me retiro do diálogo e o recordo, que posso reintegrá-lo à minha vida, fazer dele um episódio de minha história particular, e que o outro volte à sua ausência, ou, na medida em que me fique presente, é sentido como uma ameaça para mim."[1]

A mais banal das experiências de uma troca de palavras faz ver, portanto, que a nossa existência, aberta incessantemente e permeável a outrem, não conhece o regime dessa posse de si por si que representa, no entanto, o ideal de uma determinada filosofia. É muito raro que uma consciência se possa recolher sobre si mesma e delinear o inventário dos pensamentos que lhe são próprios, com exclusão de todos os elementos estrangeiros. En-

---

1. Maurice Merleau-Ponty, *Phénoménologie de la perception,* N.R.F., 1945, p. 407. [Trad. bras. *Fenomenologia da percepção,* São Paulo, Martins Fontes, 2ª ed., 1999.

tre todas as ilusões caras aos filósofos racionalistas do Ocidente, a da autonomia da consciência reflexiva é sem dúvida uma das mais absurdas. Todo pensamento pessoal é um pensamento que se procura e que escapa, que persegue a si próprio e que às vezes se perde no diálogo com outrem. A própria leitura dos livros, outro passatempo do homem de reflexão, impõe-nos os movimentos e os ritmos de uma presença estranha. Não cessamos de nos abandonar a nós próprios, sem jamais estarmos seguros do limite exato em que o nosso pensamento se separa do do outro.

A despeito do preconceito muito difundido de um certo atomismo individualista, a realidade de um ser jamais é este volume de margens livres, cuja superfície lisa opõe o eu ao não-eu que o rodeia. A personalidade concreta de cada um de nós afirma-se à maneira do Deus da mística, essa esfera cujo centro está em toda parte e cuja circunferência não está em nenhuma parte. Também a personalidade é viva sobretudo onde encontra uma outra personalidade, e não onde se fecha sobre si própria numa espécie de apatia. A presença do outro, quer seja mensageira de semelhança ou de diferença, é ocasião privilegiada de despertar e de enriquecimento. Rigorosamente, o homem não pode existir no estado isolado. O ser humano revela-se no encontro, nesse encontro que é, segundo a expressão de Buytendijk, "um ser o que não se é, e um tornar-se o que já se é."[2]

Um dos interlocutores das *Entretiens sur la métaphysiques* de Malebranche ilumina plenamente este paradoxo em virtude do qual a verdade não é acessível ao indivíduo isolado sem a meditação e como que o patrocínio de outrem. "Sei bem que é com a razão que se deve filosofar, diz ele. Mas não sei a maneira como fazê-lo. A Razão será quem me ensinará; não é impossível. Mas não tenho como o esperar, se não tiver um monitor fiel e vigilante que me conduza e que me ensine. Adeus, Filosofia, se você me deixar!" E o interlocutor confirma este ponto de vista: "Todos temos necessidade uns dos outros, embora não recebamos nada de ninguém."[3]

....
2. F. J. J. Buytendijk, *Zur Phänomenologie der Begegnung*, Eranos Jahrbuch, XIX, 1951, p. 433.
3. Malebranche, *Entretiens sur la métaphysique*, V, VIII-IX, ed. Paul Fontana, Colin, 1922, t. I, p. 113.

A afirmação é profunda, e talvez leve mais longe ainda do que o imaginam os personagens de Malebranche. A razão aparece aqui como um laço e um fundamento. Ela não se pronuncia *diante* dos homens ou *neles*; ela se afirma *entre* eles, ela é o princípio de uma comunidade em que eles são mensageiros uns para os outros. Mas, se reconhecemos assim o caráter mútuo e recíproco da realidade humana, em que cada um se acha incessantemente exposto a outrem, em estado de impressão ou de expressão é preciso renunciar a definir a personalidade por um estado de equilíbrio, tão fugidio como esse momento ideal em que o mar está parado, entre a última vaga do fluxo e a primeira do refluxo. Logo, as relações do mestre e do discípulo, incorporadas na massa das relações humanas, devem revestir-se de uma significação nova. Em lugar de oporrmos mestre e discípulo, como o fizemos até aqui, é preciso agora tentar compreendê-los na sua comunidade indivisa. O mestre não deve acreditar na sua qualidade de mestre, como num capital que lhe pertença como propriedade particular; e o discípulo não deve acreditar na sua dependência e comprazer-se nisso, como se ela lhe coubesse para sempre. Um imagina dominar a verdade, o outro imagina ser dominado por ela, mas, de fato, a sua relação mútua situa-se no seio de uma verdade em devir que os engloba aos dois, e da qual eles dão mutuamente o testemunho.

Basta a abertura de um diálogo para instituir uma relação de dependência nos dois sentidos. Dirigir a palavra a alguém é esperar dele uma palavra em troca. O superior hierárquico, mal coloca um problema, expõe-se a uma má resposta ou a uma ausência de resposta. Se digo uma palavra na rua a um desconhecido, arrisco-me a uma resposta enviesada e a uma humilhação. Surpreendemo-nos por vezes, nos diálogos platônicos, com o papel apagado desempenhado pelos interlocutores de Sócrates, que se contentam em pontuar de tempos em tempos as exposições do mestre, utilizando para isso uma espantosa variedade de pequenas palavras de aprovação. Ora, o título de um bom número desses diálogos é justamente constituído pelo nome de tal ou tal desses auditores quase mudos. A tradição, aqui, é pertinente: destaca aquele para quem o discurso se dirige. Críton, Fédon, Alcebíades, Teeteto, Ménon parecem se comportar como aqueles que dizem sim a tudo, e cujo principal esforço é matizar a expressão de seu sim; mas, de fato, se tivessem dito não, teriam podido bloquear a demonstração do mestre. Sócrates pensa por eles, Sócrates pensa com eles; todo o seu esforço é atingir e manifestar o mais íntimo pensamento deles.

No decurso do diálogo, o mestre aprende com o discípulo para melhor ganhar sua adesão. Ou então sua palavra será inútil. "Para socorrer verdadeiramente alguém, observa Kierkegaard, devo estar mais bem informado que ele e, antes de tudo, ter a inteligência do que ele compreende, sem o que a minha qualidade de mestre não lhe será de nenhum proveito (...). Qualquer auxílio verdadeiro começa por uma humilhação; para o prestar, devemos inicialmente humilharmo-nos diante daquele que queremos auxiliar, e compreender assim que ajudar não é mostrar uma extrema ambição, mas uma extrema paciência, que ajudar é aceitar provisoriamente não ter razão e ser ignorante nas coisas que o antagonista compreende."[4] Assim se realiza uma verdadeira reviravolta da hierarquia do ensino, que bem poderia ser a chave de qualquer pedagogia: "Ser mestre, diz ainda Kierkegaard, não é resolver tudo com afirmações, nem dar lições para que outros aprendam, etc...; ser mestre é ser verdadeiramente discípulo. O ensino começa quando o mestre aprende com o discípulo, quando o mestre se situa no que o discípulo compreendeu, da maneira como o discípulo compreendeu..."[5]

Não se trata aqui de uma estratégia artificial, mas de uma exigência fundamental de todo o ensino. Ensinar não é falar ao vento; é falar a alguém, é falar para alguém, o que supõe a reciprocidade das perspectivas. Parece assim que a verdade não é um objeto exterior, dado de uma vez por todas, em função do qual cada um dos interessados poderia e deveria regular seu julgamento. Claro que o professor de história ensina datas, o

....

4. Kierkegaard, *Point de vue explicatif de mon oeuvre,* trad. fr. P. H. Tisseau, Bazoges-en-Pareds, 1940, p. 27.

5. Ibid. p. 28.

professor de geometria demonstra teoremas; mas há uma outra verdade em questão para além dessas verdades de pormenor, uma verdade humana de conjunto, que os programas e exercícios põem em jogo, através dos próprios calendários.

A verdade das verdades, justificação última de qualquer atividade docente, é a verdade de uma comunidade; talvez até o diálogo do mestre com o discípulo seja a cada vez, seja sempre, a própria essência da condição humana. A verdade do diálogo é, pois, uma verdade que ultrapassa o diálogo. No decurso da confrontação, dois homens tentam entrar em acordo um com o outro, pautar-se um pelo outro; mas essas indicações mútuas se realizam em função de uma perspectiva mais vasta, a de uma verdade ontológica em relação à qual devem se ordenar todas as diretrizes e direções humanas. É por isso que, quando um homem em situação de mestre afirma a validade absoluta de seu ponto de vista, ele o relativiza; e assim desnatura o sentido das verdades que poderia ter entrevisto.

Assim, o diálogo, que parece limitar a verdade ao mecanismo de um debate entre duas inteligências, abre, ao contrário, o campo da verdade graças ao fato de pôr em circulação uma pluralidade de pontos de vista. O reconhecimento da necessidade do diálogo significa o fim de uma certa ontologia, a do monólogo e do monopólio, e o começo de uma outra metafísica, em que o verdadeiro se define inicialmente pela comunidade de invocação. Mas a renúncia da idéia de uma verdade individual significa ao mesmo tempo o abandono do ideal de uma verdade universal. Não pode haver aqui universalidade nem do lado do mestre nem do lado do aluno; a verdade que se afirma no encontro nasce do confronto de suas personalidades, verdade mediadora, encarnada aqui e agora, e cuja presença fundamenta o parentesco do mestre com o discípulo e também a sua hierarquia.

Amicus Plato sed magis amica ventas, diz um provérbio latino que se diz remontar a Aristóteles. A amizade pela verdade predomina, aos olhos do aluno Aristóteles, sobre a amizade pelo mestre Platão. No entanto, esta palavra, em sua ingratidão, está manchada de erros. Não se deve escolher entre o mestre e a verdade, pois só graças ao mestre podemos firmar aliança com a verdade. Não se trata de sacrificar à verdade o mestre que nos introduziu na verdade. A amizade pelo mestre e a amizade pela verdade são uma só e mesma amizade. E, certamente, isto não significa que Aristóteles não tenha o direito de contradizer Platão, de criticá-lo e de tentar ultrapassá-lo. Esta crítica e esta ultrapassagem não são contrárias à amizade; são o fruto da própria amizade. Platão deu a palavra a Aristóteles; Platão deu ao aluno Aristóteles procuração e delegação na procura de uma verdade que não pertence verdadeiramente nem a Platão nem a Aristóteles, mas que alia em seu movimento e reconcilia para sempre, para além de suas oposições, os gênios fraternos de Platão e de Aristóteles.

O diálogo entre o mestre e o discípulo é um diálogo privilegiado, na medida em que põe em jogo a própria verdade. Grande parte das relações humanas são relações de evitação, ao que parece na intenção secreta de economizarem o choque de personalidades diferentes. O camponês, o homem das florestas, quando vem à cidade grande, choca-se com os transeuntes; habituado a dispor de grandes espaços, não possui a maleabilidade do citadino preparado para se locomover no meio da multidão das calçadas. Esta maleabilidade, esta distância mantida de homem para homem, apesar da proximidade, apesar da promiscuidade, corresponde à instituição da polidez, da cortesia, cujos ritos definem uma zona de segurança em torno de cada existência contra a ameaça da constante invasão das existências vizinhas. A maior parte das virtudes sociais põem em ação uma arte da reticência que permite a cada um continuar mascarado e cruzar com os outros sem pensar em ver neles alguma coisa mais do que a máscara. Obrigado a viver em sua ilha superpovoada, o inglês desdobra seu jornal e cria para si próprio um compartimento onde, atrás da muralha de papel, está só.

É sempre perigoso tocar numa existência. Uma palavra a mais, uma palavra ocasional e sem intenção, basta para desencadear, por vezes, reações desproporcionadas. Contra esta ameaça da linguagem, as conveniências nos precavêm, impondo-nos fórmulas já feitas e temas de conversação sem perigo para ninguém. A discrição, com tanto discernimento e tanta reticência, permite a cada indivíduo escapar, tanto quanto possível, ao perigo dos outros. E esta discrição, esta reticência, funcionam aliás também no interior de cada vida pessoal; também aqui as conveniências se interpõem para evitarem ao homem o choque do confronto consigo mesmo, a tomada de consciência de seus limites. Cada um desenvolve a maior habilidade para evitar ver-se face a face, evitar questionar suas razões de ser, que, na maioria das vezes, são ausências de razão.

No encontro, duas existências revelam-se uma à outra e cada uma a si mesma, pois só nos descobrimos verdadeiramente no choque e na prova da presença de outrem. A amizade, o amor proporcionam geralmente este desvelar-se e este revelar-se; no consentimento de um a outro parece que cada um chega a uma consciência de si próprio que lhe havia faltado antes. Uma vontade mais essencial pronuncia-se; o ser, até aí incerto, decide-se a enfrentar responsabilidades plenas. Mas esta evocação do ser pessoal mobiliza confusamente todos os recursos íntimos, o melhor e o pior, as forças passionais, nos confins inconscientes do orgânico e do espiritual. O amor, a amizade desenvolvem-se num clima de tempestade; a reciprocidade e o antagonismo do *eu* e do *tu* ligam-se e desligam-se na procura de uma unidade que englobe os dois participantes no seio de um egoísmo mais ou menos ampliado. Os amantes desejam, clara ou obscuramente, fundir-se um no outro e confundir-se aproveitando a noite protetora. As certezas do amor culminam na violência passageira da união; logo que os corpos rompem sua aliança, sobrevêm a inquietação e a angústia da dúvida, a menos que o amor seja algo mais que pura paixão. Tristão e Isolda tiveram um destino fatal; outros casais podem agir e não se submeter, se a sua unidade se fundamentar numa vocação diferente da carnal, numa comunidade de obediência, numa exigência idêntica de valor e verdade. Então o amor é acompanhado pela amizade. Mais exatamente, seria preciso dizer que há sempre mais ou menos amizade no amor; como, aliás, na amizade geralmente entra amor, uma presença carnal, uma referência mais ou menos explícita.

Todas as relações humanas, desde que tenham alguma vida, têm matizes mais ou menos longínquos, de amor e de amizade. O mais furtivo encontro, um ser entrevisto, é alguém que eu poderia ter amado; uma faculdade de reconhecimento em mim identificou-o de passagem. A simpatia é para cada homem um princípio de realidade em relação aos seres e às coisas. É por isso que qualquer coexistência, de perto ou de longe, toma a forma de diálogo, evocação ou invocação do ser, de recurso ao outro e recurso a si mesmo. Logo, o diálogo do mestre e do discípulo surge como uma relação privilegiada entre todas as relações humanas.

E, em primeiro lugar, entre o mestre e o discípulo há encontro propriamente dito. O discípulo esperava um mestre; o mestre procurava discípulos; cada um autentica seu interlocutor. Já não se trata, portanto, de se evitarem polidamente ou de fugirem um do outro, mas de caminharem juntos até o fim de uma certa exigência. No debate que começa, cada um está exposto ao perigo do outro, e ninguém pode dizer antecipadamente como terminará a aventura. Firmou-se uma aliança que se justifica pelo reconhecimento de uma finalidade comum. E, sem dúvida, esta aliança não é de igual para igual; não comporta a reciprocidade da amizade entre pessoas da mesma idade e de mesma condição. O mestre e o discípulo situam-se um e outro em relação a uma mesma verdade; fazem juramento de fidelidade aos mesmos valores, mas há uma defasagem que separa suas posições respectivas. A intenção é comum, mas a qualidade de mestre implica um grau de ascendência indiscutível e indiscutido.

A autoridade do mestre não é portanto, aqui, a simples conseqüência de uma disciplina exterior e formal; a consciência da hierarquia está ligada ao próprio sentido da verdade e do valor. A palavra mesmo o diz, *magister*, mestre, é aquele em quem se verifica um excedente de existência, e portanto aquele cuja superioridade, entre todas as superioridades humanas, é a mais bem fundamentada de todas, talvez a única que não pode ser contestada. Mas a hierarquia não exclui a amizade, na medida em que se fundamenta numa comunidade das vontades, ordenadas aos mesmos valores. A superioridade do mestre, justificada em razão e em direito, não se apresenta como um absoluto, como um fim em si mesmo; se o mestre se reconhece, se é reconhecido como mais avançado em idade, saber e competência, ele próprio continua no caminho dessa mesma verdade de que dá testemunho perante o discípulo. A autoridade magistral é a outra face da subordinação do mestre; a disciplina que impõe, impõe-na a si mesmo. O mestre que julga ter chegado à realização é apenas um potentado ou um tirano, infiel à sua vocação e esquecido dessa verdade de que devia ser servidor. Toma-se por uma origem, quando não deve ser mais que um portador.

É evidente que a reflexão aborda aqui as justificações últimas. Mas esta metafísica é válida desde os mais humildes graus do ensino; faz sentir seus efeitos nos primeiros níveis da escola primária. A educação só terá sentido se pressupuser uma convergência das vontades que comungam neste ponto imaginário do horizonte onde suas intenções se encontram. Daí, desde já e desde o pressentimento do futuro, um parentesco e uma fraternidade das almas a despeito de qualquer defasagem. É por isso que a pedagogia é sempre secretamente uma forma da amizade. E talvez qualquer amizade autêntica seja também uma forma de pedagogia.

Não se trata aqui do "mestre camarada", preconizado por certas tendências libertárias que, descido de sua cátedra, iria se misturar aos estudantes e simularia, entre eles e ele, uma liberdade-igualdade-fraternidade contrária a qualquer evidência. A demagogia só pode impor uma aparência enganosa, aliás rapidamente desmentida pela experiência da vida, que restabelece as distâncias entre a criança e o homem. A amizade entre o mestre e o discípulo seria mais de espírito aristocrático, na medida em que, através dos rodeios e das ocasiões, se fundamenta no encontro fugidio do melhor com o melhor, encontro adivinhado, pressentido e raramente confessado. Reside aí, sem dúvida, o ponto mais misterioso e o mais decisivo da pedagogia, que se consuma e se realiza num compromisso mútuo, num pacto não escrito, que marcará toda a vida futura.

A relação do discípulo com o mestre, como também a relação do mestre com o discípulo, é caracterizada por uma dose sutil de intimidade e de distância, distância na intimidade e intimidade na distância. Aqueles que assim se abordam não estão de igual para igual e não podem esquecê-lo; no entanto, a distância é negada no próprio momento em que se afirma. O discípulo deve respeito ao mestre, e o mestre deve ao discípulo, cuja tutela assume, um respeito diferente mas não menos completo. O discípulo respeita a grandeza do mestre; o mestre respeita a pureza do discípulo. Cada um dos dois deve guardar sua posição, e no entanto cada um dos dois pressente o segredo do outro, cada um dos dois conhece o outro, talvez melhor que o outro se conheça. Não há, diz o provérbio, um grande homem para seu criado de quarto. E Goethe comenta: "Não porque o grande homem não seja um grande homem, mas porque o criado de quarto é um criado de quarto..." Só há mestre para o discípulo; o mestre só existe verdadeiramente na reverência do discípulo. Sócrates nos é conhecido por seus discípulos, muito melhor do que se possuíssemos as obras completas de Sócrates. E podemos sonhar no que teria sido o retrato de Sócrates feito pela senhora Sócrates, a impertinente Xantipa...

O poeta Novalis, em seu pequeno romance *Os discípulos de Sais*, atribui ao discípulo a evocação da afeição misteriosa e exclusiva que o une ao mestre: "Não posso nem desejo compreender o Mestre. E tenho por ele uma afeição igualmente incompreensível. Sei que ele me compreende, nunca me disse nada que ferisse os meus sentimentos ou as minhas aspirações. Quer, ao contrário, que sigamos cada um nosso próprio caminho, porque todo caminho novo atravessa regiões novas e nos leva finalmente para moradas sonhadas, para aquela santa pátria."[6] O mecanismo das afinidades eletivas permite assim a unidade na reticência e a alegria no segredo pressentido de uma verdade partilhada: "o Mestre não me falou nunca dessas coisas, e não posso, de minha parte, confiar-lhe nada; parece-me que há aí um mistério inviolável"[7].

Evidentemente, estamos aqui muito longe dos imperativos técnicos da Instrução Pública, tal como se formulam nas repartições ministeriais. O serviço público daquilo a que se con-

....
6. Novalis, *Die Lehrlinge zu Sais*, trad. Geneviève Bianquis, *Kleine Schriften*, Aubier, 1947, p. 137.
7. Ibid.

vencionou chamar Educação Nacional propõe-se distribuir, com um mínimo de despesa e nos prazos mais rápidos, a todos os futuros cidadãos, um mínimo vital intelectual. E, nesta esperança, os praticantes da pedagogia laica e obrigatória sonharam com espantosas utopias em que corre desvairada a sua imaginação tecnocrática. O ilustre Piaget descreveu minuciosamente o espaço euclidiano da escola primária, onde a criança, arrancada ao seu egoísmo, ao seu obscurantismo nativo, aprenderá, dos 8 aos 12 anos, a autonomia e o descentramento na relatividade generalizada da coexistência, sob o olhar impassível e eletrônico do mestre-tipo. No quadro geométrico da classe, no retângulo nu do pátio, as relações humanas são postas entre parênteses, alinhadas pelo imperativo categórico, e a criança veste-se com o uniforme do cidadão consciente e organizado[8].

O intelectualismo dogmático e intemperante culmina, na obra de Piaget, numa espécie de geometrismo mórbido. Poderíamos nos contentar em sorrir, evidentemente, se a obra do maior especialista atual da psicopedagogia não fosse considerada com uma seriedade extrema pelas autoridades responsáveis. Do ponto de vista do organizador, este delírio apresenta a vantagem de valer em toda parte e sempre; todos os mestres se equivalem e todos os alunos são substituíveis uns pelos outros. O ecumenismo pedagógico da Terceira República podia impor com toda serenidade, aos quatro cantos do mundo francês, de Tombuctu a Brazaville e de Papeete a Chandernagor, os mesmos catecismos escolares e o mesmo diploma de estudos fabricado à escala do escolar parisiense. Nos papéis administrativos, as diferenças não aparecem; e, além disso, nos confins geográficos, protegidos pela distância, que tinha ainda um sentido, os executores do sistema viravam-se como podiam, procedendo por sua própria iniciativa às adaptações indispensáveis.

....

8. Pode-se encontrar um bom resumo das teses essenciais de Piaget, feito por ele mesmo, no escrito intitulado: "L'individu et la formation de la raison", in: *L'individualité en histoire*, Terceira Semana de Síntese, Renaissance du Livre, 1933.

É evidente que a pedagogia dos organizadores só pode ser uma pedagogia de massa, ligada à fabricação em grande série de produtos humanos semi-acabados. A verdade aqui situa-se no plano matemático, formula-se em médias e estatísticas. Os administradores preocupam-se com o que chamam a escolarização, que identificam vagamente com uma espécie de elevação do nível de vida intelectual. O futuro humano, o advento de cada ser humano a uma certa qualidade de humanidade não os interessa. Talvez porque também se tenham esquecido de se tornar homens. E sobretudo porque este gênero de promoção do trabalho não pode ser o objeto de recenseamentos exatos e de gráficos satisfatórios.

Não se pode confundir, no entanto, o certificado de 1.º ou 2.º grau com a salvação eterna; é preciso não confundir o domínio humano privilegiado que é a escola com um estabelecimento industrial que trabalha em cadeia. A psicopedagogia pueril, honesta e euclidiana de Piaget faz da escola um espaço neutro e impessoal, um pátio de caserna onde cada um aprenderia a alinhar-se com todos os outros, graças a sábios exercícios de ordem unida. Pode acontecer que a escola seja também isso, mas é a escola vista ao contrário por um mestre sem imaginação e que faria da sua própria existência uma lei universal. Pois a escola é, de fato, em primeiro lugar, o espaço dos encontros, das rivalidades, das hostilidades e das amizades, o primeiro terreno de experimentação das atitudes e dos valores humanos.

À utopia neutralista de Piaget seria preciso opor, por exemplo, o célebre romance de Louis Pergaud, *A guerra dos botões*, cujo raro mérito é apresentar a imagem da classe vista pelos escolares e vivida por eles sob uma maneira de aventura épica, em que a lição sobre o sistema métrico ou sobre os direitos e deveres do cidadão aparece no contexto real das preocupações, dos desejos e das paixões dos doze anos. É tão grande a distância entre as evocações de Piaget e *A guerra dos botões* quanto entre o *Contrato social* e a *Ilíada*. Ora, todos sabem que a *Ilíada* é para os historiadores um documento precioso, cheio de elementos de uma realidade que podemos tentar reconstituir através do poema homérico. Ao contrário, o *Contrato social* saiu das especulações de Rousseau e nos informa sobre as idéias de Rousseau, mas não sobre a evolução real das sociedades.

Se, como tentamos mostrar, o diálogo é o lugar de eleição da verdade, a pedagogia do diálogo irá opor-se necessariamente à idéia de uma pedagogia em geral. Esta se fundamenta na confiança intelectualista na eficácia da linguagem. Ensinar é apresentar um conjunto de noções da maneira mais clara e inteligível. O aluno assiste à lição com uma presença inteiramente lógica; só os seus ouvidos estão atentos, o resto de sua personalidade ficou no vestiário. O mestre "dá sua aula", o aluno "estuda" sua lição; e, no dia do exame, será capaz de recitá-la como a ouviu. Ao discurso pronunciado do alto da cátedra, *ex cathedra,* corresponde um outro discurso que lhe faz eco, tão impessoal quanto o primeiro. Às horas litúrgicas do calendário escolar, o mestre e os alunos enfrentam-se sem dizerem uns aos outros nada além do que é preciso dizer, e sem que jamais a personalidade de um ou dos outros tenha o direito de entrar no circuito. Mais exatamente, a personalidade do bom professor como a do bom aluno consiste na ausência de personalidade.

Esses dogmas são uma visão intelectual e a própria negação das realidades do ensino concreto. Nenhuma linguagem é inteiramente impessoal, e a linguagem do ensino menos ainda que qualquer outra, pois é um meio privilegiado de comunicação. O sentido comum das palavras é acrescido de um sentido próprio, cada vez que se encarna numa proposta pessoal; é por isso que a linguagem diz sempre muito mais do que diz. E o aluno está sempre atento, para além das servidões escolares, a este excedente de significados, a estas entradas em circuito que de vez em quando põem em causa uma presença humana. Se a palavra docente mobiliza a personalidade daquele que ensina, a palavra ensinada e recebida evoca essa outra personalidade do aluno cuja atenção nunca é inteiramente passiva. A ordem do discurso desdobra-se assim como uma linha de contato entre dois domínios inconfessados, entre duas reticências sempre prontas a despertarem para a significação. Tal é a magia do verbo, que remete sempre aqueles que une para um domínio comum de inteligibilidade primeira, fonte e depósito de humanidade.

Não há sensibilidade propriamente intelectual, distinta da sensibilidade global do ser humano. No decurso da lição mais abstrata, o mestre que expõe é também matéria de sua exposição; e seus ouvintes, em sua atenção ou até em sua inatenção, encontram-se expostos àquilo que ele diz, que a todo instante evoca intenções globais subjacentes a esta ou aquela presença no mundo. Pois toda palavra é encantamento. A despeito de todas as ignorâncias e de todas as precauções, a palavra é um pacto, ela pressupõe um pacto tácito de compromisso mútuo e de implicação das existências. Cada palavra é uma entrevista para seres que esperam, ela assinala uma vida comum, em que cada um dispõe do poder extremo de desiludir ou de satisfazer.

Claro que é preciso ler nas entrelinhas; o que se acha nas entrelinhas, o que continua inconfessado, importa mais do que aquilo que é dito. Qualquer ensinamento se desdobra no fundo de uma comunidade de vontade e ação; qualquer ensino tem um valor de simpatia, ou ainda mais de sinergia; pois a atividade docente é uma atividade edificante. Qualquer professor, quer queira quer não, é um mestre, e qualquer aluno um discípulo. Nenhuma recusa, nenhum sistema de defesa pode fazer com que não seja assim; a despeito da diferença de idades, o homem enfrenta o homem e é julgado segundo a sua humanidade, bem ou mal. Pois a palavra que ensina é uma palavra que transforma o mundo e a humanidade.

É preciso, portanto, aceitar a idéia de um compromisso mútuo do mestre e do discípulo, cujos limites são impossíveis de fixar rigorosamente. O mestre assume a responsabilidade pelo discípulo, o aluno é responsável pela honra do mestre. E, sem dúvida, não poderia tratar-se aqui de uma responsabilidade jurídica do professor pelo aluno que agiu mal. Quando Paul Bourget, no seu romance do *Discípulo,* incriminava Taine a propósito do assassinato cometido, no papel, por um de seus alunos, defendia uma causa má. E Barrès vai um pouco longe demais em seu *Derracinés,* ao acusar a aula de filosofia de levar os alunos bolsistas do liceu direto à guilhotina. Sartre não está pessoalmente em causa quando este ou aquele de seus leitores o invoca para se justificar em tribunal coletivo ou em tribunal correcional.

Se a formulação jurídica falseia a significação sutil das relações entre mestre e discípulo, nem por isso essas relações deixam de ser humanamente reais e muitas vezes decisivas, como o atestaria com toda a evidência a aflição e a angústia do professor por um aluno que sofre ou para quem as coisas não vão bem. Uma grande reticência, um pudor necessário geralmente deixam na sombra esses apegos, por vezes exclusivos e ciumentos, que podem ir até a paixão. A própria idade do aluno, a confiança e a dependência da infância, as incertezas da adolescência, mobilizam em torno da imagem do mestre todos os recursos de uma afetividade mal consciente dela mesma e ainda sem utilização. E esta tensão sentimental que, por vezes, o aluno consagra ao mestre não pode deixar o mestre indiferente, mesmo que faça todo o possível para se defender. Aquele que é escolhido, ou aquela, arrisca-se sempre a receber esta eleição com um comprazimento secreto, e a ser intimamente tocado, mesmo que nada deixe transparecer.

Uma civilidade pueril e honesta bem compreensível deixa na sombra este aspecto da vida dos estabelecimentos escolares, ao menos enquanto não saírem da crônica escandalosa para a crônica judicial. No entanto, é impossível passar inteiramente em silêncio este aspecto patológico do diálogo entre o mestre e o discípulo, pois de fato a fronteira entre o normal e o patológico não é nítidas. Além do mais, embora geralmente se finja ignorá-lo, a pedagogia socrática é indissociável da amizade socrática e, portanto, dessa forma viril do amor, característica, em um certo momento, da cultura grega. É óbvio que não estamos defendendo aqui a causa da pederastia, mas a tradição platônica associa o amor das almas ao amor dos belos corpos por afinidades que não compreendemos mais exatamente e que, no entanto, não devemos nos apressar demais a julgar. O que é certo, em todo caso, é que a vida em comum do mestre e do discípulo não é somente uma comunidade de intelectos, mas um confronto de personalidades. À chama do aluno, seduzido pela autoridade magistral, corresponde a generosidade do mestre, ou, ainda, sua paixão de dominação ou posse. É evidente que cabe ao mais velho, ao mais experimentado, defender-se contra o outro e contra si. É melhor estar avisado desses prolongamentos do que pretender ignorá-los.

Todo conhecimento do outro implica uma intimidade, consciente ou não, e mobiliza as capacidades emotivas do ser humano. A afeição, a amizade amorosa têm um valor pedagógico imenso, à margem dos caminhos e meios das técnicas usuais. O trabalho, o sucesso ou o fracasso escolar inscrevem-se muitas vezes nesta perspectiva apaixonada em que o aluno se esforça por todos os meios de que dispõe para atrair a atenção do mestre, por forçar sua estima, por conquistar sua afeição. Há quase sempre no discípulo o desejo de ser amado; e este desejo vai de encontro ao desejo do mestre, menos totalmente disponível, mas ansioso de justificar a seus próprios olhos a profissão que escolheu. Incontestavelmente, e fora de qualquer desvio, a vocação de ensinar é uma vocação de amizade, e o mestre em quem essa vocação não fosse perceptível não encontraria muito eco perante seus alunos; os próprios resultados de sua atividade escolar trairiam nele esta carência de afeição.

Deve-se notar neste ponto capital a miséria dos teóricos. Sem dúvida a pedagogia teórica admite que o professor primário deve "amar as crianças" que tem a seu cargo; mas, após esta concessão de pura forma, passa às coisas sérias, que são de ordem técnica. Ora, todos os artifícios técnicos, todas as matemáticas sem lágrimas, todos os latins sem choros não bastam para compensar a ausência de contato vital naqueles que não o têm. O êxito do mestre ou a sua infelicidade dependem desta capacidade de compreensão e acolhida, deste dom de caridade comunicativa a que, antes de mais nada, os alunos são sensíveis. E se este dom não puder ser fornecido aos que não o possuem por si mesmos, ao menos seria preciso prevenir todos os aspirantes ao ensino de que o verdadeiro mestre é mestre de amizade. As disciplinas são inúteis e, aliás, votadas ao fracasso sem esta cláusula fundamental de um entendimento e de um diálogo na confiança mútua e sem a estima de todos por todos.

Se admitirmos esta primazia da amizade no ensino, vamos nos espantar menos com os desvios e perversões, e talvez encontremos no lugar de destaque dado ao diálogo na sua plenitude um recurso e um auxílio contra os erros. Uma psicanálise apropriada pode abrir caminho às sublimações; mas a mesma análise deve ser igualmente aplicada àquela outra patologia do professor acantonado em sua técnica por falta de humanidade, por falta de confiança em si e de contato com o outro. Esta patologia do diálogo permite, aliás, esclarecer certos aspectos da vida escolar, aos quais muitas vezes nos contentamos em consagrar uma indulgência divertida.

A algazarra, a revolta da classe, a insubordinação sistemática sublinham uma deficiência do contato humano. O mestre é recusado como mestre; é posto em minoria, apanhado em seus defeitos e obrigado ao fracasso pela massa unânime e desencadeada daqueles que deveriam receber o seu ensino. Há uma espécie de fatalidade que se abate assim sobre alguns seres e que os perseguirá do início ao fim de uma carreira desesperada. Para aquele que escolheu ser professor, o intento de nada receber oposto pelo auditório é evidentemente uma humilhação renovada a cada dia. É atingido na sua dignidade de homem e corre o perigo, perante o absurdo de sua situação, de decair numa irremediável miséria espiritual.

Ora, a algazarra não é a punição dos maus. O homem de autoridade impõe sem dificuldade uma disciplina que ninguém pensa infringir. O indiferente, para quem esta profissão é um ganha-pão como qualquer outro, conforma-se ao horário e ao programa; sai-se das dificuldades geralmente sem reação por parte de seu auditório; sua força provém-lhe justamente do pouco significado que dá aos rituais escolares. O drama do professor que convive com a algazarra é que ele está ligado aos seus alunos por um surdo comprazimento, por esta atroz cumplicidade que une, em muitos casos, a vítima e o carrasco. Aquele que ama mal será mal amado e pagará o preço de sua inabilidade. A falta de autoridade é em primeiro lugar uma perversão de si para consigo, uma espécie de confusão dos valores que se exprime por uma falta de caráter. A inferioridade do mestre que é vítima da algazarra da classe provém-lhe do fato de se sentir inferior; precisa de afeição, e esta necessidade provoca sua dependência. Aquele que pedir menos receberá muito mais; mas um outro que revelou sua insuficiência profunda irá suportar a lei em lugar de impô-la.

A algazarra representa seguramente um dos pontos nevrálgicos da realidade escolar, embora as diversas pedagogias pareçam fazer questão de ignorá-la. Estamos aqui num domínio de completa irracionalidade, em que as técnicas, as receitas da profissão parecem inteiramente inoperantes. Inversamente, a existência da algazarra reduz a nada as pretensões pedagógicas: utilizados pelo professor que tolera a algazarra, os métodos mais perfeitos de ensino disto ou daquilo revelam-se completamente inoperantes. Em outras palavras, a pedagogia subentende o bom contato entre o mestre e os alunos, mas é incapaz de suscitá-lo onde não existir. A pedagogia dos livros de pedagogia é uma pedagogia secundária em relação a esta pedagogia primária, em que se afirma o encontro do homem com o outro e consigo mesmo. Esta dimensão metafísica fundamental é pressentida quando, por exemplo, os colegas do professor que é vítima da algazarra, embora lamentando a sua infelicidade, têm consciência de uma surda cumplicidade entre este homem e seu destino. Um mestre autêntico não pode ser recusado; aquele que não consegue obter ou forçar o respeito não tem vocação para ser mestre. O barulho, os gritos da classe que se insubordina confirmam a necessidade fundamental do diálogo: o professor não pode se fazer ouvir; a classe se recusa a escutar, recusa a palavra ao mestre porque o acha indigno de tomar a palavra. Há um confronto, e o mestre é pesado e julgado demasiadamente. Uma análise lúcida mostraria, em cada caso, afora a crueldade de tais situações, a atuação de uma espécie de justiça imanente. A fraqueza e os bons sentimentos não são uma desculpa de absolvição, e não basta contar com a gentileza, com a passividade dos alunos. O diálogo supõe, tanto de uma parte quanto de outra, exigência e afirmação. A classe que faz barulho manifesta que não encontrou um interlocutor válido. Tudo entrará na ordem quando for satisfeita a necessidade de estima, respeito e autoridade que cada aluno conserva em si até nos piores excessos.

Claro que seria preciso tentar um estudo aprofundado deste fenômeno, que põe em ação, para além da inteligência lúcida, uma espécie de perversão e de subversão das relações humanas, e que pode redundar em crises de frenesi, em verdadeiros delírios coletivos. Forças obscuras libertam-se, num paroxismo de violência, em crianças ou adolescentes que no entanto não parecem especialmente anormais ou sádicos. A violação da ordem põe em ação um dinamismo que toma um caráter obsessivo, como se as relações humanas, uma vez desprezadas ou falseadas, não pudessem nunca mais ser restabelecidas na sua verdade. A primeira algazarra revelou uma desproporção das forças confrontadas; o professor, cuja presença deveria impor a calma, o silêncio, a atenção, revelou-se em situação de inferioridade. Não soube se fazer respeitar; e não se perdoa nem se perdoará nunca. A transgressão inicial revelou a ausência de um verdadeiro mestre, e esta transgressão primeira das interdições e dos rituais arrasta consigo uma espécie de reação em cadeia que, em muitos casos, não terminará nunca. O professor que é vítima de algazarra poderá mudar de classe ou estabelecimento; continua marcado por um sinal indelével, e a infelicidade irá persegui-lo ao longo de sua carreira, a menos que tenha a sensatez de renunciar ao ensino para o qual não foi feito. O pior é que ele está ligado a esta profissão de professor a despeito da desonra de que é vítima. De maneira que está destinado a sofrer sem esperança se perseverar, mas, se se desencorajar, não sofrerá menos por ter falhado na vida.

O professor que é vítima da algazarra, quando entra na sala, já perdeu a partida antes de ter aberto a boca, antes mesmo de ter aberto a porta. A classe espera-o, sua classe, que talvez seja no resto do horário uma classe pacífica; ela o espera com a excitação da tempestade que vai se desencadear ou já com o rugido do mar em fúria. O professor ainda não chegou; esperar por ele basta para desencadear estas paixões, que, de todos, o escolheram por objeto. Nada poderia esclarecer melhor o fato de que o espaço do diálogo não é um universo do discurso, uma espécie de *no man's land* onde só prevalecem normas de uma razão impessoal. Se é verdade que o espaço de

Newton, segundo a expressão de Scheler, é o vazio do coração, o espaço escolar é um confronto de presenças humanas, que se medem uma à outra num combate cuja solução nunca é antecipadamente garantida.

Por outro lado, é também evidente que a entrevista entre o mestre e o discípulo se situa num contexto social. A escola não é um continente abstrato e geométrico; é um lugar humano concreto em que o mestre se propõe e impõe como mestre, não a um indivíduo ou indivíduos, mas a uma classe, a um grupo que possui uma realidade sociológica. A relação específica do mestre com este ou aquele sobressai no pano de fundo da comunidade, no seio da qual cada um sente-se ligado a uma vida de conjunto com todos os outros, pois o mestre pertence à sua classe e depende dela tanto quanto cada um dos alunos. O mestre não é mestre diante de sua classe, instalado em sua cátedra ou em seu quadro; é mestre na sua classe e com sua classe, da mesma maneira que o bom aluno ou o mau, o primeiro ou o último, tomam lugar na classe e se conferem mutuamente seus respectivos significados. Na escala reduzida da classe, que respeita as dimensões humanas, esboça-se uma sociologia latente, em que cada um faz à sua maneira a experiência do trabalho, do desencorajamento, do desejo de poder, do sucesso sobre o fracasso. Outras qualificações intervêm além daquelas que se afirmam na ordem intelectual: tanto o aluno quanto o mestre podem ganhar a estima e a amizade, atrair a atenção ou forçar a admiração de um valor humano que não se traduz nas notas dos deveres ou exames.

O mundo escolar certamente não é o mundo real, mas já é um mundo; desenvolve um meio vital em que cada existência se conhece pela primeira vez, libertada das coações específicas da família. A doutrina psicanalítica ensina que o indivíduo, uma vez desligado da constelação familiar, irá se esforçar por restabelecer com os seres que o cercam relações da mesma ordem, essencialmente desejosos de reencontrar uma mãe, um pai, irmãos, irmãs, sob a influência de uma espécie de nostalgia regressiva que dominaria o mecanismo de sua afetividade. Também seria verdade dizer que a criança aprende, entre as novas relações do meio escolar, a tomar distância em relação ao funcionamento de seus sentimentos. As relações necessárias que a uniam à sua família cedem lugar a relações em que pode se afirmar uma liberdade de escolha. As presenças antigas já não são exclusivas, há novas presenças que se afirmam e que invocam investimentos afetivos. É preciso se desprender e se retomar, abordar o outro e se deixar abordar; revela-se aqui uma nova dimensão da experiência, um novo uso de si e do outro, em que cada um aprende satisfações e sofrimentos, alegrias e tristezas, e em que a personalidade se esboça através do fluxo e refluxo das vicissitudes cotidianas.

O diálogo entre o mestre e o discípulo não é portanto um combate singular. Ou, antes, o confronto particular supõe esta comunidade de vida que se realiza na escola e na classe. Qualquer pedagogia, na medida em que se organiza em função de uma verdade, implica uma ontologia, e qualquer ontologia inscreve-se no quadro de uma sociologia. A experiência escolar é uma experiência solidária. Não se reduz a essa engorda dos cérebros que é a única preocupação dos programas e exames. Os tecnocratas ministeriais concebem a instrução pública como uma aprendizagem de tipo específico, mas não sabem que toda aprendizagem de uma técnica ou de uma profissão põe em causa a totalidade do ser humano. As disciplinas do certificado de estudos primários, a leitura, a escrita, as contas já são outra coisa, e bem mais que os rudimentos de um saber utilitário. Pode-se aplicar-lhes a nobre expressão de Goethe: "Nada mais sensato do que se entregar a uma profissão, mesmo que a mais ordinária. Para o espírito nobre, será uma arte; pois verá nesta única coisa que ele sabe fazer bem a imagem de tudo aquilo que se faz bem."

Em outras palavras, quer se queira quer não, qualquer ensinamento tem valor educativo. Instruir, em latim, significa construir, isto é, edificar. A escola é o lugar onde se edifica a personalidade. A palavra do mestre desempenha geralmente um papel importante nesta edificação, mas não um papel exclusivo. É o meio no seu conjunto, o atestado mudo das coisas, a presença dos homens, que orientam a todo instante a tomada de consciência, separando o essencial do fútil. Entre o professor e seu aluno, aquilo que começa e continua não é um diálogo de morte num espaço sem contornos e segundo liturgias imutáveis. O homem invoca o homem, um homem dirige-se a crianças que serão homens, que por seu lado são, uns para os outros, atestados de humanidade. Cada um surge dotado, em relação a todos, do poder supremo de ressonância e encantação. A palavra *cultura* revela aqui as raízes campestres; evoca uma vida e uma paisagem.

É verdade que o diálogo é inseparável da paisagem, como a verdade humana da paisagem. É preciso pensar de novo, e não sem melancolia, nos colégios dos jesuítas, nos liceus de Napoleão, nos grupos escolares da Terceira República: a aflitiva mediocridade dessas arquiteturas trai a pobreza espiritual de nossa Instrução Pública, mesmo quando está camuflada de Educação Nacional. A geometria elementar dos edifícios, o cinza das paredes evocam somente a regra e o tédio na uniformidade. Pode-se pensar, no entanto, numa paisagem que se harmonizasse com o espírito e o coração, que se antecipasse para despertar a inteligência e os sentimentos das crianças para o respeito dos valores de encanto, de gosto e medida.

Contaram-me que uma delegação de professores soviéticos que visitava, na Inglaterra, a venerável escola de Eton, ficou um pouco chocada com o arcaísmo dos edifícios, com a antiguidade das mesas e dos bancos sobre os quais inumeráveis gerações de escolares, no decurso dos séculos, assinalaram sua presença com pacientes inscrições. Os soviéticos surpreenderam-se ao ver que este material tão manifestamente usado e não conforme às normas modernas ainda não tivesse sido renovado. Os ingleses sorriam polidamente e nem tentavam explicar o tesouro de veneração que representavam para eles estas velhas paredes e estes velhos móveis, aquela paisagem espiritual, um de seus mais caros patrimônios. Nas escolas, nas universidades britânicas, perpetua-se o clima moral que fundamenta através do mundo o estilo de vida de um povo.

O diálogo socrático desenvolve-se no espaço mental da cidade grega; é inseparável da paisagem de Atenas, de suas colinas, de seus mercados e cruzamentos. Da mesma maneira, pode-se notar que as escolas de Atenas, as tradições filosóficas da Grécia, conservam através dos séculos os nomes dos lugares privilegiados em que começaram: o Liceu, a Academia, o Jardim, o Pórtico são igualmente lugares especiais na topografia dessa Atenas ideal, há muito tempo desaparecida, mas viva para todo o sempre no reconhecimento e na fidelidade dos homens cultos do Ocidente. O intelectualismo francês finge acreditar que todo pensamento se resume a um exercício de aritmética elementar, como se o menor dos estudantes trouxesse na sua mala o bicórnio do politécnico, a esperança da consagração suprema que consistiria em praticar matemática superior em volta de um pátio de caserna.

Mas a cultura é também um sonho, o conjunto de sonhos de que se alimenta uma espiritualidade. Nos tempos obscuros em que o Ocidente não conhecia outros lugares de ensino além dos mosteiros, à sombra das igrejas, estes exprimiam e resumiam todo o esforço arquitetural da época. Os claustros românicos foram o refúgio, o oásis perfeito em que se centraram os pensamentos e os valores que iriam definir a sabedoria para o mundo futuro. O humanismo italiano teve, em Florença, um cenário na medida de sua esperança, para a edificação do qual a exigência dos letrados serviu de guia aos mestres de obra e aos artistas. O ideal renascentista nasceu no século XV sobre as colinas toscanas, de onde a vista se estende sobre o vale do Arno e até Florença, na localidade de Careggi, dada por Cosme de Médicis a Marsilio Ficino, para que aí fizesse reviver para seus amigos e para si próprio o sonho venerável da Academia platônica. "O segredo de Careggi, escreve André Chastel, é o fascínio do jardim de Academos, com todos os prestígios de que se enfeita a imaginação dos Humanistas, agora depositários dos textos gregos e contemporâneos de uma civilização que se julga no nível da antiga e da qual se consideram intérpretes (...). Dir-se-ia, por vezes, que, num espírito já goethiano, os novos sábios já sonham em realizar consciente e religiosamente os seus progressos e as suas metamorfoses. O aparato das ciências e das doutrinas resolve-se em símbolos, e a música excita à contemplação que conduz a uma humanidade superior..."[9]

....

9. André Chastel, *Marsile Ficin et l'art*, Bibliothèque d'Humanisme et Renaissance, XIV, Genebra, Droz, 1954, pp. 9-10.

A aventura humana do conhecimento nasceu no jardim do Éden, e toda cultura sonha talvez em reconquistar o paraíso perdido. O espaço do diálogo e do encontro entre os vivos e os vivos, entre os vivos e os mortos, é um espaço mental que tende a se projetar em redor, a inscrever-se na paisagem reconquistada. Todas as artes procuram exprimir a edificação do homem em edificação do mundo. O sonho da cultura assim encarnada em forma de Jardim, de Academia ou de Universidade é o desejo de que a harmonia humana, depois de ter ido do homem à paisagem, retorne, para as gerações futuras, da paisagem ao homem. Pois a paisagem é, à sua maneira, diretora da consciência, invocação e evocação da consciência. As ordens arquitetônicas de Cambridge, as relvas anglo-saxônicas, a floresta germânica, o monte de Coimbra, os claustros de Salamanca também são interlocutores válidos no diálogo do homem com o outro, consigo próprio e com o mundo, em que se resolve a essência da cultura.

Que ninguém se espante, portanto, em constatar que a universidade francesa, universidade sem paisagem, é também uma universidade sem diálogo. Submersa no anonimato das cidades dos negócios, a universidade divide-se em faculdades, que se decompõem (é bem a palavra) em Institutos, em cursos e em ciclos de atividade, estranhos uns aos outros. A atividade intelectual desloca-se em tarefas parcelares em que só a técnica substitui a virtude. É assim que, nas imensas empresas da indústria contemporânea, o operário isolado em seu posto fabrica, ao longo do dia, peças cujo sentido e emprego ignora. Porém, se a lógica da divisão do trabalho impõe-se nas atividades mecânicas, constitui na ordem cultural uma aberração, porque a cultura é o sentido dos conjuntos; tem por finalidade manter, através das vicissitudes e da renovação dos tempos, a imagem do homem e a imagem da humanidade.

Cada tempo tem a cultura que merece. O nosso, que é o tempo dos meios de comunicação, e que parece, graças ao automóvel, ao avião, ao telefone, ao rádio e à televisão, ter suprimido a distância entre o homem e o homem, nada fez para lidar com a única verdadeira aproximação do diálogo autêntico. E, semelhantemente, a nossa época, em que se vê afirmar-se, para além da civilização do trabalho, a que se consagrava a humanidade recente, uma civilização do lazer, só parece procurar o lazer na fuga ao trabalho e no desvio em relação a si próprio. Ora, a essência da cultura reconcilia o trabalho e o tempo livre no confronto do homem com o homem, na busca em comum de uma verdade que congrega a humanidade. É talvez muito tarde para dizê-lo, depois de muitos outros, mas é preciso repeti-lo mesmo que seja muito tarde: a Universidade é, por vocação, o lugar privilegiado em que a harmonia humana é possível, e a salvação, não na fuga ou na evasão, mas no regresso a si próprio e aos outros, graças à virtude laboriosa do lazer. A Universidade ideal, a única que conta, é esta comunidade cuja missão é trabalhar para a universalidade. Somente se se tornar consciente de sua missão, será na verdade um lugar privilegiado da alta cultura, cujo melhor instrumento é o diálogo na investigação e na amizade. Há, dizia Santo Agostinho, uma alegria da verdade, *gaudium de veritate;* é esta alegria que, para além das paisagens, constitui o horizonte último do conhecimento em sua autenticidade. A cultura é paciência e trabalho, a cultura é lazer, a cultura é amizade; a cultura é a recompensa do espírito finalmente libertado e reconciliado na festa jubilosa da verdade.

9. O verdadeiro mestre e o verdadeiro discípulo

Cada aluno é um aluno entre todos os alunos na classe reunida; e o professor quando dá aula fala a mesma língua a todos. Mas esta pedagogia em série que confronta o professor e a classe acompanha-se, ou pode se acompanhar, de uma relação de pessoa para pessoa; o professor pode ser também um mestre, e cada aluno um discípulo, em situação de diálogo e sob a invocação de uma vontade de verdade que constrói entre eles uma visível comunidade. Tal como Guliver entre os anões, ligado à terra por uma infinidade de pequenos fios que o imobilizam, o mestre está ligado à sua classe não somente por uma mutualidade maciça, mas também por uma reciprocidade detalhada com cada um daqueles que o escutam. O monólogo aparente da palavra docente decompõe-se, na análise, numa multidão de diálogos. O erro da pedagogia usual é se ater à aparência macroscópica do professor que se confronta com sua classe; a pedagogia verdadeira, à imagem da física contemporânea, teria de passar ao plano microscópico; em lugar de considerar a média estatística, aplicar-se-ia aos dados individuais primários. Uma classe de trinta alunos, tal como de passagem a observa um inspetor, é apenas a resultante de trinta diálogos simultâneos, sendo que cada um tem seu próprio sentido e valor.

Os sociólogos franceses da escola de Durkheim, e na tradição de Auguste Comte, ensinavam que o grupo não é a soma dos indivíduos que o compõem, e sim que possui uma realidade própria capaz de se impor ao indivíduo. O caso particular da classe mostra bem o valor e os limites da interpretação. A classe existe, é verdade, como tal; cada aluno pertence à sua classe, e o professor julga esta globalmente: há classes ruins, medíocres ou boas, classes inertes e outras cheias de vida. Mas há também orquestras de grande qualidade, e outras que não saem da mediocridade; será a boa orquestra que faz os bons instrumentistas, ou os instrumentistas é que fazem o valor da orquestra? E, aliás, a mesma orquestra não rende de maneira diferente segundo a personalidade do maestro que a conduz? Percebemos sem muito esforço que os grandes sucessos, tanto no campo musical como no pedagógico, correspondem a um conjunto de coincidências e encontros particulares. A situação de conjunto reage sobre cada um dos participantes, mas é o concerto dos participantes, a harmonia das personalidades e a utilização feita desta harmonia pelo maestro responsável que suscitam a situação de conjunto.

O professor "dá aula" para esses trinta alunos. Mas, sob o anonimato desta realidade objetiva, há talvez um mestre que deseja ser compreendido; e talvez haja trinta discípulos possíveis, trinta, ou vinte, ou dez existências à espreita de uma palavra de vida que cada uma espera seja dita só para si. Acontece, sem dúvida, e amiúde, que o professor nada tenha a dizer; e também acontece que a massa dos alunos nada tenha a ouvir. Mas o sentido profundo, a justificação essencial da atividade pedagógica é o encontro furtivo, a secreta cumplicidade que se estabelece ao sabor de uma frase, quando o discípulo conhece e reconhece nesse homem que fala no vazio um revelador do sentido da vida. Pode acontecer de essa relação não ser jamais explicitamente confessada; pode acontecer de o mestre jamais ter suspeitado o discípulo neste ou naquele aluno, submerso na massa. Mesmo irrealizado, o encontro teve sua importância. Cada homem guarda, sem dúvida, na memória algumas frases, algumas expressões que lhe vêm de seus tempos de escola: "Como dizia o velho Fulano..." E a locução favorita de um antigo professor primário há muito desaparecido continua mensageira de uma lição de verdade, que uma vez ouvida jamais é esquecida.

O diálogo do mestre com o discípulo pode assim se reduzir a alguns contatos fugidios; mas pode também estabelecer uma amizade vigilante. De qualquer maneira, constitui a essência da vida docente: o contato global do mestre com a classe alimenta-se desse conjunto de contatos individuais, e as intermitências da pedagogia, os altos e baixos de toda a vida escolar, analisam-se no final das contas em relações elementares em que cada uma das partes presentes, procurando o contato da outra, procura sua própria identidade e a justificação de sua existência. A relação pedagógica surge assim como uma relação de dupla dependência: cada um depende de seu interlocutor e deve-lhe suas melhores garantias. É o discípulo que faz o mestre e é o mestre que faz o discípulo. Daí a extrema importância, para um e outro, deste colóquio singular em que eles se defrontam.

O discípulo tem necessidade do mestre, é evidente. Não pode haver discípulo sem mestre; é só depois do encontro com o mestre que o discípulo descobre ao mesmo tempo a realidade e o sentido de sua busca. Ninguém vai lançar-se à procura de um mestre, seja ele quem for, como um criado à procura de um trabalho; aquele que partisse para a aventura arriscaria muito encontrar um sedutor, não um mestre. A vida espiritual, antes do encontro do mestre, é feita de espera e paciência, mas esta expectativa ignora que o é, e esta paciência pode tornar-se simples passividade, soçobrar na monotonia e no tédio, se o mestre não vem, como acontece no conto, despertar a alma adormecida no bosque.

Mas, se é dever do mestre despertar o discípulo, não pode criá-lo a partir do nada. Ele faz passar ao ato, à consciência, possibilidades adormecidas. O choque do encontro, sob uma espécie de apelo ouvido da parte de outrem, é uma chamada a si. Jesus, na narração dos evangelhos, recruta seus primeiros discípulos dirigindo-lhes estas palavras: "Tu, segue-me..." A fórmula é simples, talvez muito simples, e sua simplicidade pode enganar quanto ao seu sentido verdadeiro. A vocação cristã é uma interpelação existencial cuja ressonância é tal que a existência assim posta em causa se decide de imediato, e decide seu futuro para sempre. Alguma coisa foi dita, alguma coisa foi ouvida que as palavras não exprimem para as testemunhas diretas ou indiretas do diálogo.

O evento, o advento do mestre na vida do discípulo afigura-se aqui com uma clareza soberana. Tu: a palavra do mestre concerne pessoalmente ao interessado; ele é posto em questão em seu próprio ser e como que desvelado a seus próprios olhos. Sua própria identidade, até aí indecisa, toma forma de uma vez; sai do falso sentido e do anonimato. Dirigindo-se àquele que será o apóstolo Pedro, Jesus diz: "Tu és Simão, filho de Jonas; serás chamado Cefas." Ainda aqui se rasga o véu; a mudança de nome não significa a criação de uma personalidade radicalmente nova; exprime uma revelação de si, o acesso a uma consciência superior. A partir do momento em que ouve a palavra do mestre, o discípulo fica vencido e convencido. Não se torna outra pessoa; afirma-se a si mesmo.

Segue-me: a afirmação da personalidade é uma mobilização da personalidade. Até aí o discípulo era um entre os outros. Vivia na inconsciência, na ignorância e na imobilidade. Daqui para a frente, tudo muda; a vida tem um sentido, uma finalidade. A adesão ao mestre, uma vez que é consentimento a si mesmo, nada tem de escravidão. Para o discípulo, ela implica servir o mestre, mas somente na medida em que este serviço é a consagração à verdade. O discípulo é lançado numa aventura cuja necessidade se alia à sua própria liberdade. A experiência pedagógica mais usual atesta que a operação do mestre suscita energias insuspeitadas, põe em jogo uma capacidade de trabalho tanto mais fecunda quanto se acompanha de alegria no trabalho. Daí em diante, o labor encarna uma exigência pessoal, a vontade de afirmar e de se afirmar. O mestre chama o discípulo à existência. Desencadeia nele o desejo de provar aos outros e a si mesmo a realidade e o valor de sua própria existência.

O discípulo só existe pois através do mestre, que lhe é mediador de existência. Mas o próprio mestre só é mestre graças ao discípulo. Há uma vocação do mestre para a mestria, de que só o testemunho do discípulo pode dar a revelação ao mestre.

É normal que o mestre fique inquieto e que duvide de sua certeza. Nenhum homem é completamente digno de suportar o pesado fardo da verdade, nenhum homem, de plena consciência, pode fazer profissão de mestria. Para que ele saia de sua reserva, é preciso que lhe seja dirigida a citação do discípulo. "Tu és para mim o mestre de que tenho necessidade; deves ser o meu mestre; deves, logo podes", tal é o imperativo categórico da mestria. Só o discípulo tem o poder de colocar assim o mestre diante de suas responsabilidades.

A citação do discípulo, a sua certeza, força as incertezas do mestre. O mestre descobre que tem almas a seu cargo, sem talvez tê-lo desejado. O fato, daí em diante, é inelutável, sob pena de traição espiritual. Acontece que o mestre e o discípulo tenham se escolhido mutuamente, mas também ocorre que o encontro seja fortuito e que tome para um e para o outro o caráter de uma intimação. Mas, de qualquer maneira que se estabeleça a relação de mestria, ela supõe a participação de uma dimensão ontológica. A relação social, o quadro institucional acham-se então ultrapassados, uma nova disciplina se impõe, justificando relações fundadas na verdade. Daí o caráter quase sacramental da mestria, mesmo quando ela se exerce num campo profano. A autoridade do mestre, a obediência, o respeito do discípulo, não definem somente uma relação de indivíduo para indivíduo, segundo a norma de uma hierarquia técnica análoga a todas as outras. Trata-se aqui da vocação essencial de cada pessoa para a humanidade, único princípio de autoridade em função do qual se ordenam e se subordinam as vontades.

O mestre suscita o discípulo, mas por vezes o discípulo suscita o mestre, e, em todo caso, justifica-o. Ambos vivem, solidários, a mesma aventura. O mestre foi, aliás, discípulo, e o discípulo, se for digno do mestre, será mestre por sua vez. A educação do gênero humano, no que tem de melhor, prossegue de época para época segundo a exigência renovada desta cultura do homem pelo homem, de mestres para discípulos e de discípulos para mestres. Eis por que, a despeito das especializações que parecem opor as disciplinas técnicas, todo mestre autêntico é um mestre de humanidade. Aos olhos do discípulo que o reconheceu, e que portanto nele se reconheceu, o mestre é um grande homem, isto é, um homem. Como ensina uma fórmula célebre, um grande homem é um homem junto do qual nos sentimos grandes.

O austero puritano Carlyle publicou uma série de estudos sob o título *Sobre os heróis, o culto do herói e o heróico na história*. "A História Universal como a entendo, diz ele, a História do que o Homem realizou neste mundo é, no fundo, a História dos Grandes Homens que assim agiram. Esses grandes homens foram os condutores dos homens, os modeladores, os tipos e, num sentido lato, os criadores de tudo o que as massas humanas em geral se esforçaram por fazer ou atingir. Todas as obras que vemos no mundo são, na verdade, o resultado material exterior, a realização prática e a encarnação dos pensamentos que habitam nos grandes homens enviados a este mundo: a alma da história do mundo inteiro, como justamente se poderia fazer notar, seria a história deles."[1] O pensador escocês distingue diversas espécies de grandes homens; o herói para ele pode ser um profeta ou um padre, um homem político, um poeta ou um escritor. Mas, qualquer que seja a forma particular de sua afirmação, ele é alguém com quem não convivemos jamais sem proveito: "Não podemos, por mais imperfeito que seja, estudar um grande homem sem ganhar algo com ele. Ele é a fonte viva de luz perto da qual é agradável ficar, a luz que ilumina as trevas do mundo; e isto não somente à maneira de uma lâmpada iluminada, mas como um lampadário natural que brilha pela graça do Céu; como uma fluida fonte de luz, de intuição genial, inata, de virilidade e de heróica nobreza..."[2]

....

1. *On Heroes, Hero: Worship and the Heroic in History*, 1.ª conferência, 1840, trad. fr. E. Masson, nas *Pages choisies de Carlyle*, Colin, 2.ª ed., 1928, p. 205.

2. Ibid., cf. Nietzsche, *Le crépuscule des idoles*, trad. fr. H. Albert, Mercure de France, p. 173: "Os grandes homens, como as grandes épocas, são matérias explosivas, enormes acumulações de energia; historicamente e fisiologicamente, a sua condição essencial é sempre a mais longa expectativa, uma preparação, uma economia, uma reserva de forças imensas..." Ver também o belo ensaio de Max Scheler: *Le saint, le génie, le héros* (*Vorbilder und Fuhrer*), trad. fr., Fribourg, Egloff, 1944.

O herói, tal como é aqui definido, não é outro senão o mestre, que, ao elevar-nos acima de nós mesmos, nos eleva para nós próprios. Tal é, com efeito, o sentido derradeiro de toda pedagogia, fora e para lá das especializações docentes. O mestre é aquele que permite ao discípulo situar-se no espaço humano. O homem que não tem mestres sofre de uma desorientação ontológica: não sabe onde está; perdeu o seu lugar, ou, ainda, jamais o encontrou. A função do mestre é, pois, permitir uma espécie de localização na dimensão do transcendente; basta a sua presença para estabelecer a ordem no mundo e no homem. Sua aprovação ou desaprovação estão revestidas de autoridade para mim porque manifestam um princípio indiscutível de ascendência hierárquica.

O ensino representa assim um caso particular da mestria, mas um caso privilegiado e que sem dúvida torna mais clara a essência de toda mestria. O que está em questão, na totalidade dos casos, é a própria verdade. O discípulo necessita de que alguém lhe indique e lhe garanta o sentido da verdade; ele só se comunica com a verdade por interposta pessoa. O mestre é capaz de ter acesso direto à verdade; não necessita de ninguém, pelo menos em princípio, mas ele próprio teve necessidade de um iniciador no passado, e, no presente, o isolamento seria para ele uma prova, uma tentação para duvidar. A confiança do discípulo propicia-lhe um contato indispensável com a terra dos homens e como que uma confirmação do valor dessa verdade que ele defende. O testemunho do mestre ao discípulo e o testemunho do discípulo ao mestre são, pois, complementares de alguma maneira. Ambos participam de uma mesma aventura; mesmo se suas respectivas posições não se situam à mesma altura, procedem de uma obediência comum. Mestre e discípulo vão no mesmo sentido, e cada um sabe que, na manutenção da tradição, o discípulo sucederá o mestre desaparecido para transmitir a exigência de verdade aos novos.

Daí uma espécie de igualdade virtual que se estabelece a despeito da desigualdade aparente. No final das contas, a mestria justifica-se pela referência a uma filiação espiritual que assinala, ao longo do tempo, a fidelidade da humanidade a si mesma. É por isso que o que realmente entra em jogo na confrontação entre o mestre e o discípulo ultrapassa, em muito, o seu conteúdo aparente. O essencial nunca será dito; o mestre e o discípulo só podem tomar consciência dele sob forma de uma antecipação profética, em esperança ou em rememoração. Um certo pudor, uma reticência ontológica retêm aqui os personagens do drama, pois a última palavra lhes escapa, e a tentativa de dizê-la teria o caráter de uma espécie de profanação.

Encontra-se na *Vida de Ramakrishna*, por Romain Rolland, a narração do primeiro encontro entre o mestre espiritual da Índia moderna e o jovem Naren, que, sob o nome de Vivekananda, se tornará seu discípulo preferido. "Depois de eu ter cantado, conta Vivekananda, levantou-se bruscamente e, tomando-me pela mão, conduziu-me para a varanda, ao norte, e fechou a porta atrás de nós. Estávamos sós, ninguém nos via (...). Para minha extrema surpresa, ele desfez-se em lágrimas de alegria. Segurava-me a mão e, dirigindo-se a mim muito ternamente, como a alguém que se conhece familiarmente há muito tempo, disse-me: 'Oh! vindes tão tarde. Como pudestes ser tão pouco bondoso fazendo-me esperar tanto! Os meus ouvidos estão gastos de ouvir as palavras inúteis desses homens. Oh! como eu desejava insuflar o meu espírito no seio de alguém que fosse apto para receber minhas experiências interiores!' Ele prosseguiu assim em meio aos soluços. Depois, postando-se diante de mim, de mãos juntas: 'Senhor, disse ele, eu sei que sois o antigo sábio Nara, encarnação de Nârajâna, vindo à terra para fazer desaparecer a miséria da humanidade.'"[3]

A paisagem oriental no seio da qual se desenrola esta cena não deve dissimular-lhe o significado geral. O Oriente, quer se trate da Índia, do Japão ou da China, geralmente aparece à testemunha ocidental deturpado por prestígios do exotismo, graças aos quais tanto é possível professar uma admiração excessiva por este ou aquele aspecto de uma cultura longínqua como recusar aceitar a sua lição. Não são os sortilégios do Oriente que nos interessam, é a realidade humana universal, aclara-

---

3. Romain Rolland, *La vie de Ramakrishna*, Stock, 1929, p. 239; para uma interpretação deste texto, cf. nossa obra *Mémoire et personne*, P.U.F., 1951, p. 451.

da numa experiência privilegiada. O encontro do mestre e do discípulo evoca aqui as situações românticas em que um homem e uma mulher, frente a frente pela primeira vez, descobrem que estão ligados um ao outro por uma irresistível necessidade. Montaigne, quando celebra sua amizade com La Boétie, diz também: "Procurávamo-nos antes de nos termos visto; (...) creio que por alguma determinação do céu."[4] Dois destinos têm de uma só vez a revelação de sua convergência. Contudo, o encontro do mestre e do discípulo não é de igual para igual, como entre amigos ou entre amantes; a distância das gerações separa o adulto do jovem. Apesar de que, na cena contada por Rolland, essa diferença considerável não impede uma surpreendente igualdade, ou mesmo desigualdade invertida, ainda mais surpreendente.

Tudo se passa, com efeito, como se o apelo dirigido pelo mestre ao discípulo se recortasse sobre um apelo em sentido contrário, do discípulo ao mestre. Trata-se de um reconhecimento mútuo, em que o sábio Ramakrishna identifica o jovem cantor desconhecido segundo a perspectiva da reencarnação, cara à sabedoria da Índia. Se Naren é uma reaparição do "antigo sábio Nara", o mestre pode descobrir e respeitar no novo discípulo muito mais que um discípulo. Mas a metafísica da reencarnação não é aqui senão uma interpretação secundária e como que uma explicação de um fato humano fundamental. Os amigos, os amantes que uma paixão súbita une também têm a impressão de se conhecerem há muito tempo, ou de terem vivido juntos uma vida anterior. A imaginação apodera-se da evidência ontológica e projeta-a segundo a perspectiva do tempo. O recurso ao passado, a justificação pela anterioridade acusam somente a validade suprema do presente. O acontecimento decisivo, na sua atualidade, impõe-se desde sempre e para sempre: sua validade estende-se a todas as perspectivas da representação.

O encontro do mestre e do discípulo aparece como uma relação de pessoa para pessoa, mas não numa solidão parti-

....

4. Montaigne, *Essais*, livro 1, cap. 28. [Trad. bras. *Os ensaios*, São Paulo, Martins Fontes, 2.ª ed., 2002.]

lhada na complacência exclusiva de um pelo outro. Numa bela frase, Saint-Exupéry afirma que o amor não consiste, para aqueles que se amam, em olhar um o outro, mas em olharem ambos na mesma direção. O mesmo acontece com o mestre e o discípulo: na realidade, alinham-se em função de uma perspectiva que lhes é comum. E, como o ponto de convergência de suas aspirações se situa a uma distância quase infinita, as suas respectivas situações, separadas em princípio por uma importante defasagem hierárquica, tendem a se aproximar uma da outra. A humildade do mestre é natural se o mestre é um mestre autêntico; diante do discípulo, o que prevalece não é o sentimento de sua superioridade relativa e momentânea, mas antes o sentido de sua insuficiência em relação à exigência totalitária da verdade.

Esta vocação de verdade, que cria a indignidade do mestre a seus próprios olhos, justifica aliás ao mesmo tempo a eminente dignidade do discípulo. A atenção do mestre para com o aluno, a sua solicitude, atesta o preço infinito dessa consciência que se ignora. Pedindo a todo instante o consentimento, a aprovação do aluno, o mestre coloca-se em situação de dependência, e essa situação funda-se na importância do que é jogado: o futuro de uma vida espiritual e o futuro da própria verdade. Pois o mestre, já adiantado em seu próprio caminho, conhece os seus limites; nenhum homem digno desse nome pode dissimular para si mesmo as suas insuficiências. Ele sabe que não irá até o fim. Desde logo, o discípulo representa para ele a possibilidade de uma renovação de esperança. Pois o aluno viverá mais que o mestre e talvez a sua vida o leve mais longe; triunfará no que o mestre fracassou, mas do mesmo modo associará o mestre aos progressos assim realizados. Assegurará a sobrevivência do mestre, à custa de uma espécie de reencarnação em espírito. Tudo isso o discípulo ignora, sem dúvida, enquanto está sob a disciplina do mestre, mas o mestre pressente-o, e isso é para ele uma razão suplementar para respeitar e honrar o discípulo, em quem reconhece o mestre de amanhã.

Assim, a relação autêntica entre o mestre e o discípulo não é contemplação e deleitação mútua, já que constitui, na realidade, uma relação a três termos. No diálogo entre mestre e discípulo, a verdade acha-se sempre como terceira; e é esse terceiro termo que funda a relação entre os dois primeiros. Cada um dos dois, com efeito, não é para o outro um fim em si, um objeto de veneração ou devoção, mas um meio, um intercessor e um mediador no caminho da verdade em sua plenitude.

A mestria verdadeira pode desde logo ser distinguida de suas contrafações. O mestre que se agarra à palavra, que se identifica com a verdade e que se ensina a si próprio é infiel à sua missão. Mistifica o aluno, a quem instrui para recitar a lição, em lugar de lhe ensinar que o caminho da verdade é para cada homem um caminho diferente. Aqui a ilusão é freqüente, é quase geral, e muitas vezes o professor e o aluno se deixam levar pela idéia de que a perfeição do discípulo consiste em repetir letra por letra a palavra do mestre. Mas esta concepção pueril e honesta do ensino trai o próprio sentido da verdade; e o discurso assim afirmado e retomado, espécie de sumário intercambiável que valeria para todos e para cada um, não é o canto profundo no qual se descobriria a autenticidade de um ser humano. Inúmeros cantores amadores exercitam-se em repetir suas árias favoritas à maneira deste ou daquele artista em moda, que encarna a seus olhos a perfeição. Essas pessoas podem possuir um pequeno talento de sociedade, mas com certeza não entendem nada de música.

Uma tal superstição e idolatria são, no entanto, freqüentes. Muitas vezes são encorajadas pelo consentimento mútuo dos dois interessados. O aluno que fala como o mestre julga-se tão grande quanto ele; identifica-se a uma personalidade que venera. E o professor, quando o aluno recita a lição, compraz-se em ouvir o eco de seu ensino, como se esse eco tivesse valor de confirmação. É claro no entanto que, na verdade, não há nenhum ganho, mas, da parte de um e de outro, uma vontade comum de ilusão. O fenômeno escolar do aluno favorito é sem dúvida um aspecto freqüente desse revés pedagógico. O professor escolhe um discípulo de eleição, bom aluno escolhido por sua docilidade e pela admiração não dissimulada que dedica ao mestre. Este lê nos olhos do aluno o sentido de seu próprio valor, e a predileção que ele lhe testemunha não é senão um comprazimento indireto por si próprio. A dupla assim formada representa uma forma elementar de egoísmo a dois; o professor descobre aí um remédio para suas inquietações secretas; o devotamento do aluno lhe dá provas de sua própria existência e da sua validade. Quanto ao aluno, encontra na solicitude do mestre uma espécie de promoção, uma segurança que o encanta. Mas em tal caso os dois interlocutores enganam-se; a lição ensinada e aprendida é apenas uma verdade feita, isto é, uma falta de verdade.

O mito de Pigmalião ilustra perfeitamente este desvio pedagógico. O narcisismo professoral compraz-se em criar uma imagem do bom aluno, uma estátua ou um títere, capaz de responder como convém a todas as perguntas que lhe fizerem, de tal modo que ao admirar esse sucesso perfeito o professor rende uma justa homenagem a seus próprios talentos. Mas à estátua de Pigmalião falta somente o essencial, isto é, a vida, e geralmente a história termina mal. Ou a estátua permanece uma estátua; era apenas uma imagem, uma projeção e uma miragem, cujo nada acaba por aparecer claramente. Ou a estátua ganha vida, e o discípulo desencantado, queimando aquilo que adorou, desembaraça-se de uma tutela que daí para a frente lhe parece abusiva ou ridícula. O mestre pagará o preço dessa libertação; terá de sofrer a ingratidão do aluno favorito, ao qual não perdoará o bem que ele lhe fez. Pigmalião quebra a estátua; o professor consola-se como pode, rasgando a imagem em que se admirava a si próprio.

Com efeito, quando o mestre e o discípulo estão a sós, não há verdadeiramente um mestre e um discípulo, mas dois ídolos absorvidos numa mútua contemplação. Aqui, sem dúvida, se encontra a possibilidade de separar o falso do verdadeiro, a ilusão da realidade. No diálogo do mestre e do discípulo, não se trata do mestre ou do discípulo; trata-se da verdade, e só a preocupação pode salvaguardar o diálogo contra as perversões sempre ameaçadoras. O que salva os dois interlocutores é a vocação comum que os incita tanto a um quanto ao outro a ultrapassarem-se a si mesmos. O discípulo enganar-se-ia sobre si, sobre o mestre e sobre a própria verdade, se considerasse o mestre como a verdade encarnada e o fim a atingir.

Quem encontrou seu mestre julga a princípio ter-se encontrado a si mesmo, pois a procura do mestre tenta remediar a angústia de ser. Mas a virtude do remédio é provisória, pois o mestre verdadeiro é apenas um intercessor e não me aliviará do fardo de mim mesmo. A alegria do mestre é alegria na verdade, mas a verdade do mestre não é ainda senão uma aproximação da minha verdade. Certamente a verdade tem para mim, daqui para a frente, um rosto e um fiador; o mestre responde por mim ao mesmo tempo que responde pela verdade. Ele negocia a minha relação com a verdade e assim me dá confiança. Inversamente, aliás, o discípulo também é para o mestre um fiador da esperança. No contato com o mestre, o discípulo reconcilia-se com a vida; no contato com o discípulo, o mestre reconcilia-se com a morte. Cada um dá e recebe ao mesmo tempo; cada um recebe de modo diverso do que dá, mas na proporção daquilo que dá.

A relação do discípulo com o mestre aparece, pois, na análise com uma singular complexidade. Relação de dupla entrada, não se reduz, para o discípulo, a uma pura passividade diante do ensino magistral. O mestre não intervém como titular de verdades que distribuiria a seus alunos. A verdade já não se acha ali à disposição de um ou de outro; ela se afirma gradualmente como o horizonte comum da relação, ela se tece e se desvanece na reciprocidade que une aquele que ensina àquele que é ensinado.

O mestre não poderia ser, pois, um *modelo* pelo qual o aluno orientaria seu comportamento material e intelectual. Os maus alunos de Alain usavam os mesmos colarinhos postiços que Alain, repetiam seus gestos e tentavam falar e escrever como ele. Mas os macacos de Alain não passavam de caricaturas do mestre ao qual devotavam uma admiração infantil e desajeitada. A fascinação do mestre prodigioso arrasta consigo uma contra-educação quando mantém o aluno escravo. Há também historiadores que escrevem como Lucien Febvre; mas o que neste era liberdade de estilo torna-se neles preciosidade, afetação ridícula. Do mesmo modo, alguns lingüistas tomaram de empréstimo ao seu mestre, Guillaume, o seu vocabulário hermético e seu falar obscuro sem, bem entendido, darem provas das mesmas qualidades intelectuais. Não basta falar como Heidegger para se apropriar da sua envergadura espiritual.

O discípulo que copia o modelo engana-se a respeito do mestre e de si mesmo. Por isso, o mestre autêntico irá se esforçar por desencorajar o aluno quando este, confundindo os planos, abandonar a presa pela sombra e se apegar às aparências em vez de procurar o essencial. Aquele que pretende imitar o mestre, na realidade, não o imita, mas afasta-se dele, pois o mestre não imita ninguém. No espelho deformador do discípulo, o mestre só pode ver-se com horror. De fato, o verdadeiro mestre é inimitável, e os seus alunos bem o sentem, mesmo através de seus esforços desajeitados para se tornarem semelhantes a ele. Os alunos de Alain denominavam seu mestre simplesmente "o Homem" ou "o Velho", para sublinhar uma certa simplicidade desencorajante na afirmação de sua personalidade. Um dos aspectos fundamentais do mistério da mestria é, justamente, a incomensurabilidade daquele que se reveste dela; ele não é como os outros, e, porque não é como os outros, a sua presença intervém no campo social como um centro de reagrupamento e de irradiação, uma origem a partir da qual se exerce uma influência.

"Se alguma vez eu devesse sofrer a tentação de me tornar um *modelo*, eu seria o primeiro a rir disso, escrevia o pensador pré-romântico alemão Hamann, mas nada me impede de fazer meu dever de *original*. Um original põe em fuga os imitadores e produz modelos."[5] É claro que a originalidade aqui em questão é a expressão de uma autenticidade pessoal; não se trata de uma vontade de se distinguir a qualquer preço, nem que seja à força de excentricidades gratuitas. O esnobismo existe em qualquer época e perpetua, de Alcebíades aos dândis românticos e aos modernos surrealistas, o gosto pelo escândalo e o desejo de chocar o burguês. Mas é fácil de ver que tal originalidade, sempre em busca de um contraste desejado,

---

5. Carta de 4 de março de 1763, citada em *La vie et l'oeuvre de J. G. Hamann*, Alcan, 1912, p. 192.

é, na realidade, tributária do meio social no qual ela se afirma. Fazer o oposto ao estabelecido é ainda uma maneira de nos regularmos pelo uso estabelecido.

A originalidade do mestre é de uma natureza diferente. Desvinculada de qualquer obediência social, ela exprime a preocupação de uma referência mais pura à verdade dos valores. Ir contra o pendor dos usos é seguir o pendor; mas o mestre não se afirma na seqüência do que quer que seja. A procura do efeito produzido é completamente alheia à sua iniciativa; protege-se de toda provocação que possa deturpar o sentido de sua afirmação acentuando o que é acidental em detrimento do que é essencial. É verdade que Sócrates escandalizou a Atenas de seu tempo. Mas todos medem a diferença entre o escândalo socrático, repercussão indireta de uma atividade ordenada para fins superiores e, por exemplo, o escândalo social que se obstina em provocar o dândi Alcebíades, cortando o rabo de seu cão ou mutilando as estátuas de Hermes. Em Alcebíades afirma-se uma originalidade juvenil, uma vontade de desafio e bravata; em Sócrates, uma tranqüila bravura. De um lado a provocação, de outro a vocação. E, quando, diante da reação da opinião e dos poderes, vier a hora do perigo, Alcebíades procurará a salvação na fuga e na traição; Sócrates ficará, fornecendo assim, ao preço de sua vida, a prova e o testemunho de sua sinceridade total.

"Todos os homens verdadeiramente grandes, dizia Lachelier, foram originais, mas não pretenderam sê-lo nem julgaram que o eram; ao contrário, foi procurando fazer das suas palavras e dos seus atos a expressão adequada da razão que eles encontraram a forma particular sob a qual estavam destinados a exprimi-las."[6] A virtude de originalidade aparece, neste caso, ligada à preocupação de universalidade; o mestre é original sem tê-lo pretendido. Ainda aqui se desvela a fraqueza de todos aqueles, pensadores ou artistas, que buscam por meios artificiais, pelo refinamento, pela obscuridade do estilo,

---

6. Texto de uma comunicação à Academia de Ciências Morais e Políticas, citado na memória de Brunschvicg, no cabeçalho das *Obras completas* de Lachelier, t. I, Alcan, 1933, p. XXV.

por exemplo, uma reputação e uma influência que só seu valor pessoal poderia proporcionar-lhes. Estes asteróides de salão ou de capela brilham com um esplendor fugitivo na atmosfera saturada de admiração mútua do grupo que souberam constituir em torno deles. Mas isso é um fenômeno puramente social, enquanto a originalidade do mestre autêntico, para além das regiões equívocas da sociologia, afirma-se no nível de uma ontologia da verdade.

O modelo suscita imitadores: o original desencoraja-os, de tal modo que sua singularidade se afirma além de todo alcance. O jovem Alcebíades compara Sócrates ao peixe cujo contato produz uma descarga elétrica. A pessoa sobressalta-se, volta a si, tomada pela inquietação que lhe suscita este encontro insólito. Sócrates, mestre de ironia, mantém à distância todos aqueles que foram submetidos à sua irradiação intelectual. Modificaram-se, mas não se identificaram à imagem dele; são remetidos a si mesmos e confrontados com suas próprias evidências íntimas, até aí desprezadas.

Ao original que fosse apenas um original faltaria a generosidade para ser um mestre. Paul Léautaud, envelhecido e amargurado, fecha-se num edifício de subúrbio, todo em ruínas, e acaba seus dias em companhia de uma dúzia de gatos. A originalidade do misantropo é um sinal de alienação: distingue-se, põe-se à parte, por não poder viver com os outros; aliás, na maioria das vezes, o exílio é o resultado de velhas feridas mal cicatrizadas e de sensibilidade incurável. Encerrando-se no seu retiro, confessa o seu fracasso; a sua originalidade tem o sentido de uma negação.

O mestre, ao contrário, é um original no sentido positivo do termo. Recusa-se a ser um modelo que se possa imitar, mas é um *exemplo* em que podemos nos inspirar, ou seja, a sua influência assume a significação de uma aspiração de ser, que exorta a edificação da personalidade. O discípulo, antes do encontro do mestre, vivia num estado de tranqüilidade, de indiferença. É esta satisfação sem problemas, e como que inocente, que é posta em questão. O prestígio do mestre mobiliza a personalidade adormecida; a autoridade do mestre exerce uma ação de opressão e aspiração ao mesmo tempo. Deixando de lado, mesmo, qualquer ensino particular, ou uma palavra que me seja pessoalmente endereçada, a presença do mestre impõe-se a mim como a confirmação de um melhor-ser de que eu não sou capaz.

A imitação do modelo produz apenas uma ação passiva, um esforço de conformidade. A provocação do exemplo impõe, ao contrário, a colocação em jogo das energias íntimas, graças a uma espécie de determinismo analógico. A presença concreta exerce uma influência de que é incapaz a predicação abstrata de um ideal moral ou de um catecismo, seja ele qual for. O exemplo opera por ação direta e tem uma virtude totalitária; uma personalidade age sobre uma outra personalidade por um fenômeno de indução, englobando em sua eficácia os temas e meios limitados da reflexão intelectual. Max Scheler reconhece no "princípio de exemplaridade" uma influência decisiva no campo moral: "primitivamente, escreve ele, antes de qualquer ação exercida por normas e antes de qualquer educação, a pessoa moral é assumida, no próprio movimento de sua formação, por uma outra pessoa, ou pela idéia que ela faz dessa outra pessoa"[7].

O exemplo, melhor que um ensinamento, é a escola de uma presença, a operação de um encontro pelas grandes vias da leitura ou da vida. A palavra se concretiza; em vez do monopólio da pregação, é um diálogo entre duas vidas. Mas o encanto do exemplo pode agir para o bem tanto quanto para o mal; pode se exercer nos dois sentidos, ascendente e descendente, da escala dos valores e da edificação da personalidade. O mau exemplo acarreta a degradação; desqualifica o ser humano pela fascinação dos maus encontros ou pela atração do fruto proibido. Também é mau o exemplo que me desvia, conduzindo-me para um caminho que não é o meu. Quantas falsas vocações desencadeadas por uma propaganda abusiva, pela leitura da vida de um santo, de uma biografia de militar ou de explorador... O mau exemplo redunda numa alienação

----

7. Max Scheler, *Le formalisme en éthique et l'éthique matériale des valeurs*, trad. fr. Gandillac, N.R.F., 1955, p. 575.

e captação da personalidade. O bom exemplo, ao contrário, leva a pessoa à procura de sua própria autenticidade, para lá de toda concessão a um conformismo qualquer, e à exclusão de qualquer argumento de autoridade.

O mestre é, pois, aquele que dá o exemplo, mas o bom exemplo. Quer dizer que a fidelidade ao mestre, contrária a toda idolatria, apresenta-se primeiro como fidelidade a si mesmo. Todo exemplo é, ao mesmo tempo, exemplo *de* e exemplo *para*: não pode, pois, ser uma origem em si ou um fim em si, sendo o seu valor indicativo ambíguo. Os grandes pintores começaram por copiar os pintores de outrora. O indivíduo busca-se, de exemplo em exemplo, de mestre em mestre, segundo um movimento de aproximação que poderia bem definir um método de tentativas e de erros do conhecimento de si. O exemplo não pertence à pessoa; releva da ordem da coexistência, linguagem do homem para o homem segundo os caminhos incertos da comunicação indireta. Percebemos aqui como e por que Rilke, o poeta, pôde ser o melhor aluno do escultor Rodin e do pintor Cézanne, por que Wagner pôde ser para Nietzsche um mestre e um exemplo.

A mestria, em sua validade exemplar, opera uma transferência de significação de uma existência para outra. Mais que de um exemplo, poder-se-ia falar aqui de *testemunho*. Cada existência é um testemunho da verdade, um testemunho para a verdade, mas um testemunho cujo valor escapa àquele que o dá. Entre o mestre e o discípulo, para além do discurso aparente do ensino, um outro diálogo prossegue, em profundidade, como um jogo sobre as estruturas fundamentais do ser humano. O discípulo sofre uma influência tanto mais decisiva quanto menos ela for literal. Através de um conjunto de operações e de transposições, são as atitudes perante a vida que se questionam, no próprio princípio de sua orientação. É nesse sentido que a ação do mestre se apresenta como criadora, na medida em que produz no discípulo uma mudança de figura e um direcionamento. A influência que parece ter deixado menos sinais visíveis pode ser assim a mais essencial. Há uma adoração supersticiosa do mestre, traduzida em momices e afetações que não são mais que uma forma de infantilismo persistente e de regressão mental. O discípulo verdadeiro guarda suas distâncias, sem se eximir ao dever de respeito; porém, em seu íntimo, e a despeito das oposições aparentes, sabe-se marcado para sempre.

O mestre, por seu lado, se é um mestre autêntico, conhece a diferença entre as conformidades ocasionais e a influência profunda. Defende-se contra a devoção do discípulo, ou seja, toma a peito proteger o discípulo e proteger-se a si mesmo contra as decepções futuras. Só um medíocre pode acolher, e por vezes suscitar, adorações pueris; o mestre desencoraja-as, pois reconhece a futilidade delas. Tal é o ensinamento do *Zaratustra* de Nietzsche, que toma a peito prevenir os discípulos contra o perigo que ele representa para eles: "Não vos tínheis ainda procurado; então encontraste-me. Assim fazem todos os crentes; eis por que a fé pouco vale. Ora, eu vos ordeno que me percais e vos reencontreis a vós mesmos, e só quando me houverdes renegado eu voltarei para o meio de vós." E o mesmo Zaratustra proclama ainda: "Na verdade, aconselho-vos, afastai-vos de mim e defendei-vos de Zaratustra (...). Venerais-me, mas o que seria eu se a vossa veneração se acabasse um dia? Acautelai-vos para que não sejais esmagados por uma estátua..."[8] Esta pregação foi retomada pelo mestre de *Les nourritures terrestres,* de André Gide, em sua exortação final a seu discípulo: "Natanael, joga o meu livro fora; não te contentes com ele. Não julgues que a *tua* verdade possa ser encontrada por qualquer outro (...). Joga o meu livro fora; convence-te de que não é mais do que uma das mil posturas possíveis em face da vida. Procura a tua..."[9]

O mais alto triunfo do mestre não é se apoderar do discípulo, mas sim dar-lhe a palavra. Fénelon, preceptor do duque de Borgonha, herdeiro do trono da França, faz dele uma espécie de seminarista, a quem, felizmente para a França e para ele, uma morte prematura evitou reinar. O triunfo da educa-

---

8. Nietzsche, *Ainsi parlait Zarathoustra,* trad. fr. Albert, Mercure de France, I, p. 3.

9. André Gide, *Les nourritures terrestres,* N.R.F., Envoi.

ção é a negação da educação quando o semelhante engendra o semelhante, quer pela força quer pela persuasão, quando a personalidade forte reduz à escravidão a personalidade fraca. O artificialismo pedagógico só triunfa sobre os medíocres; os melhores refugiar-se-ão na revolta, que é a única atitude possível diante do narcisismo magistral.

Mas, mesmo se a discrição do mestre evita o recurso à revolta, é sempre evidente que o colóquio do mestre e do discípulo, na sua plena realidade, só dura um momento. Sempre terminará por uma separação. O aluno deixará a escola e conhecerá outras influências. Um dia será preciso manter distância mesmo em relação ao mestre mais amado, e aquele que não conseguir ficará no caminho de sua própria vida, como a mulher de Lote, acometida de paralisia por ter olhado para trás, em vez de ir para a frente. A relação do mestre e do discípulo é, necessariamente, uma relação passageira; o bom mestre sabe-o; ele próprio se prepara e prepara o discípulo para a ruptura futura. É esta separação, material e espiritual, que permitirá discernir no seio da relação mútua o que havia de momentâneo e o que há de eterno.

Vê-se então que a relação do mestre e do discípulo, na sua significação mais alta, escapa mesmo àqueles que ela une, e esta incerteza última basta para desmascarar a inanidade das pretensões magistrais neste campo. O mestre não sabe exatamente, e não saberá jamais, para quem ele fala; ele não sabe, e nunca saberá, exatamente o que diz. Uma palavra, carregada de sentido para ele, pode permanecer sem eco; uma fórmula oca pode dar frutos; e, aliás, qualquer ensino dado e não recebido pode permanecer suspenso, à espera, até o dia em que desperte para ganhar valor decisivo no seio de uma consciência que inicialmente o ouvira sem compreendê-lo.

O discípulo nunca está diante do mestre como o barro entre as mãos do escultor, ou como um fantoche a que se puxam os cordelinhos. O aluno mais aparentemente submisso ainda escapa ao domínio espiritual. Pois o sentido de uma vida pertence propriamente a esta vida; o sentido de uma vida é que esta vida tem um sentido; mas esse sentido só pode ser apreendido em função da situação do ser que ele indica, do valor que ele orienta. O educador, desde então, não pode agir diretamente sem correr o risco de se enganar e de enganar aquele mesmo que ele julgava ajudar. Toda influência real é alusiva. Aquele que fala não é senhor das palavras que pronuncia; elas lhe escapam para ressoar no interior de um outro espaço vital, onde irão despertar ecos imprevisíveis. Nos confins das vidas pessoais que a relação põe em jogo, produzem-se interferências, uma interação espiritual, que escapam de qualquer controle técnico – comunicação para lá da comunicação e apesar da comunicação.

O sentido último da mestria é sem dúvida que todas as pessoas têm necessidade de um mestre, mas que não há mestre. Pelo menos, não há mestre universal, pois nenhum mestre congrega a unanimidade. Há sempre objetores de consciência a Jesus, a Sócrates ou a Alain. E talvez aqueles que recusam o mestre sejam eles mesmos necessários ao mestre: chamam-no à humildade; sobretudo atestam que o mestre permanece um mistério impenetrável. Pois, se ninguém pode ser um mestre para todos, qualquer um pode ser um mestre de qualquer pessoa. O homem mais obscuro, o mais desprezado, pode ser um guia para este ou aquele indivíduo em um momento difícil. Assim Platão Karataiev em *Guerra e paz,* de Tolstói, aos olhos do príncipe Pedro, assim o velho pescador posto em cena por Hemingway em *O velho e o mar*, e cuja luta desesperada com o gigantesco peixe representa para o jovem que o acompanha uma espécie de ensinamento supremo e inesquecível.

A mestria interviria como uma graça no seio da banalidade das relações humanas. Entre tantas frases perdidas, a palavra do ser se faz ouvir entre dois privilegiados que nunca esquecerão o encontro. E, contrariamente ao que imagina a maioria dos professores, faladores profissionais, a linguagem não é aqui um instrumento válido de comunicação. A relação de mestria, quando existe, se estabelece para além da relação professoral e fora dela. Os mestres orientais do zen esclarecem o fato de que o mais elevado ensino escapa ao discurso. "O intuito dos mestres é mostrar o caminho no qual a verdade do zen deve ser experimentada, mas esta verdade não pode ser encontrada pela linguagem que eles empregam e que nós empregamos como meio de comunicação das nossas idéias. Quando lhes acontece recorrer às palavras, a linguagem serve para exprimir sentimentos, estados de alma, atitudes interiores, mas não idéias; torna-se, pois, inteiramente incompreensível quando procuramos o seu sentido nas palavras dos mestres, julgando que as palavras contêm idéias. É certo que as palavras não devem ser consideradas completamente nulas na medida em que correspondem a sentimentos, experiências..."[10]

Em outras palavras, a linguagem da mestria seria uma espécie de linguagem existencial, que repudiaria a linguagem social, uma linguagem autêntica em que se desvelam as articulações do ser. Esta invocação de existência a existência pode utilizar palavras, mas, ao fazê-lo, reveste-as de uma dignidade encantatória, não comensurável com seu valor aparente; irá se servir também de gestos e de reticências, de atitudes e de sorrisos. Pois, aqui, o sentimento nunca é dado no nível do discurso; é indicação de vida. Tal é, aliás, o ministério da mestria, que começa para lá do palavrório pedagógico e se estende gradualmente à totalidade do domínio pessoal.

O silêncio do mestre importa mais do que a palavra do mestre, silêncio não de ausência, mas de presença. Silêncio sobre o essencial, quando se interrompem as possibilidades do discurso: a palavra, extremamente tensa, se pretendesse ir mais adiante, fragmentar-se-ia. Assim apenas subsistem a entonação pura, a expressão do rosto, que prolongam as intenções, as designam sem reduzi-las. Um sorriso vale por uma última palavra. E o silêncio também significa respeito diante da região entrevista das atestações últimas, silêncio do mestre, silêncio do discípulo, silêncio da comunhão fugitiva, protegida pela reticência do pudor. Este silêncio da plenitude entrevista e partilhada equivale, de homem para homem, a uma confissão sem confidência, em que cada um encontra preservada para si uma dignidade total.

O melhor nunca será dito; mas o silêncio continuará o meio de propagação e de ressonância em que se realiza o sen-

---

10. D. T. Suzuki, *Essais sur le boudhisme zen*, trad. fr. Jean Herbert, t. I, Albin Michel, 3.ª ed., 1954.

tido mais elevado do que foi ensinado. Virá o momento da separação e da partida. Pois o tempo do mestre é limitado. O amor é vida partilhada, mas a relação com o mestre deve ter um fim. Subsistirão, no entanto, a memória e a fidelidade no próprio afastamento, tanto fidelidade a si mesmo quanto fidelidade ao outro. O testemunho supremo do mestre é, justamente, o de não haver mestre; num certo momento, sempre, o verdadeiro mestre nos deixa sós. É preciso tentar viver. Um admirável poema de Rilke, *Torso arcaico de Apolo,* descreve a perfeição de uma estátua antiga. E, confrontada com essa suprema evidência, aquele a quem essa beleza foi uma vez manifestada tirou a lição necessária: *Du musst dein Leben ändem.* Você deve mudar a sua vida.

A desigualdade entre o mestre e o discípulo resolve-se em igualdade, pois a vocação do discípulo é vocação para a mestria. Aquele que não conseguir nunca ultrapassar o seu tempo de escola para se afirmar como mestre nunca terá sido um discípulo autêntico. Viverá toda a sua vida no passado, achando-se o seu desenvolvimento como que bloqueado no tempo de sua infância. O discípulo, ao passar para mestre, converte o passado em presente; assegura a tradição renovando-a. O que ele recebeu do mestre foi-lhe impossível reembolsar ao mestre. Como o devedor outrora tornava-se escravo quando não podia pagar a sua dívida, assim o discípulo permanece para sempre prisioneiro da sua palavra. Toda a sua vida está empenhada em ser como que a contrapartida do reconhecimento dessa dívida; não pode desobrigar-se senão pelo seu respeito e pela sua fidelidade. Mas desobriga-se para com os seus próprios alunos, aos quais transmite, por seu turno, o ensino que recebeu, o qual se enriquece através dele com o melhor dele mesmo.

"Cada mestre, escrevia Nietzsche, só tem um aluno; e esse aluno torna-se-lhe infiel, pois está predestinado à mestria."[11] Sem dúvida, esta desobediência do melhor tem qualquer coisa de trágico; o aluno deve renegar o mestre sob pena

....
11. Nietzsche, *Le voyageur et son ombre,* trad. fr. H. Albert, § 357, Mercure de France, t. I, p. 193.

de se renegar a si próprio. Em certo sentido, o colóquio do mestre e do discípulo aproxima-se da famosa tradição do *Ramo de Ouro*, tema das reflexões de James Frazer, que se inspiravam no culto da Diana dos Bosques, tal como se praticava no santuário de Arícia, perto do lago de Nemi: "No pequeno bosque sagrado erguia-se uma árvore especial em torno da qual, a qualquer hora do dia, até mesmo a altas horas da noite, um ser de rosto lúgubre fazia a sua ronda. Levantando bem alto uma espada desembainhada, parecia procurar sem descanso, com seus olhos inquisidores, um inimigo pronto para atacá-lo. Esta figura trágica era ao mesmo tempo padre e assassino, e aquele que ele vigiava sem cessar devia, cedo ou tarde, matá-lo, a fim de exercer o sacerdócio em seu lugar. Tal era a lei do santuário. Aquele que disputava o sacerdócio de Nemi só entrava no ofício depois de ter matado o seu predecessor pelas próprias mãos; praticado o assassínio, ocupava a função até o momento em que outro, mais destro ou mais vigoroso do que ele, o matasse. Ao gozo desta dominação precária ligava-se o título de rei..."[12]

Frazer não pensava certamente, quando estudava o ritual do ramo de ouro, na transmissão das dignidades universitárias. E, se é verdade que o discípulo deve, um dia ou outro, cometer um parricídio com a pessoa do mestre, esse momento de ruptura não é mais que uma etapa. Uma vez consumada a emancipação, a compreensão restabelecer-se-á, na distância tomada. O próprio mestre perdoará ao discípulo que se libertou de sua tutela, em memória e em compensação de sua própria libertação, pois de época em época se cumpre uma mesma exigência, na qual se reafirma a honra do espírito humano.

Uma bela narrativa de André Gide retoma a parábola evangélica do Filho Pródigo, na noite das festividades que consagram o regresso do filho primogênito à casa paterna. Na moradia onde enfim reina calma, e que convida ao sono, o filho mais velho descobre seu irmão mais novo, que durante todo o

....
12. J. G. Frazer, *Le rameau d'or*, edição resumida, trad. fr. *lady* Frazer, Paul Geuthner, 1923, p. 5.

dia não disse uma palavra, e que agora chora em silêncio sob a sombra protetora da noite. Sem uma palavra, o pródigo toma então a mão do irmão e o conduz, através do jardim, em direção à porta do fundo, que se abre para os espaços da aventura. O mais velho voltou, mas o regresso é a confissão de que ele se reconciliou com o tranqüilo mundo habitual. O mais novo descobre que lhe pesa sobre os ombros uma responsabilidade desesperadora e exaltante; cabe a ele agora levar adiante, para o bem ou para o mal, o empreendimento da cultura.

10. Pequena sociologia da mestria

Cada sociedade humana inscreve a sua presença sobre a face da terra nos limites de um horizonte geográfico determinado. Esta localização da comunidade no espaço propõe a todos e a cada um o cenário da vida cotidiana cujos ritmos se desenvolvem no incessante vai-e-vem entre o horizonte próximo e os horizontes mais longínquos. Mas cada domínio espacial corresponde a um domínio temporal; o presente de um modo de vida organiza-se em função de um passado que orienta as suas fidelidades, e de um futuro, objeto de seus preparativos e de suas esperanças.

Toda vida comunitária, quer seja em escala de um grupo restrito ou de uma grande nação, depende assim de um conjunto espacial e temporal complexo, cujas estruturas mestras presidem ao desenvolvimento da existência no dia-a-dia. O funcionamento de uma sociedade obedece, poder-se-ia dizer, a um esquema regulador ideal, que prescreve o curso que a vida deve seguir nas grandes e pequenas circunstâncias. As sociedades altamente organizadas definiram rigorosamente esses esquemas de funcionamento graças a seus códigos jurídicos, a seus regulamentos administrativos, a seus manuais de boa educação e civilidade, que formalizam o bom uso da vida. Mas as exigências das regras e da etiqueta não estão menos estritamente fixadas nas mais humildes comunidades, ainda isentas das disciplinas da civilização ocidental.

Assim, seja qual for o momento da história da humanidade, viver nunca foi simples. Viver não é o desenrolar espontâneo de uma atividade que se auto-inventaria numa constante felicidade de expressão. Viver implica saber-viver; viver pressupõe ter vivido. Cada existência depende de existências anteriores, sem fim, que fixaram as grandes linhas segundo as quais irá se desenrolar a sua aventura. Todo homem que vem ao mundo vem menos para viver do que para reviver segundo fidelidades cujas origens se perdem na noite dos tempos. Aqui se encontra talvez a fonte de verdade de todas as doutrinas da metempsicose, sendo cada vida o recomeço de todas aquelas que a precederam.

A educação, no sentido mais amplo do termo, não é outra coisa senão o órgão dessa metempsicose social. Chama-se educação à modelação dos jovens pelos mais velhos, à colocação dos recém-chegados no conjunto social integrado cujos usos e costumes, alegrias, tristezas e atividades são chamados a partilhar. A função pedagógica tem por tarefa situar os jovens no horizonte espaciotemporal da vida comunitária. Graças a ela, uma família humana determinada toma consciência de si mesma em cada um dos indivíduos que dependem dela. Sob pena de ser apenas uma pessoa deslocada num universo vazio de sentido, todo homem deve encontrar o seu lugar entre os homens graças à sua iniciação nos temas, estruturas e aspirações cuja convergência define o programa vital de uma dada sociedade, isto é, a sua cultura.

A primeira educação é, pois, essa modelação de todos por cada um e de cada um por todos, no seio do grupo social, que se define sempre como uma reciprocidade de influência ou como uma escola universal. A pedagogia inconsciente é a mais eficaz; na família como fora dela, a todo instante se processa a modelação segundo as normas imanentes que caracterizam a comunidade. O primeiro mestre de todos os homens são todos os homens. Mais exposta que o adulto a estas influências formativas que se exercem sobre ela a partir de todos os pontos cardeais do meio humano que a cerca, a criança se deixa lentamente formar até o momento em que ela mesma se tenha tornado um membro completamente independente na sociedade dos homens responsáveis.

Durante os lentos milênios em que as sociedades arcaicas se desenvolveram, a função docente mantém-se uma função difusa. Todos ensinam a todos as atitudes e as condutas fundamentais que ritmam a existência primitiva. A educação reduz-se à aprendizagem das responsabilidades adultas tais como são praticadas desde um tempo imemorial. Toda a cultura se desenrola no presente; a palavra dos antigos, dos pais, é a única mensageira dos mitos que as atividades da comunidade encenam, dia após dia, de acordo com suas liturgias fundamentais. No espaço e no tempo, o pensamento não chega a transpor os horizontes dessa geografia cordial, que são delimitados pelas atividades fundamentais do modo de vida. Feliz época, a única sem dúvida em que a pedagogia não tinha problemas; idade de ouro de uma pedagogia sem pedagogos, porque a integração social se encontra assegurada exclusivamente pelas influências que mantêm espontaneamente a coexistência pacífica dos seres e das coisas. Os programas também não estão sobrecarregados; trata-se apenas de prosseguir a execução das técnicas e cerimônias, de manter a ordem no trabalho e nas festas: jardinagem ou agricultura, pesca ou caça, guerra, jogos e danças, modestos artesanatos na medida das necessidades. A educação realiza-se pelo contato das existências na mutualidade de cada dia, pela palavra e pelo olhar, pelo exemplo dos mais experimentados, que vão sendo pouco a pouco transmitidos aos mais jovens, que os transmitem por sua vez.

No entanto, se a sociedade arcaica não comporta escolas, seria inexato dizer que ela não conhece mestres. Certas instituições, certos personagens incumbem-se da formação dos jovens, pelo menos em momentos particularmente críticos. Não se trata aqui de aprender a ler, a escrever e a contar, uma vez que essas disciplinas intelectuais ainda não existem; nem tampouco se trata de uma formação técnica ou profissional, assegurada pelo próprio meio. A única ação educativa especializada que se exerce sobre o adolescente é a da iniciação mítica ou religiosa, no momento em que ele entra na idade adulta. Importa, com efeito, que cada um dos membros da tribo receba a confidência das tradições sagradas e dos ritos que asseguram a coesão e a segurança da vida comunitária. O universo social forma um todo, cuidadosamente preparado na origem pelos deuses fundadores, cujas condutas iniciais definiram para sempre o protótipo de todas as atividades essenciais. O bem-estar comum é novamente questionado por qualquer conduta não conforme ao modelo divino dos ritos primordiais, cujas tradições secretas perpetuam a memória. O sistema dos mitos define, portanto, uma espécie de princípio de conservação da ordem social.

Depositário das tradições sagradas, mestre dos rituais de iniciação, o xamã, o feiticeiro, o curandeiro é o primeiro de todos os mestres do gênero humano de que se tem notícia. A sua função consiste em assegurar a continuidade da vida social pela transmissão dos segredos que lhe servem de base e a inspiram. No decurso dos retiros na floresta ou na selva, assinalados por provas e cerimônias de elevada intensidade dramática, o xamã confia aos jovens a tarefa de manter por sua vez a pacífica harmonia do modo de vida, na amizade fiel e na comemoração dos deuses fundadores. Uma civilização repousa, no final das contas, num sistema de valores nos quais se resume o conjunto das suas aspirações. Os mitos da sociedade primitiva condensam essa sabedoria, não em forma de teoria propriamente dita, mas por meio de narrativas estreitamente associadas à ação, e cuja finalidade é justificar a existência no seu desenrolar.

O xamã exerce, pois, uma pedagogia totalitária. Padre e instrutor, é o mantenedor da vida espiritual; detém, pela sua função, poderes que lhe asseguram uma autoridade eminente, não apenas entre as crianças, mas também perante os homens feitos. Revestido de todos os prestígios do sagrado, a sua figura é temível e sedutora; e esse antepassado do professor primário representa também o tipo mais perfeito do mestre. Aos olhos de seus alunos, aos olhos de seus concidadãos, o educador continua sempre a ser uma espécie de feiticeiro, e o ministério que exerce tem muitas vezes qualquer coisa de magia. Como Sócrates entre os seus discípulos e entre os atenienses de seu tempo, forte unicamente pelo prestígio de sua palavra, e, no entanto, intimidador e fascinante, aureolado de uma transcendência misteriosa que não cessou, através dos milênios, até hoje, de fazer sentir os seus efeitos. Todo professor primário é um feiticeiro; qualquer professor primário é um Sócrates. Laicizado, profanado, o magistério do espírito nem por isso é inteiramente dessacralizado. Através da história, o encontro de um mestre autêntico, pelo respeito que inspira, é, para aqueles que dele se beneficiam, a revelação do caráter sagrado que se liga à vida espiritual, mesmo quando seus representantes deixam de usar os paramentos sacerdotais. Maurice Barrès, homem da direita e defensor da Igreja, evocando Jules Lagneau, seu inesquecível professor de filosofia, profundamente laico e republicano, escreveu a seu respeito: "Amo os padres. Lagneau é um deles."[1] A respeito desse mesmo Lagneau, que foi também o mestre de toda a sua vida, Alain, embora em tudo oposto a Barrès, exprime-se como ele: "Aos vinte anos, vi o espírito em meio às trevas..."[2]

Assim o humilde xamã, nas origens da cultura, o feiticeiro desprezado por todos os civilizadores, assume esta missão de revelador do essencial que define através das épocas a vocação do mestre. Ele é a memória viva do grupo social e o mantenedor das exigências tradicionais, sem as quais a comunidade logo ficaria dissolvida. Uma humanidade privada de mestres, no seio da qual a função docente já não se exercesse, em breve se desagregaria na incoerência espiritual e material, na anarquia generalizada.

Mas a peripécia inicial, nas origens da pedagogia, situa-se nesse momento decisivo em que a humanidade, saindo do longo estágio arcaico da pré-história, enveda, ao inventar a escrita, pelo caminho da civilização. Sem dúvida, a própria escrita é apenas uma técnica entre todas aquelas que, por volta do princípio do terceiro milênio antes de nossa era, vão permitir a certos agrupamentos humanos inaugurar o tempo histórico. Todavia, no conjunto desta imensa revolução material, jurídica, política e espiritual que caracteriza a Idade dos Reinos e dos Impérios, no momento em que sucede à Idade das Tribos, a invenção da escrita ocupa um lugar privilegiado. Daí para a

---

1. Maurice Barrès, *Mes cahiers*, t. IX, Plon, 1955, p. 198.
2. Alain, *Souvenirs concernant Jules Lagneau*, N.R.F., 1925, p. 16.

frente, haverá, a partir desse cruzamento de caminhos, um afastamento crescente entre as sociedades anteriores à escrita, que se perpetuarão mantendo-se sensivelmente iguais ao que haviam sido, e as sociedades letradas, que não deixarão, no Oriente e no Ocidente, de estender e multiplicar as suas aquisições. A defasagem entre a humanidade em via de desenvolvimento e a humanidade subdesenvolvida, ou entre a humanidade estranha ao desenvolvimento, cujas conseqüências trágicas o mundo atual experimenta dia após dia, tem suas longínquas origens na preparação dos procedimentos que permitiram fixar a palavra, conservá-la e fazê-la atravessar assim, sem alteração, o espaço e o tempo.

A escrita, fixando a linguagem, lhe dá a consistência de uma instituição. As palavras desaparecem, as tradições orais podem se alterar ou se perder; o que está escrito permanece de era em era, sem risco de corrupção. Admira-se a espantosa capacidade de rememoração que se manifesta muitas vezes no homem das comunidades arcaicas. Ela é o único meio de assegurar a permanência dos rituais e dos precedentes sociais; mas o homem envelhece e morre, e as recordações mais arraigadas participam da fragilidade da condição humana. A escrita funda uma memória social cujas possibilidades de capitalização são indefinidas; aparece já como uma das invenções técnicas graças às quais se abre uma nova dimensão para a existência dos indivíduos e das sociedades. É por isso que o próprio Deus, o Deus Faraó como o Deus de Hamurabi e o Deus de Moisés, quando promulga para o seu povo uma nova Lei, inscreve-a sobre a pedra em forma de Escritura Santa.

Nada poderia mostrar melhor que a escrita se apresenta como uma forma privilegiada do sagrado. Os hieróglifos dão aos homens a revelação de uma obediência cujo raio de ação se estende indefinidamente; antes de se opor ao espírito, como acontecerá, a letra é o veículo e, antes de mais nada, o ponto de apoio e mesmo o fundamento do Espírito. Daí o caráter sacerdotal ou quase sacerdotal daqueles que foram os primeiros a deter o segredo das técnicas e os poderes da escrita; escribas, letrados, mandarins de toda espécie associam-se à expansão das religiões que acabam de se estabelecer, assim como ao desenvolvimento da administração civil e política. O escriba é ao mesmo tempo o guardião da lei escrita, o conservador dos arquivos que fixam a memória social e também o intérprete, o comentador dos documentos que estão sob sua guarda. O escrito, graças ao qual a tradição se torna instituição, não passa de um depósito inerte. Ele deve ser reativado graças à vigilância do letrado, que assume ao mesmo tempo uma espécie de ministério da transmissão não apenas dos textos em si, mas do sentido desses textos, mediante a operação de uma inteligência crítica em luta contra os desvios e o esquecimento.

É por isso que a invenção da escrita corresponde ao advento de um novo tipo de mestre. O ensino muda de caráter, ou, ainda, a função docente propriamente dita faz seu aparecimento. Na sociedade primitiva, basta a formação mútua de cada um por todos, que é completada pela iniciação dispensada pelo xamã. Na idade da escrita, a sabedoria difunde mitos tradicionais, cede lugar a um saber reservado a certos especialistas; estes, possuidores das técnicas de fixação e decifração da palavra, têm igualmente o encargo de comunicar o seu saber às gerações futuras. A educação indiferenciada é acompanhada, para alguns, por um aprendizado das técnicas especializadas da escrita e da leitura, logo aumentadas com alguns rudimentos de cálculo. Assim se afirma o programa inicial de ensino primário, que contribui para a formação de novas elites intelectuais, espirituais e administrativas. O espaço escolar aparece então com caracteres distintos, com o tipo do professor primário e o do aluno, a província pedagógica começa a definir os seus contornos no conjunto do domínio social. Há, daí para a frente, uma matéria própria do ensino, e o estudo dos programas mobiliza um pessoal especializado nos lugares consagrados à difusão das técnicas do conhecimento.

Assim se afirma pela primeira vez o par mestre–aluno, destinado a atravessar os milênios, no próprio momento em que a civilização toma decididamente impulso nos vales férteis dos grandes rios do Egito, da Mesopotâmia, da Índia e da China. A humanidade põe fim à sua infância com a instituição da escola, sinal de uma nova divisão do trabalho social num espaço alargado que cada vez mais escapa ao controle do mito para se submeter ao controle da reflexão. A criança que, com a ponta de seu estilete, desenha, na areia, na argila ou na cera, os caracteres de escrita ou que decifra com dificuldade os sinais traçados pelo mestre é a promessa de um homem novo, capaz de inscrever sobre a face da terra projetos de uma amplitude cada vez mais ambiciosa. Os antigos autores contam que o filósofo Aristipo, discípulo de Sócrates, tendo naufragado, abordou um dia, com alguns companheiros, a uma costa deserta. Mas em breve se ofereceram à vista, desenhadas na areia da praia, algumas figuras de geometria. "Recobremos ânimos, exclamou ele então; percebo aqui a marca do homem..." Melhor do que a pegada humana descoberta um dia por Robinson nos confins de sua ilha, e que poderá ser o rastro de um selvagem inumano, a escrita matemática é atestação de humanidade.

A função docente surgida assim no momento em que a cultura falada cede lugar a uma cultura escrita corresponde a uma mudança de escala no saber e na existência social. A importância do conhecimento aumenta largamente no espaço e no tempo; a capacidade dos arquivos e das bibliotecas ultrapassa indefinidamente a de uma memória humana, e a precisão dos documentos garante a validade de seu testemunho. E, sem dúvida, é de temer que o saber escrito, dispensando a presença de espírito, acarrete uma diminuição da inteligência. O Sócrates platônico conta em *Fedra* um mito das origens da escrita, cuja invenção é atribuída ao deus Theuth, o Hermes dos Gregos. Mas o sábio Faraó, a quem Theuth submete a sua invenção, assinala logo os perigos que ela comporta: "Este conhecimento terá por resultado, para aqueles que o adquirirem, tornar as suas almas esquecidas, pois deixarão de exercer a sua memória: pondo suas confianças no escrito, é de fora, graças a impressões estranhas, não de dentro e graças a si mesmos, que eles rememorarão as coisas (...). Serão parecidos com homens instruídos em vez de serem homens instruídos."[3]

Mas, se há uma armadilha e um perigo da escrita, é bastante evidente que as vantagens ultrapassam em muito os in-

---

3. Platão, *Phèdre*, 275 a b, trad. fr. Robin, coleção Budé.

convenientes. Segundo Platão, a escrita permanece um saber potencial, que deve ser sempre reativado pela palavra. "Não é o desenho nem numa representação manual qualquer, é a palavra e o discurso que melhor convém, desde que se trate de expor um assunto vivo a um espírito capaz de acompanhar."[4] O colóquio do mestre e do aluno continua a ser o lugar por excelência do conhecimento; mas, longe de ser eclipsado ou suprimido pela escrita, este colóquio deve-lhe, ao contrário, um impulso prodigioso. Com efeito, graças ao novo equipamento técnico, o encontro educativo situa-se no centro de um espaço intelectual cujos limites se alargam sem fim no espaço e no tempo. O saber que se fundamenta na escrita permite a reunião e a confrontação dos testemunhos vindos de toda parte para lá do horizonte imediato. Daí o advento de uma comunidade dos espíritos e das significações, na qual o homem, ao mesmo tempo que toma consciência das diversidades humanas, se esforça por precisar sua própria identidade.

Há culturas primitivas. Uma cultura arcaica é uma visão do mundo; mas cada visão do mundo se fundamenta na ignorância e na exclusão de todas as outras. É por isso que o homem arcaico, o homem de antes da escrita, muito embora possa ser o homem de uma cultura, nem por isso é um homem cultivado. A cultura começa com a substituição do horizonte das evidências familiares por um horizonte de pensamento cujos elementos contraditórios, atestados por documentos escritos, obrigam o sujeito pensante a deixar o universo imediato para se situar entre a pluralidade dos universos possíveis. Assim a invenção da escrita está ligada à descoberta da razão, isto é, a uma nova consciência que o espírito adquire dos seus próprios poderes. Uma vez que cada povo tem os seus costumes próprios e os seus mitos, compete à reflexão distanciar-se em relação aos dados imediatos da vida em comum, a fim de arbitrar, de decidir sobre as atitudes, as condutas que convêm e as que não convêm. O espírito crítico ocupa daí para a frente o centro de um universo cujos limites recuam indefinidamente

---

4. Platão, *La politique*, 277 c, trad. fr. Dies, coleção Budé.

no espaço e no tempo. A cultura aparece então, no sentido mais amplo do termo, como a investigação de todas as possibilidades humanas. Constitui-se um saber cuja tarefa é reunir e criticar todos os testemunhos do homem sobre o homem.

Sócrates geralmente é considerado, na tradição ocidental, como o mestre desta nova disciplina, não mestre de escrita e de leitura, mestre de rudimento, mas mestre de humanidade cujo empreendimento é despertar em cada um a consciência de si. Mas a legenda dourada de Sócrates, tal como devotamente a elaboraram os discípulos, deforma a realidade histórica. Sócrates, no seu tempo, não passa de um representante entre outros da nova vaga dos sofistas, aos quais se deve a renovação e talvez a fundação da inteligência helênica no decurso da segunda metade do século V antes de Jesus Cristo. Com efeito, foram os sofistas os primeiros que se propuseram a tarefa de elaborar uma cultura humana graças à qual os homens serão chamados doravante a tomar consciência de si mesmos. Para além das tarefas primárias do mestre-escola, os sofistas são os primeiros representantes da profissão de professor. E a formação do homem, tal como eles a realizam, assenta numa ciência do homem, de que eles foram sem dúvida os criadores. Substituem a reflexão sobre a natureza, praticada pelos primeiros "físicos" helênicos, por uma ciência da cultura, que é ciência do homem, porque a realidade humana é, por excelência, uma realidade cultural.

Renunciando aos preconceitos tradicionais dos gregos contra os bárbaros, os sofistas interessam-se pela variedade dos costumes estrangeiros. Veio o tempo dos contatos entre culturas: os viajantes, os historiadores, os primeitos etnógrafos dão testemunho da diversidade intrínseca das atitudes humanas: o Egito, a Pérsia, a Babilônia, países de civilização antiga, abrem-se à curiosidade grega, e as populações mais primitivas da Líbia, da Etiópia, da Trácia ou da Cítia permitem, por contraste, confrontações sugestivas. A vasta colheita de informações assim efetuada obriga a considerar os problemas impostos pela vida em comum: a família, o casamento, a condição social, a política, a religião, até aí regidos unicamente pelo respeito dos usos herdados das gerações precedentes, devem ser objeto de uma investigação sistemática capaz de colocar cada um em posição de tomar partido pelas melhores soluções, isto é, as mais razoáveis.

Tal é a matéria do ensino administrada pelos sofistas. E o simples enunciado desse programa basta para fazer compreender por que ele logo se chocou com a reprovação geral. A submissão aos velhos costumes, segundo o espírito conservador que havia assegurado a ordem na cidade grega, dá lugar a um desrespeito sistemático. O escândalo é inevitável: Protágoras é obrigado a exilar-se em 416, e Sócrates morrerá em 399 por ter corrompido a juventude e questionado os deuses tradicionais. Os primeiros professores são também os mártires da função docente. Devem pagar o preço da revolução pedagógica de que se fizeram campeões. E o caráter mais notável desta revolução é, sem dúvida, que ela realiza uma espécie de profanação do ensino. O xamã primitivo é o homem do sagrado, é ainda na irradiação dos templos que se transmite o conhecimento dos hieróglifos. O professor sofista, ao contrário, e sem dúvida pela primeira vez, aparece liberto de qualquer obediência religiosa. O seu domínio é o de uma cultura geral que já não respeita os limites dos cultos nacionais. A razão, o espírito crítico colocam a preocupação das normas antes do respeito dos rituais. A acusação de impiedade aparece desde então como o contragolpe inevitável dessa audácia especulativa. A profissão de professor, assim dessacralizada, reduzida à execução de um certo número de técnicas, exercidas mediante retribuição, parece aos não-iniciados corresponder a uma perversão da condição humana. O sofista, mestre errante e sem vínculos, afigura-se suspeito; sua presença contamina a ordem social cujos fundamentos ele não hesita em questionar.

E, no entanto, através das próprias contestações que ele suscita, o sofista é o primeiro afirmador dos valores racionais desvinculados de qualquer compromisso. A mitologia dá lugar a uma ginástica intelectual praticada pelo amor à arte; o serviço dos deuses é substituído pela cultura dos dons do espírito. A iniciação ritual é substituída pela introdução na vida intelectual, que exige de cada um o mesmo fervor e a mesma consagração que as liturgias de outrora. Mas o novo mundo da cultura, que se substitui às evidências imediatas e familiares, acarreta uma renovação completa da condição humana. Não devemos, pois, nos admirar se, no momento mesmo em que a cultura grega conhece o prodigioso impulso do qual sairá a espiritualidade do Ocidente, o povo mais inteligente que já existiu condena os sofistas como traidores da cidade, e os faz sucumbir sob uma reprovação da qual ainda não conseguiram se livrar. Do mesmo modo, o grande e nobre Péricles, criador e protetor da eterna Atenas, foi o primeiro visado pelos processos de impiedade que, não podendo colocá-lo diretamente em questão, se esforçaram para atingir seu mestre, o filósofo Anaxágoras ou a sua mulher Aspásia[5].

O sofista parece suspeito porque pretende compreender antes de obedecer e venerar. Eterna figura do intelectual para quem o sagrado se situa inteiramente na ordem da reflexão, este desenraizado da cultura suscita a hostilidade, porque parece homem de lugar nenhum, por ser homem de todos os lugares. Não pessoa deslocada, mas pessoa recolocada voluntariamente no centro de um universo que recusa se deixar circunscrever pelos limites caprichosos do mais próximo horizonte. A cultura não é um exotismo; é o enriquecimento da presença no presente; permite estar aqui, como os outros, mas de maneira diferente da deles. Em vez de submeter-se a uma condição acidental, o homem de cultura assume o seu destino, porque está preocupado em dominá-lo espiritualmente e de situá-lo aqui e agora como um testemunho do homem para o homem. Sócrates dirige-se a seus juízes, aos magistrados de Atenas, mas através deles a sua palavra estende-se até os limites da geografia humana e da história futura, porque a pátria de Sócrates é a humanidade.

É assim que os sofistas foram os primeiros exploradores do espaço cultural do Ocidente, de que eles determinaram as estruturas mestras e fixaram o programa. O objetivo de toda

....
5. Eudore Derenne, *Les procès d'impiété intentés aux philosophes aux Ve e IVe siècles avant Jésus-Christ*, Bibliothèque de la Faculté de Philosophie et Lettres de l'Université de Liège, fascículo 45, 1930.

educação é formar o homem para a vida social, no seio da qual ele deve ser capaz de se afirmar. Ora, a luta pela influência e pelo poder na sociedade antiga abre espaço essencialmente à mestria da palavra. Daí a primazia da eloqüência, sob a forma da retórica, na educação liberal tal como os sofistas a praticam. Mas a própria retórica tem por fundamentos a gramática, que é domínio da língua, e a dialética, técnica da manipulação das idéias na argumentação. Ora, a gramática, a retórica e a dialética constituem a primeira tríade das artes liberais, o *trivium* da Idade Média, que se completa, por uma formação plena, pelo *quadrivium* científico de origem pitagórica: aritmética, geometria, música, astronomia. Assim se encontra definido para vários milênios o programa da educação ocidental, um programa tão substancial e tão sólido que a humanidade contemporânea, a despeito das tentativas múltiplas e de esforços desesperados, não conseguiu encontrar uma fórmula substitutiva. Ainda há pouco, havia no ensino secundário francês aulas de gramática e de retórica. No dizer de Werner Jaeger, testemunha particularmente digna de fé, tratava-se de uma sobrevivência ainda da reforma educativa estabelecida pelos sofistas[6].

Pouco depois dessa primeira geração de Professores do Ocidente, a constituição da província pedagógica será levada a cabo sem dúvida no tempo de Platão e Isócrates[7]. E o mundo helênico vê aparecer uma fórmula nova, rica de futuro, que reagrupa as sete artes liberais na visão de conjunto de *enkuklios paideia*, esse ciclo de "humanidades", segundo Festugière, que deve preceder a formação profissional e fazer, verdadeiramente, do ser humano um "homem"[8]. Não se trata aqui, bem entendido, da enciclopédia no sentido moderno, quer dizer, de uma totalização do conhecimento, como poderia ser encontrada num dicionário. Significativamente, a palavra apa-

....

6. Werner Jaeger, *Paideia,* t. I, Berlim, de Gruyter, 2.ª ed., 1936, pp. 398-9. [Trad. bras. *Paidéia*, São Paulo, Martins Fontes, 4.ª ed., 2001.]

7. Cf. Henri Marrou, *Histoire de l'Éducation dans l'Antiquité,* Seuil, 1948, pp. 244 e 523-4; cf. também August Boeckh, *Encyclopädie und Methodologie der philologischen Wissenschaften,* Leipzing, Teubner, 1877, pp. 35-6.

8. Festugière, *La révélation d'Hermès Trismégiste,* t. I, 2.ª ed., Gabalda, 1950, p. 4.

rece na língua francesa quando Rabelais quer caracterizar o saber de Pantagruel[9]; a idéia moderna de enciclopédia atesta uma espécie de gigantismo que ultrapassa em muito a medida humana. Para a inteligência grega, ao contrário, a forma circular é símbolo de perfeição; o ciclo completo dos estudos designa então a formação de conjunto, tal como ela se impõe a cada um. De maneira que a expressão *enkuklios paideia,* que Quintiliano traduzirá por *orbis doctrinae,* define muito bem a nossa cultura geral.

O colóquio do mestre com o discípulo durante o tempo que ainda durará a civilização antiga, isto é, muito mais de meio milênio, tem por matéria daí para a frente as *humaniores litterae,* as letras tornam o homem mais homem. O antigo mundo do Ocidente constitui-se como uma comunidade de cultura que também é uma comunidade de valores, pois qualquer espaço de ensino é um espaço de valores. O tesouro das obras de arte, dos poemas, dos textos literários acumulados cauciona através do tempo e espaço a permanência de um conjunto de referências igualmente acessíveis a todos. O *Imperium romanum,* sucessor dos impérios e das monarquias helenísticas, assegura a continuidade de respeito e admiração que liga as gerações novas às gerações passadas. O cosmopolitismo do Império fundamenta-se na salvaguarda de um patrimônio independente daí em diante de qualquer fronteira territorial e de qualquer formação política. As escolas, as universidades, as bibliotecas são as praças-fortes dessa fidelidade que assegura a unidade espiritual entre os povos reunidos pelo poder romano.

A função docente tem, pois, por missão manter e promover a ordem nos pensamentos, tão necessária quanto a ordem nas ruas e províncias. Os homens passam, mas permanece a exigência, que se transmite de mestres a discípulos, de uma unanimidade dos espíritos que serve de garantia à harmonia entre os homens. É verdade que o espaço cultural tem dois centros, Atenas e Roma, e duas línguas, o grego e o latim. Esta

....

9. Rabelais, *Pantagruel,* cap. 20: Pantagruel é louvado por possuir "o verdadeiro poço e abismo da enciclopédia" (1533).

dupla polaridade, lingüística e por vezes política, dará depois origem a tradições distintas, cuja divergência o próprio cristianismo confirmará: o caminho de Alexandria e de Bizâncio conduzirá um dia até Moscou, terceira Roma, oposta à Roma inicial, encerrada na sua latinidade. Mas a cultura antiga não sente ainda os efeitos deste dilaceramento. A Grécia é a professora da Itália; um mesmo respeito honra os grandes afirmadores da cultura. O grego e o latim são para os eruditos línguas igualmente vivas, graças às quais cada um pode ter diretamente acesso ao sentido de uma verdade comum a todos, e atual, na medida em que corresponde a um modo de vida que não mudou quase nada. Uma mesma civilização se prolonga no seio de uma mesma paisagem material e intelectual, na bacia mediterrânea e em suas dependências.

Mas o espaço cultural da antiguidade clássica irá se deslocar lentamente, no mesmo ritmo que o espaço político do Império Romano, durante os séculos obscuros da alta Idade Média. Os bárbaros fazem tombar aqui as fronteiras frágeis, instalam-se um pouco em cada lugar, de bom ou mau grado, e o poder imperial desaparece, tanto por deterioração e enfraquecimento interno, quanto por invasão e desmembramento violento. A parte oriental do Império resistirá bem ou mal durante ainda mil anos, preservando a herança da língua e das artes gregas. O Ocidente, presa do caos social e político, conhece um eclipse cultural quase total. O cosmopolitismo da última fase da Antiguidade, as religiões e as sabedorias cósmicas do Baixo-Império terminam no esquecimento. O próprio sentido e a exigência dos valores clássicos, cuja fidelidade tinha reinado por um milênio de vida espiritual, perdem-se definitivamente.

Será o cristianismo que pouco a pouco irá assumindo o encargo de dirigir e de organizar a cultura ocidental. A falsa doação de Constantino é verdadeira na medida em que a Igreja sucede ao Império como única potência capaz de animar o grande corpo desmembrado do que se tornará mais tarde a Europa. A *Romania* cristã substitui como pode o *Imperium Romanum*. Os bárbaros são submetidos ao batismo, e, paralelamente às hierarquias feudais em vias de constituição, fortificam-se as hierarquias eclesiásticas e afirma-se o poder dos bispos, e depois do papa. Durante quase mil anos, a Igreja de Roma assegura a única unidade e unanimidade possível do Ocidente.

Esta tarefa só pode ser levada a bom termo pela constituição de uma nova cultura, em que a tradição judaico-cristã exerce daí para a frente uma influência preponderante no que diz respeito à submissão plena à autoridade religiosa. O que subsiste de vida intelectual mantém-se sob a proteção dos mosteiros, que continuam a ser os únicos lugares seguros da cultura. No meio de populações cuja preocupação maior é doravante sobreviver e viver, os homens da Igreja tornam-se os únicos representantes de uma exigência espiritual empobrecida e sempre ameaçada. Eles conseguirão assim salvar do naufrágio alguns destroços da grande cultura perdida que, atravessando os séculos, esperarão tempos melhores.

A cultura medieval é, pois, uma cultura de concentração e de memória, entrincheirada em suas fortalezas monásticas, no meio de uma *no man's land* voltada para a insegurança. Mestre e alunos são, daí em diante, homens à parte, clérigos, para quem o serviço das letras é uma forma e um meio do serviço divino. E esses homens à parte concentram-se, a partir do século XII, quando as condições de vida tornam-se melhores, neste mundo à parte que constituem as Universidades, esses universos concentracionários da cultura ocidental. Não será demais insistir sobre a fortuna significativa desta palavra que, no latim clássico, significa totalidade, universalidade: *universitas generis humani* é o conjunto do gênero humano; *universitas rerum* designa o universo. É somente na língua jurídica da latinidade posterior que a palavra designa um corpo, uma corporação dotada de um estatuto especial; assim ocorre, por exemplo, no *Digesto,* o código promulgado em 533 d.C. pelo imperador Justiniano. Daí vem o sentido antigo de nossa Universidade de que Littré dá a seguinte definição: "Outrora, corpo de professores estabelecido por autoridade pública, gozando de grandes privilégios, e tendo por objeto o ensino da teologia, do direito, da medicina e das sete artes liberais."

A Universidade prolonga, pois, o esquema antigo de *enkuklios paideia, da orbis doctrinae,* mas o vê, daqui para a frente, através do estatuto de uma comunidade jurídica dos mestres e discípulos, separados do resto da humanidade e submetidos a leis especiais para formar um mundo dentro do mundo. As Universidades são os guetos de uma cultura separatista, constituindo uma cadeia que baliza o Ocidente com os seus santuários: Bolonha e Salerno, Paris, Salamanca, Pádua, Oxford, Cambridge e Coimbra constituem outros tantos pontos estratégicos na nova geografia da cristandade. Trata-se de uma verdadeira mutação, que afeta tanto as estruturas mentais quanto as estruturas jurídicas e sociais.

Fora destes lugares de eleição, o homem de cultura é, daí em diante, entre os homens, como uma pessoa deslocada. O mundo da cultura é um outro mundo onde se perseguem, numa língua que não é a língua popular, sonhos estranhos à massa. Sobre as colinas inspiradas compõe-se lentamente um conteúdo mítico complexo em que a esperança cristã se une estreitamente às reflexões, aos saberes e aos mitos da antiguidade pagã. O tema da *pax romana* acha-se assim associado à idéia de cristandade e à visão hierárquica da teocracia pontifical; a nostalgia da idade de ouro vem sobrecarregar a espera escatológica do Reino de Deus. Na civilização litúrgica própria do tempo das catedrais, a Universidade é a consciência da Igreja. E, como a própria Igreja representa a única unidade capaz de reunir um mundo politicamente disjunto, a cultura torna-se uma pátria na ausência das pátrias.

A Internacional da cultura tem a sua língua própria, o latim, não mais o latim clássico, votado ao estiolamento pelo desaparecimento ou pela ocultação de sua civilização escrita, mas o latim da Igreja, que sobreviveu como língua da fé e se desenvolve como língua nova da teologia e do conhecimento. Este latim medieval continua a ser uma língua viva; é o meio de comunicação entre homens que separa a diversidade dos novos idiomas em via de constituição. Graças a ele, os diversos substitutos da cultura escolástica formam verdadeiramente um conjunto, na unidade das Universidades. E, sem dúvida, esta unidade nunca foi perfeita: a escolástica teve as suas polêmicas, os seus dilaceramentos e as suas condenações; lenta e tardiamente constituída, desagregou-se bem depressa. Sofre o contragolpe das lutas internas e externas, das oposições políticas e dos cismas que agitam a cristandade. Contudo, tal como foi, isto é, mais sonhada do que verdadeiramente real, a cultura medieval constitui um êxito bastante raro, uma unidade feita de esperanças e nostalgias, a unidade quase sacramental de uma presença escatológica na qual comungam todos os letrados do Ocidente.

A unidade escolástica não durou muito; ela fixava a Europa ocidental num momento de equilíbrio, durante o qual as liturgias cristãs serviram de princípios de conservação à ordem social no seu conjunto. Mas forças novas, escapando ao controle ontológico da Igreja, agitam o grande corpo do Ocidente. À ordem estacionária vai suceder-se uma ordem dinâmica, a humanidade, que vivia se não na eternidade, pelo menos para a eternidade e em função da eternidade, vai descobrir o tempo. Daí em diante a atenção cada vez mais fixa-se no presente: alguma coisa de novo e interessante se passa. O presente não se assemelha ao passado, e é a promessa de um futuro inédito. O Renascimento é esse momento em que a humanidade ocidental, no limiar dos tempos modernos, se põe em marcha nos grandes caminhos da história. As viagens de descoberta, as aquisições técnicas, as reflexões dos sábios, as pesquisas dos eruditos põem novamente em questão as evidências familiares. O universo já não é o mesmo e o homem sente que se transforma.

No centro desta remodelação da paisagem cultural, a fé tradicional acha-se, ela própria, questionada. Os reformadores sustentam que a Igreja não conservou fielmente o depósito que estava sob sua guarda, uma vez que deixou o cristianismo se corromper ao sabor das devoções populares; sobrecarregou o ensino de Cristo com seus próprios ensinamentos; enriqueceu-se pregando o evangelho da pobreza, cedeu à vontade de poder; preferiu seu próprio interesse à verdade de Cristo. Protestos desta ordem não pararam de se fazer ouvir ao longo de toda a Idade Média, mas foram abafados. O fato novo é que a voz dos Reformadores consegue suplantar as defesas e as repressões da Igreja. A unanimidade espiritual é definitivamente quebrada; cede lugar a um outro mundo, contraditório e difícil, mas apaixonante.

Na formação da cultura ocidental, o Renascimento é esse momento de uma fratura decisiva que tem por conseqüência a procura de uma nova forma de unidade. Os povos, outrora bem ou mal congregados na unidade da *Romania*, formam-se em nações que opõem não somente as cobiças e os antagonismos políticos, mas as afirmações religiosas. A espera do Reino de Deus já não basta para reunir os cristãos que servem, cada um por seu lado, de uma maneira diferente, um Deus que já não é inteiramente o mesmo. Mas, por mais desconjuntada que esteja, a Europa não pode abrir mão dos valores comuns, penhores da coexistência que deve acabar por prevalecer por bem ou por mal; é preciso definir um horizonte dos espíritos, de tal maneira que os homens de boa vontade, sem distinção de credos, possam livremente reunir-se.

O momento do Renascimento é o momento em que se forma esse ideal das "humanidades clássicas", cujo reino se prolongou mais ou menos bem durante quatro séculos de cultura ocidental. Encontrando-se a unidade de fé rompida, o humanismo renascentista retoma a tarefa de constituir uma catolicidade de substituição. A despeito das diversidades confessionais, cada um pode comungar com todos na admiração por Sócrates, Homero, Platão, Eurípides, Virgílio ou Cícero... Estranhos ao debate cristão, os antigos fornecem um universo de referência comum, e sua espiritualidade, no distanciamento temporal, parece mais pura, pois escapa à contaminação das manchas que denotam a infâmia das contingências políticas e religiosas do presente. O humanista não é mais um homem da Igreja, como o clérigo medieval, e a sabedoria que ele professa está mais voltada para o mundo e para o homem do que para Deus. A filologia basta-se a si mesma, e, se é verdade que ela contribuiu para a renovação religiosa da Reforma, não é menos certo que ela preserva a sua autonomia e não poderia se deixar reduzir à função de humilde serva da teologia.

A "restituição das boas letras", a descoberta ou a reabilitação dos mestres gregos e latinos que a Idade Média perdera ou, pelo menos, mantivera em estado de hibernação no repositório de suas bibliotecas, é, na verdade, uma mutação decisiva na história do Ocidente. O letrado europeu reconhece como seu um patrimônio de obras-primas, através das quais se perpetua um conjunto de valores, de tradições e mitos, nos quais ele reencontra o sentido de sua identidade espiritual. A cultura já não desemboca num céu teológico onde as legiões angélicas cantam a glória de Deus do Gênese; ela encaminha o humanista para a ilha do tesouro, no fundo do tempo, povoada pelos sonhos dos escritores e poetas antigos. Em outras palavras, a cultura é um exotismo; ela desvia o letrado da presença ao presente e o orienta segundo a exigência de fidelidades secretas que poderão fazer dele uma pessoa deslocada em seu universo. No próprio momento em que se alargam os horizontes geográficos, no momento em que se recompõem os céus astronômicos, a cultura, denunciando mil anos de herança medieval, recua o seu ponto de ligação até essas nostálgicas épocas longínquas cuja evocação é o próprio sentido do Renascimento.

Ora, o Renascimento é uma ressurreição, quer dizer, o retorno à vida de alguma coisa ou de alguém que estava morto. Toda cultura projeta seu espaço mental sobre o plano de uma língua; os humanistas propõem-se a tarefa de ressuscitar as línguas mortas. E o ponto aqui é capital, porque, se o Ocidente havia esquecido o grego, a Igreja e a escolástica medieval tinham conservado o uso do latim. A ruptura será completa: a filologia dos humanistas rejeita o latim vivo das liturgias eclesiais e dos rituais universitários, considerado um jargão impuro. O latim dos homens cultivados acha-se decididamente promovido à dignidade de língua morta, graças a uma ficção que fixa, na época ciceroniana, a idade de ouro do bom uso. Do mesmo modo, o pensamento e a arte da Grécia são reabilitados segundo as normas que prevaleciam num momento particular de seu desenvolvimento, considerado bem ou mal como um ponto culminante. A cultura é um sonho, ou um conjunto de sonhos, cujo foco imaginário se acha domiciliado, de uma vez por todas, nas épocas longínquas do passado. E a separação de corpo e alma entre a Igreja e a cultura consagra este distanciamento: o ideal renascentista das humanidades permite pelo menos congregar na veneração dos valores pagãos, purificados e tornados inofensivos pelo recuo do tempo, as elites de uma Europa desmembrada pelas divergências intestinas da fé.

Desde logo a cultura clássica oferecerá como um refúgio esse reino de utopia de papelão, em que os seus habitantes gregos ou romanos vão desempenhar um papel educativo análogo ao que desempenhavam na Idade Média os santos revistos e corrigidos da *Lenda áurea*. Durante vários séculos, a civilização dos colégios, a dos discursos latinos e dos versos latinos, terá por tema do seu jogo pedagógico uma mitologia da religião e da história antigas. E os próprios adultos, os antigos melhores da classe, continuarão a imitar nas artes da paz, da guerra ou da revolução, os heróis de dias antigos, que tinham contribuído para formar seus anos de juventude. Todos os europeus cultos se encontram sem dificuldade ligados pelo mesmo respeito comum por esta herança de palavras e de frases, de lembranças romanceadas e de sonhos. A cultura clássica exercerá assim uma influência protetora de um imenso alcance, preservando a unidade intelectual e espiritual do Ocidente, tanto quanto era possível que fosse mantida.

Mais ainda, as humanidades implicam também uma filosofia secreta. O respeito da antiguidade clássica perpetua o reino de uma sabedoria eclética, composta de elementos emprestados à lembrança de Sócrates, de Platão e Aristóteles, aos Epicuristas, aos Estóicos, sabedoria de trechos escolhidos, sem unidade sistemática, mas caracterizada por um otimismo razoado, pela convicção de que a tarefa do homem é viver humanamente a sua vida de homem, segundo a vocação de sua natureza. Para além dos mal-entendidos cristãos, e do pessimismo teológico, pode-se pensar que a Europa das Luzes encontra nas humanidades um dos fundamentos de sua confiança na ordem da natureza e no poder da razão. A livre cidade dos espíritos, na qual irá se reunir uma humanidade enfim reconciliada sob o regime da paz perpétua, não é o reino de Deus anunciado pelos profetas e sonhado por Santo Agostinho sob o controle da Igreja hierárquica. De Leibniz a Kant, passando pelo abade de Saint-Pierre, a esperança da justiça universal que, por instantes, se reconhecerá nos inícios da Revolução Francesa, prolonga bem mais as esperanças pagãs da idade de ouro, a Cidade de Zeus cara aos estóicos e às doutrinas do direito natural elaboradas pelos filósofos e juristas romanos.

As humanidades clássicas constituíram, na verdade, para a Europa Moderna um sistema de segurança muito respeitável que, bem ou mal, desempenhou o seu papel até nossos dias, preservando uma certa unidade dos espíritos. Infelizmente, no momento exato em que os humanistas renascentistas estabelecem o seu programa pedagógico, esse programa é prejudicado pelo aparecimento de forças novas, libertadas pela cultura renascentista. A dissociação religiosa da Reforma tem por conseqüência um pluralismo político mais acusado: as nações européias tomam consciência de si mesmas na oposição de suas religiões. O nacionalismo político e religioso projeta-se imediatamente na ordem lingüística. Na Idade Média, o latim dos sábios, língua da comunidade culta, triunfava facilmente sobre os dialetos locais falados, aqui e ali, pelos iletrados. A partir da Reforma, as línguas do Ocidente afirmam-se decididamente como línguas de cultura. Lutero, tradutor da Bíblia e obrigado a inventar, numa larga medida, os seus meios de expressão, é o primeiro grande nome da literatura alemã. Do mesmo modo, a Bíblia inglesa contribui em muito para a constituição da língua inglesa. Daí para a frente, o progresso filológico, inaugurado desde o século XIV na Itália por Petrarca e Boccaccio, não parará mais. Quer dizer que, no momento em que são restituídas as línguas mortas, são instituídas as línguas vivas. Até aí em quantidades quase desprezíveis, elas se impõem ao uso e ao respeito de todos, graças ao aparecimento de incontestáveis obras-primas; sucessivamente, a Itália, a Espanha, a França, a Inglaterra têm seu século de ouro. Poder-se-ia crer um momento que Virgílio e Homero, Cícero, Platão, Eurípides ou Horácio representavam os cumes incontestados da cultura. Mas eis que se erguem êmulos e talvez rivais, e os povos do Ocidente bem depressa perguntam a si mesmos se um Dante, um Camões, um Ronsard são tão inferiores aos poetas da Antiguidade que eles parecem venerar religiosamente.

Com o tempo e a multiplicação das grandes obras, afirma-se em alguns a consciência do valor cultural inerente às línguas em uso nos diversos países da Europa. É paradoxal pedir aos antigos, e só aos antigos, modelos que os modernos são perfeitamente capazes de fornecer, como se a literatura nacional não oferecesse também um respeitável tesouro, uma reserva de valores e modelos. Tanto que os tempos modernos não desenvolveram somente as artes e a literatura; trabalharam também no campo do conhecimento, e aí eles ultrapassaram incontestavelmente seus antepassados. O que se chamou a revolução mecanista de 1620-30 traz consigo o desmembramento definitivo do cosmo helênico cuja autoridade se impusera durante dois mil anos. O conjunto de mitos, raciocínios e imagens elaborados por Ptolomeu e por Galeno e transmitidos pelos árabes à escolástica desaparece definitivamente a partir dos trabalhos de Galileu e de Harvey. O ideal da ciência exata faz sua aparição; também ela forjou uma língua nova, comum a todos os sábios e suscetível de aperfeiçoamentos indefinidos, a língua rigorosa das matemáticas.

É assim que, rapidamente, desde o século XVII, o ideal humanista da cultura se acha submetido a contestações que não cessaram desde então de se erguer contra ele. Descartes, apesar de excelente aluno dos Jesuítas, despreza as línguas antigas e as obscuras servidões da filologia. O homem de bem deixará estas considerações desatualizadas aos pedantes dos colégios; ele se consagrará ao avanço das ciências e à melhoria da condição humana. Na segunda metade do século XVII, a querela dos antigos e dos modernos já opõe, aos tradicionalistas da cultura, os partidários das humanidades contemporâneas, das línguas vivas opostas às línguas mortas e da cultura científica. Esta tornar-se-á, de fato, no século XVIII, um centro de interesse para o grande público. A obra de Galileu, à parte alguns especialistas, não apaixonara as massas. Fontenelle e Bayle dão à literatura de divulgação científica as suas primeiras obras-primas. O gênio de Newton impõe-se no século XVIII no seu conjunto, como um pouco mais tarde, num outro setor epistemológico, o gênio de Lineu e o de Buffon. Na França, os enciclopedistas, equipe dirigente do século das Luzes, são resolutamente modernos, embora formados pela educação humanista dos colégios. Sucessores dos enciclopedistas, os ideólogos fornecerão à Revolução Francesa notáveis programas educativos, também emancipados da antiguidade clássica.

Mas o que ainda não passa de um mal-estar ou de uma crise de consciência intelectual no século XVIII culmina, no século XIX, numa completa ruptura. A Revolução Francesa, que era uma revolução universalista em seu princípio, tem em contrapartida todas as revoluções nacionais a favor das quais não mais cessará de se afirmar o individualismo dos povos europeus. O Romantismo aparece a este respeito como uma retomada e uma generalização do Renascimento e da Reforma, acabando por arruinar o ideal comum que ainda reunia na ordem cultural os povos da Europa das Luzes. Cada país daí por diante reivindicará a originalidade das tradições autóctones, descobrindo assim que as humanidades clássicas eram um produto e como que o resíduo suspeito de um antigo domínio colonial. As nações nascentes debruçam-se sobre o seu passado, encoberto pela ideologia da *Auf klärung* e cancelado pelo invasor romano. Na Alemanha, na França, na Inglaterra, mergulha-se deliciosamente no sagrado das origens; pretende-se ser celta, germânico, bretão ou saxão e opõem-se as rudes sagas primitivas e as canções de gesta medievais às mitologias edulcoradas de uma antiguidade convencional.

A mudança da perspectiva cultural é acusada pela importância crescente que tomam, nos programas de ensino, a língua e a história nacional, antes esquecidas ou relegadas a um segundo plano, após as línguas clássicas e a história antiga. A fundação da Universidade de Berlim, em 1810, é o símbolo da resistência da Prússia ao Império napoleônico; a Universidade de Berlim, diferentemente da Academia de Berlim, cuja língua era até então o francês, ensinará o alemão. Ela será o centro da nova cultura, em que as ciências históricas exercem em breve a preponderância. Ora, a influência da história se exerce no sentido de uma desmultiplicação e de uma relativização do conceito de cultura. Mais exatamente, até aí os letrados do Ocidente não tinham conhecido uma cultura: a palavra, empregada no singular, designava um conjunto de regras, de cânones e de normas, que se referiam à imagem global, elaborada de uma vez por todas, de uma apoteose da sabedoria da beleza, para sempre vigente na terra dos homens. Os humanistas tinham definido esse ideal de cultura; tinham-no domiciliado em alguma parte no passado; e esse momento privilegiado deveria servir daí por diante de modelo para todos e por toda parte.

A maior contribuição do século XIX terá sido abandonar esse esquema simplista da *cultura* e consumar o sacrilégio de empregar a palavra cultura no plural. Daí em diante, pouco a pouco, vai se reconhecer o direito à existência de um número cada vez maior de *culturas* disseminadas por toda a face da terra, cada uma das quais representa um sistema de valores que deve ser considerado com atenção, ciência e respeito. O movimento estende-se a todas as ordens do conhecimento, desde a ciência do direito, renovada por Savigny, até a ciência das religiões, que encontra em Schleiermacher os novos fundamentos de suas interpretações. Mas é a filologia clássica, cartada do primeiro Renascimento, que vai ser de novo o centro do debate. Os mestres alemães, Friedrich August Wolf, Ast, Boeckh, etc., redescobrem a Antiguidade em sua historicidade. Rejeitam definitivamente a lenda dourada dos deuses e dos heróis clássicos em sua perfeição estereotipada; esforçam-se por reencontrar a vida das línguas e das civilizações antigas em seus esboços e tentames, em seus desenvolvimentos e vicissitudes no curso dos séculos. O cenário de ópera dá lugar a um campo de estudos em que as novas disciplinas filológicas e arqueológicas desdobrarão suas metodologias cada vez mais rigorosas.

Assim a antiguidade clássica vê seus limites alargarem-se indefinidamente ao mesmo tempo que se transformam as suas significações. Roma e Grécia cessam de constituir instantes perfeitos e absolutos; são fases de um imenso desenvolvimento que, em seus confins, se inscrevem, por sua vez, em conjuntos mais vastos, de que se começa a descobrir a realidade. No fim do século XVIII, a descoberta do sânscrito, conseqüência da presença inglesa na Índia, abre aos sábios europeus imensas perspectivas. Desde o início do século XIX impõe-se a idéia de um reagrupamento das línguas do Ocidente e do Oriente no seio de uma família indo-européia. O milagre grego e romano acha-se assim relativizado, pois a antiguidade clássica se fundamenta num patrimônio comum a uma larga fração da humanidade. Outras arqueologias, outras filologias não mais cessarão, aliás, de tomar impulso no interior do grupo indo-europeu ou fora dele.

As diversas ciências das origens, à medida que sobem para estágios rudes da civilização, preenchem pouco a pouco a distância qualitativa que existia entre a perfeição clássica e as idades consideradas primitivas ou bárbaras. O desenvolvimento da humanidade forma um todo solidário: o orgulho, a suficiência ou o desprezo não são atitudes históricas. Para compreender a realidade humana é importante recolher os testemunhos de tudo o que pode constituir a presença do homem na terra, sem esquecer os habitantes dos continentes perdidos, das florestas e das ilhas longínquas; sem esquecer também nossos longínquos antepassados, talhadores e polidores de pedras nos seus abrigos sob rochas, dos quais Boucher de Perthes recolhe as relíquias durante vinte anos, antes de chegar a triunfar sobre o ceticismo geral.

É assim que o humanismo tradicional se acha largamente desdobrado pelo advento das ciências humanas em todas as suas variedades. As humanidades clássicas são apenas uma forma, entre muitas, da humanidade, uma aventura entre todas as outras. O egocentrismo ocidental afirmava um imperialismo intelectual inconsciente; daí em diante, ele já não pode ser um asilo de ignorância. Cada vez mais, no decurso do século XIX, o emprego do método comparativo se impõe em todos os campos. O homem do Ocidente acha-se confrontado com todas as variedades da humanidade; ele tem de aprender a situar-se numa totalidade que ele já não domina. O ideal unitário da cultura clássica dá lugar a uma espécie de museu imaginário das culturas, nas quais se exprime através do espaço e do tempo a presença do homem sobre a terra. E, porque cada forma de cultura é a marca do homem, é igualmente respeitável e sagrada. Tal é o sentido da célebre fórmula de Ranke, o mestre da escola histórica alemã, segundo a qual "todas as épocas estão em relação imediata com Deus". Em outras palavras, a cultura daí em diante se oferece a nós como uma esfera cuja circunferência está em todo lugar e cujo centro está em parte alguma.

A necessária desocidentalização da cultura tem por conseqüência inelutável o desestabelecimento das humanidades clássicas, que bem ou mal tinham preservado uma certa unanimidade espiritual no interior da zona de influência européia. Assim se abriu uma crise de consciência da qual o mundo atual não conseguiu sair por não ter podido descobrir um ideal pedagógico de substituição. O século XIX dissociou o conceito de cultura; passou da cultura unitária às culturas demultiplicadas; a tarefa do século XX parece ser a de fazer retornar as culturas na sua diversidade a uma cultura que possa reunir um universo humano incapaz de viver sob o regime de uma separação de riquezas e bens espirituais.

A situação presente é caracterizada por uma desordem geral de que se encontra sem dificuldade a atestação na constante mudança dos programas pedagógicos nos diferentes países, tanto quanto no esforço desesperado dos homens de boa vontade para preparar uma comunidade de cultura capaz de dar uma base intelectual a um mundo em via de organização. A impressão dominante é a de uma espécie de caos em que cada nação se divide contra ela mesma e se opõe às outras, sem chegar a formular um ideal cultural capaz de assumir hoje a função reguladora que foi, entre os gregos, a do *enkuklios paideia*, na Idade Média, a da Universidade e da escolástica ou ainda, do Renascimento até o começo do século XIX, a das humanidades clássicas. É sentida, em quase todos os lugares, a exigência de uma espécie de ecumenismo da cultura que, superando a diversidade dos valores, conseguiria definir uma base comum para todos os sistemas educativos, único meio de assegurar a unidade intelectual do gênero humano na coexistência pacífica.

Alguns julgaram encontrar uma solução para os novos tempos no recurso à única linguagem que seria verdadeiramente comum, sem contestação, para os homens de hoje. A ciência e a técnica não conhecem nem fronteiras nem barreiras de nenhuma espécie; elas se exprimem em todos os lugares da mesma forma, e, como representam um papel cada vez mais decisivo na orientação dos destinos do mundo, fortaleceu-se a esperança de que as "humanidades científicas" poderiam daí em diante substituir-se às humanidades clássicas decrépitas. Os matemáticos, os físicos, os engenheiros compreendem-se muito bem através do universo inteiro; eles são os mestres do presente e do futuro. A sua primazia atual inspira o projeto de uma cultura geral científica e técnica, adaptável sem dificuldade, sem diferença, a todos os povos da terra.

Infelizmente, as esperanças desta ordem não foram confirmadas pela experiência, quando foi tentada. A própria expressão "humanismo científico" é equívoca, se não contraditória. Com efeito, a atitude científica e técnica, em seu sentido mais rigoroso, é a atitude do homem em face de um universo de onde a presença humana foi, por princípio, excluída. A ciência toma o partido das verdades exatas, das normas rigorosas e universalizáveis, enquanto a cultura toma o partido do homem que permanece, em sua essência, um ser aproximativo, inexato e contraditório. A atitude científica redunda numa negação da sensibilidade e desnaturação da inteligência, na medida em que considera as questões humanas como problemas matemáticos e técnicos, fáceis de resolver por um equacionamento apropriado.

Os vícios e perigos do espírito politécnico e tecnocrata foram muitas vezes denunciados para que seja necessário insistir sobre este ponto. O universo da ciência é um universo plano e cifrado, um mundo de verdades, de onde os valores estariam ausentes. Vista de uma sala de estudos, a realidade humana aparece despojada de seus caracteres fundamentais, abstrata e fantasmagórica. Poder-se-ia comparar o mundo dos sábios, mundo sem homens, com a usina atômica, usina sem trabalhadores, porque, quando funciona, seu clima mortal exclui qualquer presença. No domínio humano, a verdade sem o valor não passa de um fantasma de verdade, uma verdade morta. É por isso que, se pode realmente haver um ensino científico, não pode existir cultura científica propriamente dita. Longe de serem um substituto da cultura e de tornarem a cultura literária inútil, as ciências exatas, elementos indispensáveis no equipamento de nosso universo, requerem, pelo contrário, a título de contraposição, um excedente de humanidades.

Quanto às ciências humanas, invocadas por alguns para remediar as insuficiências das ciências exatas, elas não chegam a proporcionar por seus próprios meios um ideal cultural. Muito ao contrário, o seu próprio desenvolvimento mostrou, através de ensaios e erros múltiplos, que as ciências do homem têm um estatuto epistemológico diferente do das ciências exatas, que elas a princípio pensavam poder imitar pura e simplesmente. Na realidade, as ciências humanas correspondem a uma tomada de consciência da humanidade pelo homem, ou seja, longe de poderem proporcionar um programa cultural extraído do seu próprio fundo, são elas próprias tributárias de um ideal prévio, do qual fornecem uma projeção e uma expressão. Neste campo, como em outros, não poderia haver conhecimento sem pressupostos: o fundamento das ciências humanas, o seu centro de referência constante, é o homem concreto na sua presença histórica. Quer se queira quer não, o homem tanto é o ponto de partida quanto o de chegada de qualquer tentativa de conhecimento; não é a ciência, a ciência matemática, a ciência da natureza ou a ciência do homem, que fundamenta o homem; é sempre o homem que se procura a si próprio através dos diversos empreendimentos do saber.

Uma frase de Pascal, ele mesmo sábio de primeira ordem, focaliza perfeitamente esta dificuldade: "Eu me entregara durante muito tempo ao estudo das ciências abstratas; e as poucas relações que se podem extrair delas tinham me desgostado. Quando comecei o estudo do homem, vi que estas ciências abstratas não são próprias ao homem e que eu me desviava mais da minha condição penetrando nelas do que os outros ignorando-as."[10] Na situação epistemológica de nosso tempo, poder-se-ia dizer, com Pascal, que as ciências do homem, tais como as praticam de ordinário, não são mais "próprias ao homem" do que as ciências abstratas; em vez de ajudarem o homem a tomar consciência de sua condição, elas desviam-no de sua condição. Ciências e técnicas de qualquer espécie, pela sua proliferação incontrolada, levam a descentrar a realidade humana. A vertigem de Pascal no limiar da era moderna, sob a influência da revolução mecanista do século XVII, justifica-se bem mais hoje em dia. Os dois infinitos de Pascal parecem

---

10. Pascal, *Pensées*, ed. Brunschvicg, fragmento 144, p. 399. [Trad. bras. *Pensamentos*, São Paulo, Martins Fontes, 2001.]

bem modestos e seguros ao lado das escalas de leitura do saber atual, que, multiplicando sem fim suas perspectivas epistemológicas e os seus sistemas de medida, levam a uma perda total da medida humana.

A tarefa presente de uma cultura é precisamente pôr em ordem, uma ordem na escala humana, um mundo desequilibrado pela proliferação incontrolada das ciências e das técnicas. Se a cultura pode ser definida como esse alargamento do horizonte espiritual que abre uma perspectiva à presença ao presente, permitindo assim ao homem situar-se no universo, em vez de se perder nele, é claro que o descentramento ontológico da consciência contemporânea está ligado à ausência de um programa educativo suscetível de reunir a humanidade, de reconciliar o homem com o mundo e consigo mesmo. Mas a pedagogia por si mesma não faz milagres: a elaboração de uma pedagogia supõe, de alguma maneira, o problema resolvido. Seria preciso, antes, que o universo, desfigurado pelas manipulações científicas e técnicas, reencontrasse a figura humana graças a um esforço desesperado de algum gênio que arrancasse o mundo de hoje às fascinações e sortilégios da civilização mecânica. Então poderia intervir uma educação cuja finalidade seria a de desenvolver em todos os homens o sentido do humano.

A missão da cultura permanece o que sempre foi: ela se apresenta ao mesmo tempo como um inventário do real e como uma procura do preferível. Ela não se reduz de modo algum a uma justaposição de todos os saberes, totalizados numa espécie de museu imaginário, como se a humanidade devesse, em cada memória, fazer um balanço tão completo quanto possível. A cultura não descreve uma soma de fatos, mas um conjunto de valores e um estilo humano de existência. Era assim no tempo do *enkuklios paideia,* no tempo da *Universidade* medieval, como na *belle époque,* em que as humanidades clássicas, após o Renascimento, definiam o programa do homem de bem.

Mas a tarefa é hoje mais difícil do que nunca. Aliás, a reflexão pedagógica atual é, ela própria, o sinal inegável da crise de consciência de nossa civilização. Nunca se inquiriu tanto sobre a questão de saber o que, de ensinar a quem e como. Consagra-se uma imensa literatura a este objeto; uma atividade exuberante traduz-se pela publicação de revistas, livros inumeráveis, programas escolares incessantemente revistos, sistemas de exames minuciosamente combinados, mas desacreditados desde o momento em que são definidos e fora de uso ao fim de alguns meses. Na França, em particular, os exames escolares tornaram-se, para maior tormento das crianças, dos mestres e dos pais, abcessos de fixação da má consciência nacional.

Esta intemperança pedagógica, longe de ser um sinal reconfortante, parece antes um sintoma suplementar de dissolução. Quanto mais pedagogia se faz, mais parece que a cultura se desagrega; e chega-se ao ponto de se perguntar se a geração adulta, por uma espécie de sadismo inconsciente, não procura se vingar, na geração mais jovem, de sua própria derrota diante da vida. É falso, em todo caso, e perigoso imaginar que a pedagogia possa ser uma espécie de panacéia, o remédio milagroso para todos os males do nosso século. Ela não passa de um conjunto de técnicas; ela propõe meios que, por sua vez, estão subordinados à determinação dos fins que se propõe a sociedade que os põe em ação. Ora, a nossa civilização está incerta de seus fins e valores. O médico é incapaz de curar-se a si próprio porque se descobre incapaz de chegar a um diagnóstico preciso de sua própria situação. É por isso que a inflação pedagógica presente sublinha ainda os males que ela pretende, se não suprimir, ao menos dissimular. O espírito não prevenido recua horrorizado diante do cientismo hermético das exposições, em que se afirma a pretensão de uma espécie de taylorismo aplicado ao trabalho intelectual. Números, curvas e gráficos desenrolam-se no vazio e, como não repousam em nada, a nada conduzem. No máximo, confirmam essa impressão de niilismo e inutilidade que, misturada a um tédio profundo, é uma das características mais constantes da literatura pedagógica.

Não é menos verdade, porém, que o desenvolvimento da função educativa é um sinal dos tempos. Sem dúvida existe aí uma correlação entre o grau de evolução de uma sociedade e o número de professores de toda espécie que ela comporta. As sociedades contemporâneas, muito mais vastas e numerosas do que as sociedades arcaicas, já não possuem as mesmas estratificações sociais que outrora: o destino dos indivíduos já não é determinado exclusivamente pelo nascimento, pela classe social ou pela fortuna. Um pouco em cada lugar e sob diversas formas, tende a prevalecer um regime de mobilidade social. A promoção das massas permite assegurar uma circulação das elites e uma incessante renovação dos quadros. Daí a importância decisiva do ensino, tornado um fator essencial para a elevação nas hierarquias sociais; o lugar de cada um não está fixado desde a origem; ele é determinado em função das aptidões. É a educação que revela as possibilidades de cada um. Ao mesmo tempo, a divisão crescente do trabalho científico, técnico e social comanda a multiplicação dos organismos especializados de formação teórica e profissional.

É por isso que existem no nosso mundo cada vez mais pedagogia e pedagogos, mas também cada vez menos mestres. A função docente dissociou-se em especialidades cada vez mais estreitas; o especialista fixa-se num canto; isolado de seus vizinhos, encarregado de transmitir um saber fracionado, ele é, na maioria das vezes, incapaz de compreender o significado e o valor do que faz. Instrutores e professores de todos os níveis, oprimidos pelo crescimento do número de seus alunos e pela sobrecarga dos programas, são os promotores de uma espécie generalizada de fuga para a frente. É preciso que eles sigam o movimento, uma vez que se supõe que são eles que o dirigem. Sob o impulso deles, a nossa civilização não sabe para onde vai, mas vai diretamente.

Para dizer a verdade, seria injusto dirigir à pedagogia e aos pedagogos censuras que eles não merecem. A crise da educação não é senão uma conseqüência direta da crise da cultura. Os professores têm por missão aplicar um programa, e, se eles estão desorientados, é porque a sociedade, hoje, continua incapaz de lhes fornecer diretivas precisas; e por isso os submerge em instruções incoerentes.

Quer se queira quer não, subsiste, hoje, o problema de definir as humanidades do nosso tempo. Ora, este tempo é, entre todos os tempos, o da unidade da humanidade. A cultura geral, comumente desacreditada, parece mais do que nunca necessária para assegurar a coerência da imagem do homem e da imagem do mundo, num universo que parece se dissociar sob a pressão das exigências contraditórias. A cultura deveria ser essa energia unificadora que derrotaria todas as forças centrífugas, todos os fatores de desmembramento. É importante recriar uma paisagem comum que seja para os homens ameaçados um espaço de segurança. Os dirigentes de hoje, que, em todos os lugares, se preocupam em limitar as zonas de proteção da natureza, são obrigados, sob a pressão dos acontecimentos, a pensarem em constituir em torno da existência humana, individual ou coletiva, uma zona de proteção da humanidade.

Esta é, precisamente, a significação de uma cultura geral necessária para assegurar a preservação da realidade humana. E observar-se-á que a cultura geral do nosso tempo deve ser mais geral do que nunca, pois o avanço das ciências e das técnicas, suscitando conexões cada vez mais numerosas e mais eficazes, realizou um circuito de todos os elementos da espécie humana sobre a face da terra. Para o melhor e para o pior, os homens de hoje, a despeito de suas paixões divergentes, estão ligados na união solidária de um mesmo destino.

Esta cultura geral, hoje procurada por um homem que, tendo perdido seu lugar, se tornou, em seu mundo, uma pessoa deslocada, está, pois, ligada à afirmação de uma espécie de consciência cósmica. As culturas separadas e autárquicas, que outrora coexistiam graças à ignorância mútua, devem ceder à exigência de um ecumenismo da cultura. Chegou o tempo da generalização da cultura geral, pois a função da sabedoria é a de preservar, agora como sempre, o sentido das solidariedades humanas. Se a cultura quer ser um sentido dos conjuntos, a tarefa presente deve ser a de definir um novo horizonte, e como que um novo conjunto correspondente a uma teoria dos conjuntos humanos.

Empreendimento difícil, mas não mais difícil, guardadas as devidas proporções, que o que se impunha aos mestres do Renascimento ou à equipe dos Enciclopedistas. Mesmo assim, é preciso saber ver o que está em questão, e não se enganar sobre as vias e os meios da ação necessária. Não se resolverá a dificuldade aumentando o número dos agentes da Unesco e encarregando-os de tarefas cada vez mais fracionadas e técnicas, pois esse procedimento aumenta ainda mais o esmigalhamento que seria preciso remediar. Ao contrário, seria preciso pensar sem dúvida num esforço de reagrupamento análogo ao que descrevia o romancista Hermann Hesse em seu mito do *Jogo das contas de vidro;* o dever dos Mestres seria o de definir, pelo confronto das divergências e das semelhanças, uma nova e mais elevada unidade da humanidade.

Isto não significa, no entanto, que o homem do Ocidente deva desesperar de sua própria cultura. Para nós, não se trata de renunciar a ela, mas muito mais de tentar descobri-la de novo na sua mais alta excelência. O Ocidente viveu durante muito tempo na crença cândida de que a sua cultura era a cultura; esta confiança, para dizer a verdade, acha-se abalada desde que os viajantes do século XVI começaram a romper os horizontes estreitos do mundo tradicional. Houve quem pensasse durante certo tempo que a expansão européia, fazendo predominar por toda parte os valores colonizadores, resolveria a questão no sentido de uma hegemonia intelectual, contrapartida da dominação econômica e política. Mas, na época da descolonização e do refluxo da Europa, surge o momento de uma nova tomada de consciência da cultura do Ocidente, em que este se reconhece como uma cultura entre as outras culturas do universo. Do mesmo modo que o indivíduo isolado só chega a afirmar-se graças à presença dos outros, também o Ocidente, hoje, é chamado a descobrir-se em situação, no confronto com todos os estilos de vida, com todas as espiritualidades do planeta. Nada há a perder, há tudo a ganhar na realização desta comunidade mundial no seio da qual o Ocidente, longe de se dissolver, achará um sentido renovado de seus valores próprios e de sua identidade intelectual. Cabe a ele dar um testemunho conforme às suas fidelidades profundas. Quando entra assim em diálogo com as outras tradições, o ocidental pode ter a consciência tranqüila, pois sua contribuição milenar para a edificação da cultura universal representa, reunida pela longa paciência dos séculos, um belo tesouro de sabedoria. Mas a história continua; o futuro da cultura é o futuro da humanidade no homem. Consumidos pela riqueza de nossos saberes e invenções, não temos o direito de desesperar. A cultura é um outro nome da esperança.

Conclusão
Para uma pedagogia da pedagogia

A mestria começa muito além da pedagogia. A mestria supõe uma pedagogia da pedagogia.

Uma pedagogia bem ordenada começa por si mesma. Mas a culpa de um pedagogo de tipo usual reside em não duvidar de si mesmo. Detentor da verdade, propõe-se apenas impô-la aos outros pelas técnicas mais eficazes. Falta-lhe ter tomado consciência de si, ter feito a prova de sua própria relatividade perante a verdade e de se ter colocado a si mesmo em questão.

O mestre é aquele que ultrapassou a concepção de uma verdade como fórmula universal, solução e resolução do ser humano, para se elevar à idéia de uma verdade como procura. O mestre não possui a verdade e não admite que alguém possa possuí-la. Faz-lhe horror o espírito de proprietário do pedagogo e sua segurança na vida.

A terrível insipidez da pedagogia e a ausência completa de interesse da sua literatura especializada explicam-se pelo desconhecimento da relação mestre-discípulo, que é o centro de todo ensino. A pedagogia dos pedagogos procede a partir de uma doutrina pressuposta e preocupa-se com a doutrinação do aluno médio por um professor qualquer. O bem do aluno será assegurado por uma metodologia universal.

Projetado no plano da abstração pedagógica, o liame educador não é mais que o contato de um indivíduo qualquer com outro indivíduo qualquer, um espaço assepitizado, esterilizado, de onde a presença humana foi banida. Estranha aberração que faz da escola uma *no man's land*! Ora, se não há mestre, não há discípulo.

Tentou-se, aliás, dar novamente alguma realidade humana a esse contato invariável do professor primário com o aluno médio através da análise caracterológica. A distinção de uma diversidade de tipos permitiria demultiplicar as vias de aproximação e os meios de ação. Mas os tipos caracterológicos continuam impessoais, pois o pedagogismo absoluto não poderia admitir questionar-se a si mesmo e aplicar a si o método de análise. De fato, a atividade docente equivale, concretamente, ao confronto de duas caracterologias ou, antes, de dois caracteres. Mas, se tentássemos relacionar a caracterologia do professor com a do aluno, obteríamos um número temível de combinações termo a termo que, gradualmente, poderia facilmente estender-se ao infinito. Assim seria manifestada a natureza singular do colóquio que une cada mestre e cada um dos seus alunos. Sairíamos, pois, da pedagogia pueril e honesta, quer dizer, teríamos acesso ao sentido da pedagogia. Tudo teria de recomeçar, ou melhor, de começar.

O obscurantismo pedagógico procura asilo e refúgio na técnica. Ele aborda os problemas do ensino através da particularidade das faculdades humanas, propondo-se educar a atenção, a memória, a imaginação, ou pela descrição das especialidades didáticas, propondo-se então a tarefa de facilitar a aprendizagem do cálculo, do latim ou da ortografia. O pedagogo transforma a sua classe numa oficina que trabalha com vista a um rendimento; ele mantém a sua boa consciência a custa de gráficos e de estatísticas sabiamente dosadas e cheias de promessas. Em seu universo milimetrado, passa, a seus próprios olhos, por feiticeiro laico e obrigatório, manipulador de inteligências sem rosto.

O mestre autêntico é aquele que nunca esquece, qualquer que seja a especialidade ensinada, que se trata da verdade. Há os programas e as atividades especializadas. É preciso, tanto quanto possível, respeitar os programas. Mas as verdades particulares repartidas através dos programas são apenas aplicações e figurações de uma verdade de conjunto, que é uma verdade humana, a verdade do homem para o homem.

A cultura é a tomada de consciência, de cada indivíduo, dessa verdade que fará dele um homem. O pedagogo assegura o melhor que pode ensinamentos diversos; reparte conhecimentos. O mestre quer ser antes de tudo iniciador da cultura. A verdade é para cada um o sentido de sua situação. A partir de sua própria situação em relação à verdade, o mestre tenta despertar em seus alunos a consciência de suas verdades particulares. Ele ensina ao mesmo tempo a história ou as matemáticas; mas esta tecnologia é para ele apenas um meio; ele se reservará de dar aos resultados dos exames uma importância, seja positiva ou negativa, que eles não merecem. Pois ninguém jamais pôde avaliar o valor de uma personalidade; não existe teste para aferir a capacidade de verdade própria a tal homem entre todos os outros. E o próprio interessado permanece a este respeito numa incerteza derradeira.

É por isso que parece oportuno prestar homenagem à aula de filosofia, privilégio desconhecido e desacreditado do ensino secundário francês. A aula de filosofia é aquela em que a relação do mestre e do discípulo tem mais possibilidades de se realizar em sua verdade. Nas outras aulas, nas outras disciplinas, o diálogo encontra-se geralmente em segundo plano, encoberto pela matéria do ensino considerado. O professor de história ou de matemática ensina a história ou a matemática; pode também, como acréscimo, ensinar uma certa aproximação à verdade. O professor de filosofia lá está somente para ensinar que a verdade é a procura. É certo que acontece a alguns esconderem-se atrás de suas documentações, contentando-se em ensinar doutrinas; mas os que o fazem são infiéis à sua missão.

Daí o caráter prestigioso e inesquecível desse ano de filosofia para os que conheceram o autêntico privilégio que ela constitui. Nesse ano, e somente nesse ano, durante toda uma vida, a verdade foi a principal preocupação deles. Mas um ano é muito e já é demais, aos olhos dos tecnocratas ministeriais, segundo os quais um proveito somente espiritual representa um desperdício do rendimento. A humanidade de hoje, aos olhos dos diretores e burocratas de Paris, de Washington, de Pequim ou de Moscou, tem necessidade de quilowatts e não de verdades. São os técnicos que constroem os foguetes. Os filósofos são talvez inofensivos, e isso ainda não é seguro; em todo caso, são cidadãos improdutivos, e as sociedades modernas já não podem se permitir esse gênero de luxo. Tanto mais que, se alguma vez a filosofia chegasse à conclusão de que o quilowatt ou o foguete não são os fins supremos da humanidade, o ensino desse irresponsável poderia vir a desviar da produção os jovens espíritos que se deixariam levar pelos seus raciocínios capciosos. "As nações não prosperam pela ideologia", já dizia o imperador Napoleão, que entendia disso.

A aula de filosofia é esse momento privilegiado numa existência onde o espaço mental se alarga até coincidir com o espaço vital inteiro. Sócrates conta, no *Fédon,* a sua aula de filosofia com Anaxágoras; ao jovem, perplexo e perturbado perante a desordem, a contradição das aparências, o filósofo ensina que só a intervenção do espírito pode introduzir a ordem por toda parte. Revelação surpreendente e maravilhosa: o mundo repousa no pensamento.

À crise da adolescência, a aula de filosofia propõe a solução da aventura e as disciplinas do espírito. É a adolescência da razão. A criança havia conhecido as delícias da fantasia, a paixão dos romances, todos os encantamentos dos horizontes imaginários. A aula de filosofia revela outra aventura, no seu próprio espaço, pelo novo questionamento das evidências próximas. A aparência não é clara, o real exige justificação: sob os olhos, ao alcance da mão, os abismos se abrem. Os fatos e os valores estavam até então ligados ao senso comum; bastava recebê-los segundo a sua significação pré-fabricada. Daí para a frente, o senso comum é submetido à crítica e descobre-se que não há verdade além de uma interrogação sobre a verdade. A simples constatação de que o real pode não ser verdadeiro abre as portas de um outro universo.

É certo que há um saber filosófico e um programa para a aula de filosofia, com perguntas e respostas. Mas a aula de filosofia é o momento privilegiado em que se coloca a questão de todas as questões e em que cada existência se acha ela própria novamente colocada em questão. Ruptura das evidências e renovação das evidências. Acreditava-se que tudo era evidente, mas não é. O despertar da reflexão consagra o advento do homem para si mesmo. Ele descobre então sua mais alta liberdade, isto é, sua liberdade mais pessoal.

A última aula do ensino secundário inscreve em sua ordem do dia a questão do Homem, do Mundo, de Deus; tudo o que se pode conhecer sobre as ciências, sobre o ser humano, sobre as realidades derradeiras. O filósofo sabe tudo o que os outros sabem e mesmo o que os outros não sabem – tudo sobre tudo. Programa deslumbrante e, aliás, certamente bom demais para ser verdadeiro. Daí a hesitação entre as duas espécies de professores de filosofia, os que sabem tudo, um Aristóteles, um Hegel, e aqueles que não sabem nada, como Sócrates ou Diógenes. Entre essas posições extremas, oscilam os professores do 2.º grau; de acordo com a disposição ou o tema da discussão, desempenharão o papel de Aristóteles ou o de Sócrates, pois lhes cabe testemunhar a um só tempo a favor de um e de outro.

A consciência filosófica é consciência da consciência. Ela se liberta perpetuamente mediante o distanciamento da reflexão. O filósofo toma distância em relação ao pensamento dos outros, em relação a seu próprio pensamento e a sua própria vida. Ele procura as vistas panorâmicas, pois a filosofia esboça uma teoria dos conjuntos humanos. E, mesmo se a tentativa está condenada ao malogro, deve ser sempre retomada segundo a renovação dos conhecimentos e das épocas – ao menos o filósofo continua o mantenedor de uma exigência permanente e incansável, na qual se afirma a honra do espírito humano.

Nos bancos da aula de filosofia, o adolescente pode apenas pressentir essa revelação que se lhe oferece pela pessoa interposta do professor. Mas, mesmo para aquele que em breve o esquecerá, é salutar ter acreditado, mesmo que só por um momento, na eminente dignidade, na soberania do pensamento. Daí a importância decisiva desse espaço da filosofia escolar, a sala nua e feia do Liceu napoleônico, com um quadro negro como único ornamento. Este espaço geométrico e sem penumbra foi o lugar privilegiado onde irradiou a afirmação de um Lagneau, de um Alain, de um Amédée Ponceau, de tantos outros mestres, célebres ou obscuros, cuja única ambição foi a de serem os testemunhos e os servidores de uma verdade na medida da personalidade humana.

Em vez de correr em direção ao dinheiro, à técnica, ao poder, em vez de se fechar para sempre no escritório, fábrica ou laboratório, o jovem espírito deteve-se um momento no bosque sagrado caro às Musas. Lugar de utopia, lugar de encantos austeros; é nesse lugar que será proferida para ele, no ócio, a palavra decisiva: "Lembra-te de seres homem"; isto é: "preocupa-te em seres tu mesmo; está atento à verdade".

É por isso que o professor de filosofia, dentre todos os outros professores, é o que tem mais possibilidades de ser um mestre. A cada um de seus alunos ensina a presença ao presente, a presença a si mesmo. Ele não aparece como um poço de ciência; o seu personagem não é o de um erudito. A classe vê nele um centro de referência e uma origem de valor; é em relação a ele que cada um é chamado a se situar no seio de um diálogo grave e cordial. O professor de filosofia não possui a eficácia ritual do padre; não se beneficia do poder sacramental nem do cerimonial litúrgico. Graças a ele o espírito dirige-se ao espírito sem outro poder senão o do espírito.

Em diálogo com os seus discípulos, o professor de filosofia não é, aliás, uma origem absoluta. Porque ele próprio teve mestres, de quem fala aos seus alunos; os professores reportam-se, deste modo, uns aos outros, e de referência em referência pode-se dizer que demarcam o campo humano. A verdade não pertence a ninguém, porque ela é o lugar comum de todos; ela é a vocação comum da humanidade para a humanidade. O mestre é o testemunho desta verdade humana; e cada um se autodescobre no espelho desse testemunho. É por isso que o professor de filosofia é, sem dúvida, à sua maneira, um encantador. O canto de Orfeu remove as montanhas; a palavra do professor põe o homem em movimento. Gilson descreveu a maravilhosa influência de Bergson sobre os seus alunos: "Quase não seria um exagero dizer que o conteúdo de sua filosofia não somente não era o que os interessava mais, mas que lhes era, num certo sentido, indiferente. Para dizer a verdade, estes jovens não eram capazes de alcançá-lo (...). Era a própria Filosofia, tal como Boécio a viu um dia em sua majestade real, a Sabedoria em pessoa, a que nunca existe na realidade independente de um filósofo que fala em voz alta, diante de nós, mas para si mesmo, e como se não estivéssemos presentes."[1] Os que ouviram um dia o canto da verdade, o seu apelo e a sua convocação pela voz de um mestre, estes, daí para a frente, já não poderão esquecê-lo, mesmo que lhe sejam infiéis. Eles sabem para sempre que a verdade existe e que vale a pena conquistá-la com o sacrifício da própria vida, mesmo se eles não estão preparados para dar suas vidas pela verdade.

A mestria é um mistério. A relação do mestre com o discípulo é um diálogo sem comunicação, uma comunhão indireta e sem plenitude, uma fuga cuja solução e resolução seriam indefinidamente recusadas. Bergson, diante de seus discípulos mais fiéis, pensava em voz alta e sozinho; e é no ocaso de sua própria vida que o discípulo mais fiel presta ao mestre há muito desaparecido a homenagem que lhe é devida.

Não há determinismo do mestre. O pensamento de um homem, a vida de um homem não são a conseqüência direta do ensino que recebeu; uma existência não poderia se explicar pela totalização das influências sofridas. Cada um segue seu próprio caminho, e o professor Bergson não fabrica em série outros Bergson; ou antes, os bergsonianos que repetiam docilmente a palavra do mestre, os bergsonianos militantes do bergsonismo eram a verdadeira negação da autenticidade bergsoniana. "Os verdadeiros bergsonianos, diz sabiamente Gilson, não os que repetem as suas conclusões, são antes os que, a seu exemplo, refazem por conta própria, e em terrenos diferentes, alguma coisa de análogo ao que ele próprio fez."[2]

----

1. E. Gilson, *Souvenir de Bergson*, Revue de Métaphysique et de Morale, 1959, pp. 130 e 131.
2. Ibid., p. 138.

O segredo da mestria é que não há mestre. Um belo texto de Nietzsche evoca a odisséia da consciência humana em seu esforço para se conquistar a si própria: "Quero fazer a tentativa de alcançar a liberdade, diz de si para si a jovem alma (...). Ninguém pode construir-te a ponte sobre a qual deverás transpor o rio da vida, exceto tu própria (...). Há no mundo um único caminho, ninguém pode seguir a não ser tu. Onde ele conduz? Não o perguntes. Segue-o (...). Os teus verdadeiros educadores, os teus verdadeiros formadores revelam-te o que é a verdadeira essência, o verdadeiro núcleo do teu ser, alguma coisa que não se pode obter nem por educação, nem por disciplina, alguma coisa que é, em todo caso, de um acesso difícil, dissimulado e paralisado. Os teus educadores não poderiam ser outra coisa para ti senão os teus libertadores."[3]

Não há mestre. E os mestres menos autênticos são sem dúvida aqueles que, do alto de uma autoridade emprestada, se apresentam como mestres, tentando abusar da confiança de outrem e se enganando sobretudo a si próprios. Sem dúvida é duro renunciar à mestria e mais duro ainda cessar de crer na mestria dos outros do que abandonar suas próprias pretensões. A liberdade humana é uma liberdade que se procura e que só irremediavelmente se perde quando se julga tê-la encontrado. Mas aquele que renunciou a descobrir a mestria na terra dos homens, esse pode um dia encontrá-la viva, acenando-lhe, na curva do caminho, sob o disfarce mais imprevisto.

O padre Gratry conta, nos seus *Souvenirs*, como, num dos momentos desolados e incertos de sua juventude, a esperança lhe foi restituída pelo testemunho de uma mestria fulgurante, e que no entanto se ignorava: "Um dia, tive um momento de consolo, porque reencontrei alguma coisa que me pareceu consumada. Era um pobre homem que tocava um tambor nas ruas de Paris; segui-o ao regressar da escola, num dia de saída, à tar-

---

3. Nietzsche, *Schopenhauer éducateur. Considérations inactuelles*, 2.ª série, trad. fr. H. Albert, Mercure de France, 5.ª ed., 1922, pp. 10-1 e 12; cf. esta frase de Goethe, no fim de sua vida, a seus jovens contemporâneos: "Não posso me considerar vosso mestre, mas posso me chamar vosso libertador."

de. Este homem batia à caixa de tal maneira, ao menos nesse momento, que, por mais triste e em dificuldades que eu estivesse, não havia absolutamente nada a criticar. Não se poderia conceber mais vigor, mais ímpeto, mais medida e nitidez, mais riqueza no rufar; o desejo ideal não o excedia. Fiquei surpreso e consolado. A perfeição desta miséria me fez bem; eu o segui durante muito tempo. O bem é, pois, possível, me dizia eu, e o ideal por vezes pode encarnar-se!"[4]

....
4. Gratry, *Souvenirs de ma jeunesse,* 4.ª ed., 1876, pp. 121-2; citado em *L'expérience religieuse,* de William James, trad. fr. Abauzit, Lausanne, La Concorde, 3.ª ed., 1931, p. 397.